TRANSICIONES

GAIL SHEEHY

Transiciones

Comprender las fases de la madurez
en la vida de los hombres

EDICIONES URANO
Argentina - Chile - Colombia - España
México - Venezuela

Título original: *Understanding Men's Passages*
Editor original: Random House, Nueva York
Traducción: Montserrat Gurguí y Hernán Sabaté

Reservados todos los derechos. Queda rigurosamente prohibida, sin la autorización escrita de los titulares del *Copyright*, bajo las sanciones establecidas en las leyes, la reproducción parcial o total de esta obra por cualquier medio o procedimiento, incluidos la reprografía y el tratamiento informático, así como la distribución de ejemplares mediante alquiler o préstamo públicos.

© 1998 *by* G. Merritt Corporation
© de la traducción 1999 *by* Montserrat Gurguí y Hernán Sabaté
© 1999 *by* Ediciones Urano, S. A.
   Aribau, 142, pral. - 08036 Barcelona
   www.edicionesurano.com

ISBN: 84-7953-348-X
Depósito legal: B. 30.224 - 1999

Fotocomposición: Ediciones Urano, S. A.
Impreso por Romanyà Valls, S. A. - Verdaguer, I - 08786 Capellades (Barcelona)

Impreso en España - *Printed in Spain*

Para Clay

El viaje que emprendo es eterno [...]
Mi mano derecha señala los continentes
  y el gran camino.

Ni yo ni ningún otro puede andar por ti ese camino,
eres tú quien debe andarlo.

No queda lejos, está a tu alcance,
quizá estabas en él desde que naciste y no lo has sabido,
  quizá esté en todas partes, en el mar y en la tierra.

WALT WHITMAN, *Canto de mí mismo*

Nota de la autora

La visión que transmite este libro creció a partir de una experiencia con mi marido. Cuando su vivificante carrera como editor de una revista empezó a declinar, se pasó dos años liquidándola al tiempo que intentaba encontrar la apertura hacia un nuevo pasaje. Hizo de asesor, pensó en escribir un libro, se ocupó de sus inversiones. Pero no se entregaba del todo a ello. No había nada parecido al desafío que suponía tener una buena idea, emparejarla con el escritor idóneo y transmitirla al mundo para que levantase polvareda.

No tenía que concentrarse en lo que fallaba en él, sino en lo que era capaz de hacer. Necesitaba un sueño nuevo.

Convirtió en una prioridad encontrar una respuesta para la pregunta: *¿Con qué otra cosa podría pasármelo bien?*. Una respuesta con la que debatir, sobre la que discutir y con la que soñar todos los días. Este tipo de transición que se produce en la mitad de la vida no se resuelve en unos meses; lo más probable es que se prolongue un año o dos. A veces, a ambos nos parecía estar vagando por un bosque oscuro, perdidos pero no solos. Nos teníamos el uno al otro. Formábamos un equipo y eso fue un factor clave.

Hoy en día, los hombres a los 40 años no son personas inútiles porque se hayan visto afectados por un recorte de plantilla y se hayan quedado sin trabajo, ni a los 50 porque ya hayan desempeñado todos los roles tradicionales y se pregunten: «¿Y esto es todo lo que hay?». La vida ofrece ricas y variadas fases a los cuarenta, los cincuenta, los sesenta y los setenta, y permite ser productivo y estar activo a los ochenta e incluso a los noventa a todo aquel que encuentra nuevos canales para expresar su pasión y que cree que está marcando la diferencia.

Por eso, merece la pena invertir en la construcción de un nuevo yo afrontando cuestiones como: *¿Por qué estoy aquí? ¿Qué sentido tiene? ¿Qué partes de mí mismo he excluido y ahora tengo la libertad de expresar?*

Cuando mi marido encontró por fin la respuesta, esta fue clara como el agua. Lo que más le había gustado siendo editor era identificar y moldear a los jóvenes talentos. Ese descubrimiento le llevó a querer probar suerte como profesor en el ámbito universitario, en Nueva York. Y así salió de la cueva, ese refugio al que se retiran los hombres para curar sus heridas y descifrar qué sienten, y empezó a relacionarse de nuevo con viejos amigos y a ayudar a desconocidos. Uno de esos desconocidos, amigo de un amigo, quería consejo sobre el proyecto de un libro. Clay le dedicó mucho tiempo y lo encaminó suavemente en una dirección. Eso llevó a una serie de encuentros casuales y afortunados que culminaron con una invitación del decano de la Escuela de Periodismo de la Universidad de Berkeley, en California. El decano quería entrevistarse con Clay y explorar la posibilidad de que diera clases en el centro. Finalmente, con el respaldo entusiasta de centros de sus antiguos colegas y discípulos, que recaudaron el dinero necesario para subvencionar un programa en su nombre, Clay fue nombrado director de un nuevo centro de prensa creado en Berkeley.

Eso significaba dar un giro completo a nuestra vida, trasladarnos al otro extremo del país y empezar de nuevo. Sumergidos en otra cultura y con unos ingresos menores, empezamos de cero a crearnos el nuevo nido y a hacer amistades nuevas. Esto es muy diferente del dilema destructor para el espíritu que supone la pérdida de la profesión primaria sin haberlo previsto o preparado y el sentirse inútil. Lo nuestro había sido un estimulante cambio: lo habíamos planeado y lo habíamos hecho. Fue un golpe anticipado a la monotonía y a la amargura, al esconderse dentro del cascarón de identidades que, durante un tiempo, nos habían definido.

Al principio, esta ruptura nos sentó de maravilla. Mientras reconocíamos la zona, volvimos a vivir como cuando éramos posgraduados, en un apartamento alquilado de dos habitaciones, con las estanterías de madera y ladrillos, un solo teléfono, un solo baño, y con los inevitables «ahora me toca a mí». Pero también tuvimos más tiempo para la intimidad, para dar largos paseos de exploración, probar restaurantes desconocidos y descubrir un camino que llevaba a lo alto de las colinas, con una espléndida vista de Berkeley y donde empezábamos las mañanas con el cosquilleo mentolado de los eucaliptos en la nariz. Nuestros días volvían a estar llenos de primeras veces. Nos sentíamos jóvenes.

Los cambios, incluso los más agradables, siempre conllevan tensión. Pero las personas que aprenden a hacer un uso creativo o productivo de ese estrés en su vida profesional, prosperan y se sienten más vivas. A mi marido no le resultó fácil dejar atrás la actitud autoritaria de «marcar a todo el mundo» que conllevaba su cargo como editor de revista. Para lograr sus objetivos, tuvo que adoptar un enfoque totalmente nuevo. Finalmente, sin embargo, encontró un estilo más apropiado para esa fase de su vida: el método socrático de hacer preguntas y acicatear a los alumnos para que cavaran más hondo en busca de sus propias respuestas. Tampoco fue fácil para mí, como cónyuge que lo acompañaba, dejar en la Costa Este todo mi sistema de apoyo: mis hijos, mis amigas y mis colegas de trabajo. «Ten paciencia contigo misma, Gail —me decía—. Te está creciendo el cerebro.» Esto es literalmente cierto. Si continuamente introducimos nuevas situaciones de aprendizaje y corremos cierto riesgo, a un cerebro mayor y desarrollado pueden brotarle ramas nuevas y establecer nuevas redes neurales.

Y lo que es más importante: al llegar a la edad madura es mucho más fácil quedarse atascado en el mismo círculo de amigos, en el cual uno ya sabe de qué se hablará antes de reunirse con ellos. Clay sintió que su mente se aguzaba por el hecho de estar expuesto a un ethos muy diferente del de la Costa Este. Este ethos sacudió nuestras vidas y nos exigió que nos abriéramos e hiciésemos amigos nuevos. Y también prestamos más atención que nunca a ver, telefonear, escribir, mandar correo electrónico a los viejos amigos más queridos y planear aventuras con ellos.

Poco a poco, algo les ocurrió a esos dos neoyorquinos acostumbrados a refugiarse en su apartamento para huir del frío del invierno o de la humedad del verano: despertarse todas las mañanas en la nueva casa de las colinas de Berkeley, mirar el horizonte infinito que se extiende al otro lado de la bahía y ver el sol elevándose sobre el fantasma brumoso de San Francisco para, finalmente, destellar a lo lejos en el plateado Pacífico. Aquí no hay límites para los sueños.

Mi marido no es único. La mayoría de los hombres, cuando se acercan a los cuarenta o más, entran en unos pasajes para los cuales nunca se habían preparado. Ante un cambio en su fortuna, mi marido, en palabras de Shakespeare, «utilizó la influencia de su estrella más propicia». Sus amigos le preguntan si ese cambio, con todos los trastornos que ha conllevado, le ha salido bien.

«Mejor de lo que nunca hubiese esperado —les responde él—. Es una vida nueva».

EL PROCESO DEL DESCUBRIMIENTO

Este libro pretende ser una guía de autodescubrimiento para los hombres (y sus esposas o compañeras) que necesitan reinventarse a sí mismos, a fin de afrontar una vida cada vez más imprevisible y prolongada. Está dividido teniendo en cuenta las décadas de la vida masculina a partir de los 40 años. Dado que, hoy en día, hay unas variaciones tan amplias en las edades a las que ocurren los acontecimientos cruciales de la vida, no te tomes demasiado en serio estas divisiones por décadas. Muchos hombres de menos de 30 años reconocerán como propias algunas de las preocupaciones que manifiestan hombres que ya han cumplido los cuarenta, pero a los que les queda trabajo por terminar de las fases anteriores de su desarrollo. Del mismo modo, habrá hombres de 70 años que estarán tan seriamente preocupados por la menopausia masculina, por ejemplo, como los hombres de 50. Lee el índice para identificar en qué fase de la vida estás.

A decir verdad, no ha sido nada fácil escribir este libro. A un nivel muy primario, me produjo ansiedad sondear los rincones más íntimos de la vida de los hombres y contar qué había encontrado allí. Las mujeres intentan sonsacarles a sus compañeros preguntándoles: *¿Cómo te sientes? ¿Qué te pasa?*. Y ellos responden. Y cuando lo hacen, ellas replican: *¿Es eso cierto? ¿Te sientes así? No quiero oírlo. Sólo quiero que me expliques cosas buenas.* Cuando los hombres hablan de su experiencia íntima, sueltan maldiciones y blasfemias, no se callan sus sentimientos y revelan infiernos y furias que sus mujeres e hijas no pueden imaginar que tengan dentro. Casi ninguna mujer quiere ver lo que hay en ese foso.

Pero yo he tenido la suerte de hablar de un modo visceral y sincero con cientos de hombres, que son la verdadera autoridad que hay detrás de este libro. Yo soy una intérprete cultural. Mi maestra, Margaret Mead, me enseñó a utilizar el método antropológico para situar el viaje psicológico de un individuo en el contexto de las reglas y los rituales de su subcultura. Mi misión es la de ser un registro y un conducto, una defensora de lo posible y un catalizador de acción entre los hombres que quieren tomar posesión de una segunda vida.

En 1989, empecé a recopilar relatos de hombres y mujeres que pasaban por fases posteriores a las recorridas en *Las crisis de la edad adulta*, mi anterior libro. Son triunfadores y audaces, y los primeros en sentir o en descubrir los nuevos pasajes que posibilita un mundo en evolución. Son los que marcan el paso en cualquier sociedad.

Debido a la rapidez con la que se han producido cambios tan radicales, muchos hombres se prestaron a confesarse con una mujer escritora, después de que se les asegurase que podrían hacerlo en una atmósfera que no les sería hostil. Las entrevistas en grupo me resultaron especialmente valiosas. Con la generosa ayuda de organizaciones sociales y universidades locales o estatales con programas de reingreso, pude reunir a hombres de todas las regiones de Estados Unidos para celebrar un debate acerca de lo que significa, hoy en día, ser un hombre de mediana edad. Antes que nada rellenaron un cuestionario confidencial acerca de su vida, el mismo cuestionario general que desarrollé durante mi investigación para *New Passages* y que fue respondido por 7.880 hombres y mujeres de todos los rincones de Estados Unidos. En esta ocasión, entre los participantes había obreros especializados, empresarios de clase media y triunfadores en el mundo de las artes o las finanzas de alto nivel. Sus antecedentes familiares iban desde la pobreza y la violencia doméstica hasta la riqueza y la fama.

Llenos de entusiasmo, se presentaron hombres en Atlanta, Boston, Dallas, Memphis, Miami, Minneapolis, Nueva York, Los Ángeles, San Diego, San Francisco y Washington D.C. Entre todos formaron una paleta llena de colorido: doce coroneles sentados alrededor de una mesa de desayuno en el Pentágono, en Arlington, Virginia; hombres creativos de San Francisco que buscaban sentido y honor en su vida; vigorosos recuperados de la menopausia masculina en Texas; obreros de mediana edad de Boston que intentaban licenciarse en la universidad; médicos de Miami que habían sido víctimas de una reducción de plantilla y que luchaban para defender sus ideales profesionales; y en Atlanta, hombres negros que enseñaban cómo ganarse la vida a hombres blancos. Los que se prestaron a la investigación no eran unos fracasados. El mero hecho de acudir a una discusión en grupo demostraba que todavía andaban buscando, abiertos a nuevas soluciones. En realidad, cuando a algunos de los participantes se les pidió que leyeran y comentaran los primeros borradores de los capítulos de este libro que hacía referencia a ellos, reconocieron tener experiencias comunes, aunque manifestaron el deseo de que el libro profundizara más: *¿En qué medida nuestra forma de ser se remonta a nuestros ancestros primitivos? ¿Cómo están cambiando los hombres más evolucionados? ¿Por qué tenemos que morir antes que nuestras esposas? ¿Qué hay detrás de la depresión que tantos hombres de mediana edad afirman tener?*

Después de seleccionar un total de cien hombres de entre los distintos grupos, me entrevisté con ellos a solas, con frecuencia varias veces, a fin de que sus relatos fueran más completos y verídicos. Debido al carácter altamente personal de sus revelaciones, se les ofreció la posibilidad de permanecer en el anonimato o de desvelar su identidad real. En su favor hay que decir que la mayoría decidieron decir quiénes eran. Los que no quisieron aparecen bajo un seudónimo (lo que se indica con un asterisco), y aunque en algunos casos hasta se ha cambiado la profesión y el lugar de nacimiento, los detalles de su vida y las conversaciones son reales.

Aunque en los grupos tuvimos algunos gays, buena parte de cuya experiencia demostró ser idéntica a la de la mayoría de los heterosexuales, sobre todo si tenían pareja, yo no me sentí lo bastante preparada para descifrar los espectaculares cambios que se han producido en el ciclo vital de los homosexuales durante los últimos años. El proceso de comprender y aceptar la propia orientación sexual, y la decisión de vivir de acuerdo con ella, requiere el coraje de vivir apartado de muchos de los hitos convencionales de la edad adulta. Un tema que merece un libro aparte.

En estas páginas se destacan los «famosos» entre los hombres ordinarios y las figuras públicas. Hombres audaces, animosos e imaginativos, que nos ofrecen maravillosos relatos acerca de cómo han descubierto lo que les faltaba y las nuevas direcciones que han tomado para vigorizar la segunda mitad de su vida. Y nos confían un secreto fantástico: «*¡Eh, que no soy tan viejo como antes!*».

¿Cómo cambia la potencia sexual masculina en el transcurso de la vida?

Esta pregunta se convirtió en toda una línea secundaria de investigación. Un tema que no ha sido estudiado científicamente hasta hace muy pocos años. Investigar la salud sexual masculina en la edad madura me llevó a las mejores clínicas del país, y a ponerme en contacto con esos pocos médicos precursores en el diagnóstico y tratamiento de la disfunción sexual masculina a la edad madura. El capítulo de este libro que trata de la menopausia masculina hace hincapié en muchas vías de autocuración y ofrece información sobre los nuevos y eficaces tratamientos médicos. Pero la información más reveladora de todas me llegó discutiendo sinceramente el tema con los hombres, en grupo o de uno en uno. Y lo cierto es que los relatos de los que han vencido el demonio de la impotencia y empezado una vida nueva pueden ser más inspiradores que todos los datos.

Más allá de las pruebas anecdóticas, el libro se apoya en una base de datos fruto de varios años de trabajo en colaboración con el Instituto de Estadística de Estados Unidos. Los datos del Instituto son la reserva más amplia de comparaciones sociológicas que tenemos en este país. Los sociólogos del Instituto me ayudaron a crear mi propia muestra de microdatos, una serie longitudinal que se extrajo de las cifras del censo durante cincuenta años, de 1940 a 1990. Eso me permitió establecer comparaciones entre personas de diferentes generaciones y descubrir lo que le había ocurrido a una cohorte concreta (un grupo de edad sexual) a lo largo de su vida. Extrajimos las mismas variables para cada uno de los censos de los seis últimos decenios en Estados Unidos y los comparamos por edades, sexo y estado civil. Cuando surgió una amplia imagen, documentada en cientos de tablas con decenas de millones de números, lo que quedó claro como el agua, es que se había producido una aceleración del cambio en el ciclo de la vida adulta y de todas las fases dentro de esta.

Como siempre, especialistas de disciplinas muy diversas me ayudaron generosamente a realizar una fertilización cruzada de sus hallazgos con mis datos empíricos. El libro se ha beneficiado de las colaboraciones de la comunidad científica (cardiólogos, urólogos, endocrinos y técnicos de laboratorio); también han contribuido antropólogos, historiadores, psicólogos y psiquiatras. Los expertos en empleo y análisis económicos han ayudado a iluminar el nuevo ciclo profesional masculino. Muchos sociólogos del Instituto de Estadística de Estados Unidos y de los Institutos Nacionales de la Salud y de la Vejez han aportado un caudal de datos actualizados, algunos de ellos tan nuevos que todavía no han sido publicados. En la bibliografía se incluye una lista de libros, artículos, estudios académicos y estadísticas no publicadas.

Agradecimientos

Mientras un libro crece y cambia del estado de ameba a un emborronado manuscrito que necesita recortarse y replantearse hasta encontrar, o al menos eso espera uno, la forma correcta de decir lo que quiere decir, no hay mayor solaz para un autor que un editor brillante y constante. Estoy en deuda con Robert Loomis, el eminente editor ejecutivo de Random House, por su inquebrantable compañerismo intelectual. Nunca ha tenido miedo de explorar territorios nuevos.

También quiero dar las gracias a George Hodgman, el editor extraordinariamente versátil con el que trabajé en *Vanity Fair*, por leer desinteresadamente el manuscrito con su ojo infalible. Y por sus estimulantes desafíos a mi perspectiva y su constante aliento, quiero dar las gracias a mi editor residente, mi marido, Clay Felker.

Mi compañera a la hora de realizar muchas de las entrevistas en grupo fue la psicóloga y doctora Melanie Horn, cuya profesionalidad resultó vital para esta obra. La doctora Ellen McGrath, amiga y psicóloga clínica, que ejerce en la ciudad de Nueva York y en Laguna Beach, California, y Harry Wexler, psicólogo de Nueva York que trabaja con hombres, fueron muy generosos a la hora de sugerirme fuentes de información y ayudarme a refinar las interpretaciones. Harriet Mayeri, economista de California, aportó sus habilidades especiales para moderar las discusiones en grupo. Como experta en poesía, para los epígrafes he delegado, como siempre, en mi amiga Muriel Bedrick, vicepresidenta de la empresa editorial de su familia, Peter Bedrick Books Inc., de Nueva York.

No puedo expresar con palabras la gratitud que siento, por su enorme colaboración, hacia mi infatigable ayudante doméstica Ella Council, que mantiene unido al equipo. También quiero dar las gracias a mi amigo y antiguo editor Byron Dobell; a mi agente, Lynn Nesbit; a mi asesor en informática, Josh Skaller; y a Rebecca Donner, Janelle Gates y Dede Lahman por su ingenioso apoyo editorial. También quiero expresar mi agradecimiento al genial diseñador Nigel Holmes por el mapa y la portada, y a todo el experto personal de Random House, incluidas la directora editorial Ann Godoff, Carol Schneider, Sally Marvin, Bridget Marmion, Suzanne Wickham-Beaird y Barbé Hammer.

Índice

Nota de la autora 11
Agradecimientos 19

PARTE I:
¿QUÉ QUIEREN LOS HOMBRES?

Capítulo 1

Es cosa de hombres 31
¿Estás preparado para emprender otra vida? 38
¡Pero si no estoy preparado! 42
La necesidad de saber y el miedo a saber 43
El gorila de trescientos kilos 45

Capítulo 2

El nuevo mapa de la vida adulta 49
La pesadilla de la esposa 52
¿Qué hacer con toda esa vida por delante? 55

PARTE II:
EL FLORECIMIENTO DE LOS CUARENTA

Capítulo 3

¿Por qué todavía me siento como un chaval? 61
La crisis de vanidad 63
Una libertad manifiesta 67
La lucha de poder padre-hijo en la edad madura 72
¿Cuándo vendrás a casa, hijo? 73
La muerte del padre 74
El delincuente cuarentón 77

Capítulo 4

La masculinidad a prueba 83
El yuppie que tiene que recuperar el tiempo perdido 84
El banquero que «sobra» en casa 85
Las inseguridades de los hombres que son el único
sostén económico de la familia 85
El desasosiego del idealista 86
Un momento difícil para ser un hombre de mediana
edad 89
Enfrentarse al «falso yo» 91
¿Eres lo que fumas? 93
«El gran imposible» 95
El padre reacio 99
Los primeros nervios ante la fatalidad 101
Escalar los marcadores de mortalidad 105
El honor entre los hombres 106
Los deportes masculinos: algo más que un juego 108
Los modelos actuales de masculinidad 111

Capítulo 5
Casados y mortales 123
El momento de la revelación 123

Una cuestión de corazón 126
La defensa obstruccionista 131
El problema con las esposas 135

PARTE III:
LA INTREPIDEZ DE LOS CINCUENTA

Capítulo 6

El pasaje a la segunda madurez 141
El complejo de Sansón 143
La masculinidad madura 147
El exfutbolista profesional 149
Un chiflado en la escuela superior 150
El periodista trotamundos se hace jardinero 151
El intrépido profesor 153
Más allá del poder 156
Barry Diller a la búsqueda del yo 161
El pasaje de Próspero 166
Bienvenido a la edad de la influencia 168

Capítulo 7

Reorienta tu vida antes de que suene la campana 173
La oscura noche de Joe O'Dell 174
Las defensas destructivas 178
El regreso de Joe O'Dell 180
A mí nunca me despedirán 181
El renacimiento 185
La ventana de la oportunidad 188
Las realidades económicas de la mediana edad 189
¿Qué podría asustar a John Wayne? 191
Renuncia a ser un «pez gordo» 192
Forma un equipo 194

Abrir la dimensión espiritual 196
Descubre tu pasión y ve tras ella 200

Capítulo 8

Amor y guerra con las esposas, los padres y los hijos 203
De competir a conectar 204
La divergencia entre los sexos: ¿Consuelo o crisis? 207
Entrenar al entrenador 209
Abstenerse del sexo 214
La esposa como red de seguridad 216
Transformar las divergencias en caminos
complementarios 220
Las diferencias cerebrales de los sexos 222
La suavidad en la madurez 223
El corazón vacío 224
El señor mamá 226
La sed de padre 227
Dejar marchar a un hijo crecido 228
¿Con cuántos amigos puedes contar? 231
El nido esta vacío: ¿Estás preparado para hacer el amor
por la mañana? 235

PARTE IV:
¿QUIÉN TEME LA MENOPAUSIA MASCULINA

Capítulo 9

El ciclo de la vida sexual del varón 241
Expectativas fabulosas 242
El ciclo de la vida sexual del varón 246
El pasaje innombrable 251
Los hombres que se comportan con inteligencia 256
La mente por encima de la virilidad 259

Capítulo 10

Los secretos de la virilidad perpetua 261
¿Prefieres un bistec y un cigarrillo que ser un atleta
sexual? 262
Las píldoras mágicas 265
Cuando se prefiere el partido de fútbol del domingo por
la tarde al sexo 268
¡Testosterona libre! 270
DHEA: La hormona maestra del hombre 272
El machismo químico 273
El trabajo en pareja 276
La mujer testimonial 281
Formar equipo para encontrar el tratamiento adecuado 283

PARTE V:
LA INFLUENCIA DE LOS SESENTA

Capítulo 11

El pasaje a la edad de la integridad 287
Los secretos del bienestar a los sesenta y pico 288
Imagina la residencia donde Paul McCartney pasaría
su vejez 292
Nada de retirarse: ¡reconducir! 293
Buscar la actividad posjubilacion 295
Las fantasías sobre la jubilación en los dos
miembros de la pareja 298

Capítulo 12

Progreso frente a desesperación 303
La tormenta negra 305
¡No dar marcha atrás, peligro de pinchazo! 308

Conseguir ayuda no es difícil 311
¡No tengo un ataque al corazón! 314
Encajar los golpes del destino 318

PARTE VI:
¿CÓMO MANTENERSE JOVEN?

Capítulo 13

Saltarse los convencionalismos 323
¿Tienen que morir antes los hombres que las mujeres? 325
Campeones que nunca se jubilan 329
Desarrollar y regenerar el cerebro 333
La sed espiritual 336
El amor en el crepúsculo de la vida 337
Un invierno exuberante 339

APÉNDICES

APÉNDICE A 343
Capítulo 6: El pasaje a la segunda madurez 343
Cómo afrontar la pérdida de empleo 343
Estrategias para sobrevivir a la pérdida de empleo
en la edad madura 344

APÉNDICE B 347
Capítulo 10: Los secretos de la virilidad perpetua 347
Consejos para buscar un médico o una clínica
especializados en disfunciones sexuales 347

APÉNDICE C 349
Capítulo 11: El pasaje a la edad de la integridad 349
Ejercicios para parejas antes de la jubilación 349

APÉNDICE D 351
Capítulo 12: Progreso frente a desesperación 351
Síntomas de depresión 351

BIBLIOGRAFÍA 353

PARTE I

¿QUÉ QUIEREN LOS HOMBRES?

Mientras dormimos aquí, estamos despiertos en otro sitio, y así..., cada hombre es dos hombres.

JORGE LUIS BORGES

I

Es cosa de hombres

Tradicionalmente, se ha considerado que la edad es más benévola con los hombres que con las mujeres. Las investigaciones que he realizado durante estos últimos ocho años han revelado una sorprendente inversión de esta idea: a muchos hombres de cuarenta años o más les resulta más difícil que a las mujeres hacer un tránsito satisfactorio hacia la segunda mitad de su vida.

A las mujeres les causa dolor perder la juventud.

Los hombres sienten pavor.

«Es el miedo a perder la potencia —dice mi amigo Fitzgerald—. Te imaginas que eres un actor en el escenario y que has perdido la voz.»

A medida que avanzamos por el camino de la vida, se producen cambios inevitables. Los hombres los afrontan como si fueran un muro de piedra y por eso el golpe los deja destrozados. Si supieran de antemano qué esperar, podrían dominar esos cambios y sacar provecho de ellos.

El objetivo de este libro es ayudar a los hombres y a sus compañeras a burlar esos cambios inevitables que van a presentarse. Hoy en día, sobre todo para los hombres menores de cincuenta años, el momento de las metas en la vida (terminar los estudios, el primer trabajo como adultos, el matrimonio, la paternidad, el nido vacío, la jubilación y la edad de oro) se ha vuelto impredecible. No está claro lo que se supone que deben hacer ni cuándo deben hacerlo. Es excitante y desorientador a la vez, como navegar rumbo a un nuevo mundo sin saber si antes vamos a caer por el precipicio del viejo.

Las cartas de navegación y los mapas han quedado anticuados. Cualquier hombre que se sienta algo perdido difícilmente estará solo.

El primer paso consiste en comprender las fases por las que pasan los hombres a partir de los cuarenta años, para a continuación descubrir, dentro del nuevo mapa de la vida masculina, cómo recorrer esos pasajes con una mayor conciencia y un pasaporte hacia la renovación. Incluso en una cuestión tan «amenazadora» como la menopausia masculina, las noticias son buenas y cada vez mejores. Este estado se reconoce cada vez más como un síndrome mental y físico absolutamente normal, muy extendido, tratable y a menudo reversible. Las empresas farmacéuticas compiten por ofrecer a los hombres la virilidad perpetua mediante la ingestión de una píldora. Por apremiante e inmediata que sea la preocupación que tienen casi todos los hombres sobre cómo puede verse afectado por la edad su rendimiento sexual, se trata mucho más de recuperar la vitalidad y la virilidad que de echar más leña al fuego. Las actitudes mentales cuentan tanto como los cambios físicos. En capítulos posteriores se detalla toda la gama de causas y el impresionante armamento para combatir la menopausia masculina.

¿Por qué me limito a los hombres? Como punto de partida, no es tan radical como pudiera parecer a primera vista. Desde la publicación de *Passages* en 1976, he estado escribiendo sobre los cambios previsibles e imprevisibles de la vida adulta de ambos sexos, pero, después de veinte años de sondear la psique y de interpretar el impacto de los cambios culturales en ambos sexos, he tenido que hacer frente a esta humillante conclusión:

Los hombres no entienden a las mujeres, pero al menos lo saben. Las mujeres no entienden a los hombres, pero no lo saben. ¿Te resulta familiar el diálogo que reproduzco a continuación?

—¿Qué te pasa?
—Nada.
—¿Por qué no me lo cuentas?
—¿El qué?
—La razón por la que se te ve tan deprimido.
—Sólo estoy cansado.

—Pero si lo único que haces es estar sentado y ver la televisión. A veces, lo que más cansa es no hacer nada.
—¿Qué no hago nada? Tengo muchas cosas en las que pensar.
—Parece que has llegado a un momento de tu vida en que las cosas están cambiando. ¿Cómo te hace sentir eso?
—Es una fase por la que hay que pasar.
—Me gustaría ayudarte. ¿No quieres hablarlo conmigo?
—No tengo nada que decir.
—¿Qué esperas de la vida? Piénsalo, decídelo y sé sincero conmigo.
—No sé lo que quiero.

La mayoría de nosotros hemos mantenido conversaciones de este tipo. Sé que hay quien ha sobrevivido a unos cuantos diálogos de esos que pretenden ayudar y que sólo consiguen empeorar las cosas. Las mujeres presumen de saber lo que va mal en sus compañeros y de que podrían arreglarlo si estos les hicieran caso. Pero ¿hay en realidad muchas mujeres que sepan lo que les ocurre a los hombres de hoy en día?

Milton Glaser, un gran artista gráfico y amigo sabio y querido, hizo esta observación respecto al abismo cultural entre ambos sexos: «Las mujeres están desarrollando un nuevo sistema de creencias; entre ellas está tomando forma una nueva manera de ver la vida. En cambio, la mayoría de los hombres no saben lo que les está ocurriendo. No tienen ninguna idea en la que creer. Los valores con los que crecimos muchos de nosotros han sido subvertidos y cambiados. Los hombres están atónitos ante semejante cambio y todavía no saben cómo responder a él. En esta época los hombres están muy inseguros».

Es posible que, para los hombres, cambio no equivalga a crecimiento. En general, ellos asocian cambio con pérdida, renuncia, con ser superados por otros y con el fracaso. No creen que el cambio sea una parte positiva del crecimiento interior ni un camino hacia una nueva forma de poder. En la primera mitad de su vida, sobre todo, a los hombres se los recompensa por ponerse unas anteojeras como las de los caballos y seguir su estrecho camino profesional: la vida parece directa.

«En mi vida como ejecutivo, siempre les digo a los líderes de la empresa lo importante que es dar un paso atrás, examinar las tendencias, ver lo que el futuro nos puede deparar y hacer planes con antelación —dice un neoyorquino que trabaja como relaciones públicas—, pero en mi vida privada y profesional eso es imposible». Este hombre expresa una opinión masculina tan vieja como el tiempo: «Lo único que hago es avanzar a la manera de una bestia estúpida que ve la siguiente oportunidad y arroja la lanza contra ella, llevando mi carga y esperando que las cosas me salgan bien. Ya sea que, como hombres, estamos condicionados a pensar de esa manera o ya se trate de un proceso fijo de socialización, lo cierto es que no nos gusta cambiar».

Tal vez fueras acelerado en el camino que empezaste a los veinte años, y ahora, de repente, te has visto obligado a sortear un montón de baches, o las ruedas se te han encallado en un tramo lleno de barro, o la batería ha perdido líquido. ¿Cómo puedes recargarte a ti mismo o cambiar de marcha? ¿A quién pedir ayuda?

Decir que a los hombres no les gusta hacer preguntas es un tópico, ya que evidentemente, esto no es siempre cierto. (Mi marido se ha detenido al menos una vez en la gasolinera más próxima para que le indiquen el camino.) Pero a los hombres no se les ha enseñado a hacer preguntas sobre su ciclo sexual vital, o su salud o su bienestar psicológico. Creen que no tienen tiempo ni necesidad de consultar con ningún profesional a menos que el desastre se abata sobre ellos. Los estudios revelan que los hombres visitan mucho menos al médico que las mujeres y que, por regla general, cuando acuden a él no hacen preguntas. Sin embargo, detrás de ese silencio y ese estoicismo, la mayoría de los hombres de más de 40 años sienten que el terreno de juego de la vida es radicalmente distinto del que tenían sus padres.

Una revolución económica cuya importancia puede equipararse a la de la revolución industrial esta enfrentando a los hombres maduros con unos más jóvenes y expertos en informática. Es posible que la experiencia ya no tenga importancia en un mercado empresarial que se basa en el ahora. No sólo se exigen nuevas técnicas para las que varias generaciones no están preparadas (los viejos que iniciaron la explosión demográfica, la «generación silenciosa», la generación de la Segunda Guerra Mundial), sino que se requiere una actitud diferente. Las reglas del juego entre jefe y empleado han cambiado. Antes podías contar con el padre corporativo, el previsor y benévolo dador de recompensas y reprimendas. Ahora, la corporación es un padre virtual, amorfo y no jerárquico, y así nunca puedes estar seguro de dónde te encuentras.

El terreno de las relaciones entre hombres y mujeres también ha sufrido un cambio tremendo. A los hombres de la generación de la explosión demográfica y de las anteriores se les condicionó, desde pequeños, a asumir un rol claramente prescrito en el bondadoso patriarcado retratado en la cultura popular de las series de televisión como *Ozzie & Harriet* y *Leave it to Beaver*. Como adultos jóvenes se vieron ridiculizados por el movimiento feminista, y más tarde fueron desechados por algunos activistas académicos por considerar que pertenecían a un continuo de «hombres blancos muertos». En la mitad de la vida se encuentran a sí mismos compitiendo con una nueva especie de mujeres profesionales más jóvenes y valientes. Y si añadimos a todo esto las presiones para conservar el aspecto joven y demostrar una virilidad perpetua, veremos que casi todos los hombres mayores de 40 años tienen problemas. Si un hombre sigue jugando con las puntuaciones y los horarios viejos, es muy posible que mande la pelota fuera.

En este clima de incertidumbre, cientos de hombres me hablaron sinceramente de todo tipo de temas prohibidos: sus preocupaciones con respecto al envejecer, la disminución de la fortaleza física y la habilidad atlética, el miedo a perder el trabajo y a sus padres, la crisis de significado que afrontan en la edad madura, la envidia que les inspiran sus mujeres porque trabajan y tienen más poder, el deseo que sienten de estar más cerca de sus hijos antes de perderlos, las ansiedades que preceden a la jubilación, y la cuestión de la potencia en todos los ámbitos de su vida.

Tal vez nunca hayas pensado que estos temas puedan llegar a preocuparte, tal vez nunca hayas pensado en no ser joven. Un conocido actor se quedó sorprendido la primera vez que pasó por la caja de un supermercado y la cajera se quedó mirándolo a los ojos.

Todavía es atractivo, aunque el contorno de la mandíbula se le ha suavizado bastante, y es menos engreído y agresivo; se ha tranquilizado y es más afectuoso, unas cualidades que presumiblemente tendrían que aumentar su capacidad de atracción. Sin embargo, cuando hablamos sólo ve la parte negativa de estos cambios: «Te sientes apartado de la juventud en el mismo momento en que notas que tu fuerza física y tu resistencia disminuyen; los hombres más jóvenes empiezan a adelantarte cuando caminas y el sexo ya no es lo maravilloso que era. Entonces te asalta un increíble deseo de ser joven otra vez».

Cuando les pregunto a los hombres si hablan de estas cuestiones entre ellos, casi siempre responden que no.

¿Por qué no?

«Porque son cosas de hombres.»

La mayoría de las veces tampoco las discuten con sus esposas o compañeras, que a menudo están preocupadas por los cambios que ellas también están sufriendo en la madurez. Después de una conferencia que di en Pennsylvania, me detuvo una mujer de aire enérgico que llevaba una bolsa de libros colgada del hombro. «Poco antes de cumplir los 40 reanudé los estudios universitarios y a los 42 obtuve el título de asistenta social. Mi marido no dejaba de quejarse. Me decía: "Estás cambiando, ¿por qué? Yo soy el mismo hombre con el que te casaste hace veinte años". ¡Bingo! Esa es la razón de que vayamos a divorciarnos.»

Es probable que el marido piense que seguir siendo el mismo y ocultar sus sentimientos y su frustración es cosa de hombres. Es posible que se sienta atascado, incluso atrapado, en sus responsabilidades financieras. Espera de sí mismo ser el mismo suministrador, el mismo competidor agresivo que ha sido siempre, espera que su cuerpo sea castigado, queme grasas y atraiga a las mujeres como siempre hizo. Pero, detrás de esa jactancia, es posible que ligar con mujeres no lo excite tanto como a los veinticinco años. Toda su identidad está encerrada dentro de esa posición que ha alcanzado hasta ahora. Si abre las puertas y la libera, aunque sólo sea un poco, ¿qué otra cosa encontrará?

No puede imaginar un cambio. ¿Por qué tendría que hacerlo?

Cuando las mujeres reanudan los estudios en la madurez, empiezan carreras nuevas o se libran de matrimonios asfixiantes, casi todas se sienten alborozadas. Aun cuando su salario y su posición social no sean tan altos como los de un hombre, les dan auténtica satisfacción porque han empezado con mucho menos. Los hombres a los que dejan, que probablemente han ayudado a financiar el acceso de su exesposa a la condición de «persona con vida propia» en detrimento de su propia renovación, en muchos casos se quedan resentidos y se sienten celosos.

Es posible que el pensamiento lineal lleve a un hombre a creer que cuando haya logrado ciertas cosas será feliz. Pero no sólo son los títulos y el éxito material lo que importa. Y cuando esos logros externos no consiguen aportar felicidad y sentido a la vida tal como se había previsto, los hombres se sienten frustrados, confundidos y enfadados, y les avergüenza admitirlo.

Esta desazón masculina no tiene nombre. Es un continente desconocido. La mayor parte de los hombres no reconocen (o se niegan a aceptar) que siguen entrando en fases distintas de la vida adulta. Y pocos de los que he estudiado son siquiera conscientes de que, después de los 40, todavía quedan importantes etapas por delante. Estas encrucijadas requieren que nos detengamos del todo y hagamos una pausa para mirar hacia dentro. Ofrecen al hombre la oportunidad de expandirse y de vivir una progresión o de cerrarse y vivir una regresión. Durante estos momentos de transición es necesario aflojar un poco el control, a fin de que el caparazón viejo se desprenda y deje espacio para que crezca un «nuevo yo» multidimensional y exuberante.

Los períodos de transición son siempre inquietantes, para todo el mundo, pero la falta de conciencia de ellos hace más probable que los hombres caigan en la depresión o en todo tipo de hábitos autodestructivos. Con mucha frecuencia, los hombres ni siquiera son conscientes de que están deprimidos. Empiezan a resbalar por el precipicio, centímetro a centímetro, buscando cualquier cosa a la que agarrarse o simplemente aturdiéndose para no sentir lo que les parece un inevitable descenso hacia el tramo final de la vida.

Este libro presenta una perspectiva más brillante, basada en estudios realizados con los nuevos hombres de hoy. En la madurez es cuando los hombres tienen las mejores oportunidades de convertirse en dueños de su destino, ser mejores amantes, mejores padres, más auténticos consigo mismos y con sus valores, más libres de expresar sus sentimientos y de ejercitar su creatividad, más influyentes, más cooperativos y más espirituales. Sólo necesitan conocimiento y una mente abierta para recibirlo.

¡Pero el tiempo se acaba! No tan deprisa como piensas, ni mucho menos. En realidad, la madurez es la fase de mayor bienestar potencial en la vida de las personas sanas y educadas. ¿No lo crees? Estudiemos algunos datos.

¿ESTÁS PREPARADO PARA EMPRENDER OTRA VIDA?

Estamos viviendo el mayor milagro de la historia de nuestra especie: desde la revolución industrial, la esperanza de vida se ha duplicado. En la época de la fundación de Estados Unidos, era sólo de 35 años. En 1900 llegó a los 47. Uno de los avances más asombrosos del siglo XX ha sido el de alargar el ciclo vital un promedio de 30 años (más del total obtenido en 5.000 años, desde la Edad del Bronce). En septiembre de 1977, en *The New York Times* apareció otra gran noticia a este respecto:

> La expectativa de vida de los estadounidenses aumentó seis meses en el año 1996, lo que supone un nuevo hito.

Estos datos se obtuvieron analizando las estadísticas de la longitud de la vida realizadas por los Centros de Control de la Enfermedad. La expectativa media de vida de un estadounidense es ahora de 73 años. También se va acercando más a la expectativa de vida de las mujeres (que es ahora de 79 años), a medida que las muertes por

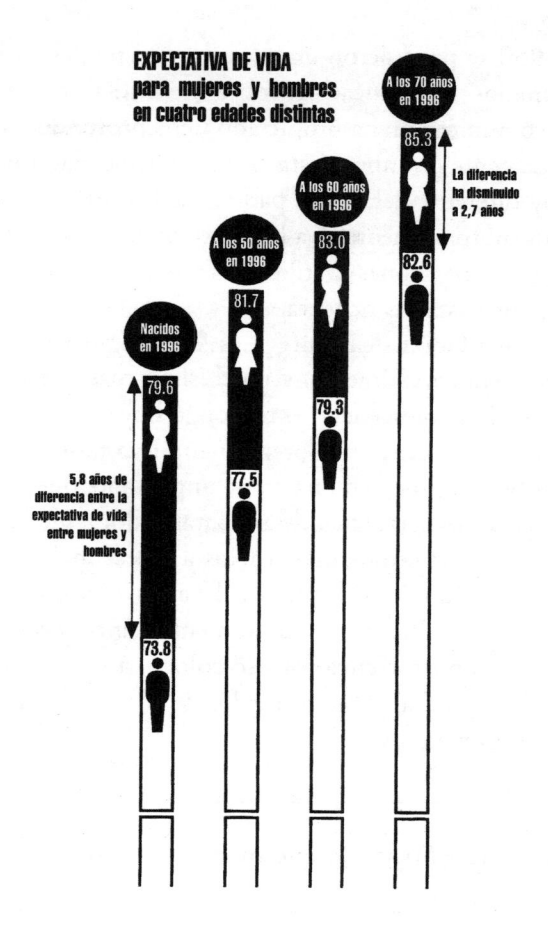

**EXPECTATIVA DE VIDA
para mujeres y hombres
en cuatro edades distintas**

A los 70 años en 1996: 85.3 / 82.6 — La diferencia ha disminuido a 2,7 años

A los 60 años en 1996: 83.0 / 79.3

A los 50 años en 1996: 81.7 / 77.5

Nacidos en 1996: 79.6 / 73.8 — 5,8 años de diferencia entre la expectativa de vida entre mujeres y hombres

sida y la incidencia de las enfermedades cardíacas y los cánceres han empezado a declinar. De aquí al año 2030, la proporción de habitantes con más de 65 años será de casi el doble. Y en Europa, esto ocurrirá incluso antes.

Bien, dirás, pero si alargar la vida significa pasarse años con la bombilla cada vez más débil y el cuerpo cayéndose a trozos, mejor olvidarlo. Todos miramos a nuestros padres y madres como si fueran el espejo de nuestro envejecimiento. Y en muchos aspectos, esto nos lleva a equivocarnos. Cuando cumplieron 50 años, pensamos que ya se habían hecho viejos. Y ellos también lo pensaron. Pero a partir de 1950 se produjeron unos avances increíbles en la medicina, que sumados a la educación sobre la salud favorecida por los medios de comunicación ha propiciado unos profundos cambios de conducta. La gente que ahora está en la mediana edad tiene un perfil vital muy diferente del de sus padres, de los que se esperaba que apagasen sus motores mentales a los cincuenta. Ni se les pasaba por la cabeza correr maratones o atiborrarse de hormonas para mantenerse atractivos hasta los ochenta.

La gente madura físicamente más deprisa, pero le lleva más tiempo crecer emocionalmente, y muchísimo más envejecer. En las clases medias, la adolescencia se prolonga hoy hasta el final de la veintena. Nuestra primera madurez no empieza hasta los 30. Entre los 40 y los 50 entramos en una etapa importante que nos llevará a lo que antes era una seria, cuando no paralizadora, mediana edad.

Sin embargo, parecemos más reacios a crecer incluso que antes. De los cientos de hombres de más de 40 años a los que he entrevistado, la mayoría de ellos creen que son entre cinco y diez años más jóvenes que el impostor cuya foto se colocó, a saber cómo, en sus pasaportes. Hoy en día, el punto medio de la edad adulta ya no son los 40, sino más bien los 50.

> Los 50 son lo que antes eran los 40.

Si eres un hombre que ahora tiene entre 30 y 50 años, puedes enfocar tu lente en el envejecimiento. Favorecido por el *boom* de la salud masculina, la biotecnología y los estudios sobre el cerebro, perteneces a una especie sin precedente en el planeta, una especie cuya vida se alargará, en general, hasta los 80 y los 90. Esto significa que debes prepararte para la posibilidad de una nueva vida, más allá de los roles y de las responsabilidades tradicionales, porque la edad comprendida entre los 40 y los 80 o los 90 te ofrecerá un terreno de juego completamente distinto. Es lo que yo llamo la segunda madurez.

En la segunda madurez uno empieza a aprender que, en la vida, la satisfacción no es el resultado de sumar puntos en un solo marcador. Se trata más bien de jugar con distintos marcadores (como hijo, compañero, padre, amigo, colega, mentor, sabio de la comunidad, benefactor). Los tantos cruciales de la segunda madurez no se juegan con las reglas que hay establecidas para los hombres más jóvenes ni se puntúan igual. Sin embargo, casi todos los hombres se concentran tanto en ganar la primera mitad del partido que, a menudo, no advierten las señales que pueden prepararlos a adoptar una estrategia ganadora para la mediana edad y más tarde.

Gary Markovitz, por ejemplo, fue un buen soldado. Después de combatir en Vietnam y volver a la universidad para prepararse como tecnócrata, durante diecisiete años se ha definido por completo a sí mismo dentro del contexto de su empresa. «Cuando la gente me preguntaba lo que soy, decía que era un "ibeemero" —admite—. No "Gary, que trabaja en IBM", sino un "ibeemero".»

Hacia los 45 años empezó a preguntarse qué haría cuando empezase a descargársele la batería, pero no se le ocurrió pensar en qué otra cosa le gustaría hacer. Mientras estaba de viaje de negocios en San Francisco, se enteró de que su empresa estaba interesada en comprarle su parte de acciones. Al principio ni lo tuvo en cuenta, pero en el avión de regreso a casa se descubrió a sí mismo pensando en el funeral de un amigo que había fallecido hacía poco. El hombre, después de escalar posiciones en IBM junto con Gary, de repente, se murió de cáncer.

Gary empezó a pensar en el número de personas que asistirían a su propio funeral. Muy pocas. ¿Qué valor tenía que él fuera de IBM? Pensó en su hijo mayor, que ya tenía 25 años. Pronto tendría un nieto sentado en sus rodillas. Inocente y adorable, el niño le preguntaría: «Abuelo, ¿has hecho algo en esta vida que tenga sentido?».

He hecho dinero.

«Vi que, de ese modo, no aprobaría el examen ante mi nieto —explicó Gary—. Podía hacer cosas mejores.»

¡PERO SI NO ESTOY PREPARADO!

En una entrevista de grupo, un hombre de Minneapolis que rondaba la cincuentena expresó una preocupación frecuente en los hombres: «Dígame la verdad. Envejecer, ¿significa perder poder?».

Al contrario: el poder de la mente, basado en la experiencia, no hace más que aumentar cuando afrontamos las crisis y los accidentes previsibles de la vida y descubrimos nuestra flexibilidad. En la edad madura se abre un escenario totalmente nuevo, la «edad de la maestría», una fase de bonificación que va de los 45 a los 65 años. El paso de la primera madurez a la segunda y a la edad del dominio transforma la idea de poder.

Los hijos de la explosión demográfica necesitan una guía para avanzar hacia la madurez. El suyo será un viaje completamente nuevo, lleno de sorpresas. Cuatro de cada diez estadounidenses adultos pertenecen a la generación del *boom* de la natalidad, la cual, según mis estudios de los datos del Instituto de Estadística de Estados Unidos, puede dividirse en dos subgeneraciones. La primera es la llamada «generación del Vietnam» (los nacidos entre 1946 y 1955), la del presidente Bill Clinton y del primer ministro británico Tony Blair, una generación que se define a sí misma por la fortaleza de sus ideales y por su indiferencia hacia las viejas ideologías. Estos hombres que ahora tienen entre cuarenta y tantos y cincuenta y tantos años llegaron a la mayoría de edad esperando que las cosas siempre irían mejor, y para casi todos ellos así ha sido. El espíritu de los sesenta forjó su conciencia utópica, y en ellos todavía quedan vestigios de ese espíritu, templados por el cinismo de los tiempos.

La mitad más joven de estos hombres, la «generación Yo» (los nacidos entre 1956 y 1965), llegó a la mayoría de edad en los años setenta y perdió gran parte del idealismo de la generación de Vietnam, pero se centró mucho más en el desarrollo personal. Soñaron con alcanzar una vida perfectamente equilibrada y por eso siguen posponiendo asumir muchas de las responsabilidades de la vida adulta. Sin embargo, son más tolerantes con la igualdad de derechos y deberes en el matrimonio, las parejas gay, las familias uniparentales y otros experimentos sociales. Las dos mitades de esta generación dominante han sido siempre extremadamente individualistas y, por ello, están divididas de manera irreconciliable, pero hay una cuestión en la que todos parecen estar de acuerdo:

> Los hijos de la explosión demográfica no aceptan la edad madura.

Los hombres de esta generación no se ven envejeciendo. Y tampoco prevén cambios en su rendimiento sexual máximo *(es posible que a otros hombres les ocurra, pero a mí no)*. Sin embargo, las dudas secretas los acechan y un episodio aislado de debilitamiento del ardor sexual puede suscitar la siguiente pregunta: ¿*Es esto el principio de la terrible caída?*

LA NECESIDAD DE SABER Y EL MIEDO A SABER

En las charlas que he dado sobre mi libro anterior, *New Passages*, siempre surge esta pregunta: *¿Existe una menopausia masculina?*

Existe la necesidad de saber y un miedo igualmente importante a saber. Cuando advertí el fenómeno por primera vez, las pruebas que aportaron los hombres fueron meramente anecdóticas. Seis hombres sentados en un bar de Manhattan a la salida del trabajo (viriles jefes de ventas y comerciantes de éxito), todos ellos entre los 45 años y la gran línea divisoria de los 50. Se toman un par de copas y uno de ellos, en un tono de voz lo bastante alto para que yo lo oiga, desafía a los demás: «Decid la verdad. ¿Cuántas veces habéis fingido estar dormidos cuando vuestra mujer entra en la habitación con un brillo especial en los ojos?».

Todos se echan a reír. Luego se hace un profundo silencio. El hombre que ha formulado la pregunta alarga el brazo en busca de una tabla de salvación. «Quiero decir, ¿a vosotros no os pasa, colegas?»

«Claro, cuando el señor Arrugas no tiene ganas de beber», dice otro, soltando una carcajada. Los otros ríen a coro, achacando el problema al exceso de trabajo, al estrés y a otros factores.

Pero estos factores ocasionales no arrojan ninguna luz sobre el misterio de por qué tantos hombres, en la mediana edad, pierden gradualmente su vitalidad y su virilidad. Ven que sus amigos, algo mayores, dejan de ser brillantes, vivaces y decididos, y se vuelven depresivos, tristes, apáticos e indiferentes. Se preguntan: *¿A mí también me ocurrirá?* Y claro, como son hombres, se niegan a hablar de ello. Como mucho, el tema se aborda siempre con chistes y bromas.

Un hombre mayor va caminando por la calle y en la acera encuentra a un sapo que le dice:
—Si me coges y me das un beso, me convertiré en una mujer muy hermosa.
El hombre lo coge y se lo guarda en el bolsillo.
—¿No vas a besarme? —se queja el sapo—. Me convertiré en un bombón de mujer y podrás hacer todo lo que quieras conmigo.
—Prefiero tener en el bolsillo un sapo que habla.

¿Qué está ocurriendo? ¿Hablamos simplemente de envejecer? Sí, pero también hablamos de un reto más grande a la visión que el hombre tiene de sí mismo: un fenómeno identificable con componentes físicos, hormonales, psicológicos y sociológicos que actualmente se conoce como «menopausia masculina». «Todavía no tenemos un término para este período de entre cinco y doce años en la madurez de los hombres, pero sabemos que es un fenómeno que se da en ambos sexos», reconoce el doctor Elliot Sorel, presidente de la Asociación Mundial de Psiquiatría Social y profesor de psiquiatría y ciencias de la conducta en la Escuela de Medicina de la Universidad George Washington.

Enseguida advertí que, si bien la menopausia es el pasaje silencioso, la menopausia masculina es el pasaje innombrable. Es tan fundamental como el final del período fértil de la vida de una mujer, porque golpea en el núcleo de lo que es ser un hombre: aquello con lo que el hombre ha contado siempre para procurarse placer, lo que le ha funcionado cientos de veces, insensatamente, como una máquina, solo o con las parejas que sea, la fuente de sus fantasías, la espada de su dominio, la auténtica raíz de su evolución como homo sapiens, en otras palabras, la energía y el rendimiento sexuales de su juventud.

En el número de abril de 1993 de *Vanity Fair*, con una foto en portada de Sharon Stone, desnuda de cintura para arriba y con las manos en los pechos, mis editores masculinos me permitieron publicar una de las primeras discusiones completas sobre el tema: «El pasaje innombrable: ¿Existe la menopausia masculina?». Desde entonces, hombres y mujeres han querido hablar conmigo en privado de este problema que todavía no tiene un nombre adecuado. Las conversaciones sobre este tema con más de un centenar de hombres de entre 40 y 70 años, revelaron que casi todos ellos habían sido enviados del urólogo al psiquiatra, pasando por el cirujano, para terminar absolutamente confundidos. También he estudiado los trabajos de unos veinticinco expertos en este limitado campo de la medicina que estudia y trata los distintos grados de disfunción sexual que sufren los hombres de más de 40 años, durante la edad madura y también durante la tercera edad. La clase médica esquiva el tema, mientras que los medios de comunicación son también muy cautelosos a la hora de abordarlo, y creo que he descubierto por qué.

EL GORILA DE TRESCIENTOS KILOS

En otoño de 1996 recibí la llamada de un joven y dinámico productor del serio magazine televisivo *48 hours*, de la CBS. Chuck Stevenson había leído mi trabajo sobre la menopausia masculina, había entrevistado a algunos expertos del campo de la medicina y quería que le hablara sobre la crisis sexual de los hombres en la madurez. Él sólo tenía 41 años. ¿No era demasiado joven para interesarse por la menopausia masculina?

«En realidad, el tema me parece fascinante», dijo. En su opinión, «lo que precede a la crisis masculina de la edad madura es la reducción de la capacidad sexual, lo cual desencadena todos esos sentimientos psicológicos».

Quedé encantada con el lúcido enfoque de Chuck. Se presentó en mi casa de Berkeley con el corresponsal Erin Moriarty y tres hombres del equipo técnico.

Para la entrevista, Chuck quería centrarse en la «menopausia técnica, en ese pequeño porcentaje de hombres que realmente no tienen testosterona».

En cambio, yo no quería hablar de ese pequeño porcentaje de hombres que están ya tan incapacitados que posiblemente necesiten tratamiento quirúrgico. Mi preocupación es la totalidad de los hombres maduros que no saben lo que es normal y que, cuando sus hábitos o su rendimiento sexual cambian, se sienten tan desconcertados y avergonzados que huyen de toda intimidad. Ante la cámara, describí la situación más frecuente:

> Cuanto más tiempo pasa sin que la pareja hable sobre el tema, más monstruoso se vuelve, hasta que en el dormitorio hay un gorila de trescientos kilos. Nadie lo menciona en seis meses, dos años, cinco años. Mientras, la pareja deja de abrazarse, de entrelazar las manos, de tocarse. Cambian la cama de matrimonio por camas separadas, por habitaciones separadas y, a la larga, por vidas separadas. Debido a esta suspensión de la actividad sexual, desaparece de la relación cualquier forma de intimidad.

Cuando terminó la filmación de la entrevista, le pregunté al productor qué título iba a ponerle al programa. «Esto va a ser lo más difícil de todo —admitió Chuck Stevenson—. ¿Qué título podemos ponerle a este reportaje para que los hombres no se asusten? No podemos hablar de la «crisis de la madurez» ni del «cambio de vida».» Finalmente, el reportaje se llamó *Confidencial*, que era inofensivo pero no significaba nada. En la versión que se emitió, no salió nada de lo que yo había dicho del gorila de trescientos kilos. Chuck reconoció que el reportaje había sido un fracaso. La razón, me dijo con pesar, la enorme sensibilidad de los ejecutivos de más edad de la cadena hacia el tema de la impotencia.

Pero lo que me resultó más sorprendente fue la reacción del equipo técnico. Por lo general, los técnicos aparecen a la hora de filmar y se limitan a hacer su trabajo. Mientras hablábamos de la menopausia masculina, aquellos tres hombres se pusieron pálidos y enrojecieron, pero permanecieron atentos a todas y cada una de las palabras. Al terminar, se quedaron con nosotros.

—A mí me gustaría saber más del tema —dijo sinceramente uno de los cámaras—, pero no me gusta hablar de ello.

—Pues a mí me ha sonado de lo más familiar —admitió otro de los técnicos. Tenía algo más de cuarenta años y estaba pasando por el trago amargo del divorcio. Era ella la que lo dejaba—. Lo realmente importante es que, cuando un hombre tiene una crisis sexual en la edad madura, la gente suele decirle que el problema sólo está en su mente, que desconecte de ella.

—Pero, en realidad, forma parte del curso natural de los acontecimientos —dijo, tratanto de tranquilizarlo, uno de sus compañeros.

—Exacto. Ahora entiendo eso que han dicho del rinoceronte o lo que fuera en el dormitorio.

—Un gorila de trescientos kilos.

—Sí, y se crean obstáculos.

—Estoy totalmente de acuerdo —intervino el cámara—, porque cuando en un matrimonio se rompe la comunicación, ya no queda nada.

Al instante, su compañero tuvo una repentina iluminación, una de esas pequeñas manifestaciones que arrojan luz sobre lo que realmente ocurre en la vida de cada uno.

—¡Eso fue lo que sucedió en nuestro matrimonio! Nadie hablaba del gorila y estábamos cada vez más distanciados. Yo no pensaba que fuera culpa mía, cumplía con mi deber, hacía lo que tenía que hacer. Iba posponiendo la cuestión. Ella se cansó de esperar y sucedió de una manera totalmente repentina: el matrimonio se vino abajo.

Cumplir con el deber y no hablar del derrumbe interno de toda la idea que un hombre tiene de sí mismo es una actitud «masculina» muy frecuente en la edad madura. Este libro pretende ser una amigable guía para afrontar esos callejones sin salida. Ningún hombre debe desperdiciar su preciosa vida «posponiéndolo». Y cuando descubre el nuevo y excitante mapa de la vida masculina, expuesta aquí con hechos y con numerosos ejemplos vivientes, debe sentirse atraído a explorar nuevos continentes de la imaginación y de la experiencia con los que las pasadas generaciones ni siquiera habían soñado.

2

El nuevo mapa de la vida adulta

Durante decenas de miles de años, los hombres han vivido como guerreros, cazadores y proveedores, ocupando una posición dominante sobre las mujeres y siendo indispensables a la hora de aportar los alimentos al hogar. Sus músculos han sido admirados y temidos, y normalmente han trabajado en algo que requería su fuerza física. La idea de que la superioridad moral del hombre está relacionada con sus atributos físicos se remonta a nuestros ancestros.

Pero en las últimas décadas (un instante en la evolución), a los hombres se les ha pedido que apacigüen su agresividad, que «compartan» sus secretos emocionales y que sean más refinados en lo que a su naturaleza sexualmente predadora se refiere. Hoy en día, los misiles se lanzan tecleando ordenadores, la comida se «caza» manipulándola en los laboratorios, lo que hace aumentar las cosechas y la ganadería, y la comunicación se realiza mediante una red global de faxes y módems y la World Wide Web. Hasta los triunfadores indiscutibles de la sociedad americana dudan de sí mismos. «Yo diría que estamos desalentados —declaró en *The New York Times* el corresponsal de televisión Bill Geist, de la CBS—. No sabemos si tenemos que comportarnos de una manera más masculina o más sensible... Es posible que los hombres estemos de capa caída y cada vez seamos menos necesarios.»

«¿Es cierto que «el hombre sensible» está pasado de moda y que el «macho» vuelve a arrasar?», me preguntó un joven que acababa de graduarse en la universidad y que tenía que enfrentarse a un mercado laboral altamente competitivo. Su novia había pasado directamente de la graduación a un empleo muy bien remunerado. Sí, como era de esperar, ha habido un retroceso. Los hombres se rebelan moviendo sus fálicos cigarros puros en los clubes de fumadores, engullendo filetes sangrientos y bebiendo martinis secos. Algunos simpatizan con programas de televisión como *Men Behaving Badly* o revistas como *Loaded*, que exaltan al adolescente eterno. Otras formas mucho más extremas y desagradables de este retroceso se ven en la violencia doméstica y, de manera mucho más evidente, en la resistencia a que las mujeres entren en el ejército.

Al mismo tiempo, está en proceso de formación un nuevo modelo, el de hombre pospatriarcal. Principalmente, se está formando entre hombres bien educados y felizmente casados menores de 40 años. Te los encuentras dando el biberón a su bebé en la mesa de un café o celebrando los goles de su hija en un partido de hockey. Sin embargo, es muy improbable que los hombres lleguen a definirse primariamente a sí mismos como padres. En lo más hondo de su ser, la manera en que los hombres ven su rol ha permanecido sorprendentemente firme. Esto está confirmado tanto por los estudios realizados en distintas culturas, como por las conversaciones mantenidas con cientos de hombres que acudieron a los debates en grupo que realicé en Estados Unidos. Ser un buen proveedor sigue siendo la definición primaria que los hombres hacen de sí mismos. Lo que sí ha cambiado drásticamente es que cada vez menos hombres y cada vez más mujeres pueden desempeñar ese rol.

Como maridos, los hombres se encuentran en sociedad con sus mujeres, ya que, para el estilo de vida de la clase media, generalmente se necesitan los dos sueldos. La crisis económica de los ochenta y principios de los noventa significó que la mayoría de los hombres sufriera un retroceso en lo referente a sus ingresos reales. Hay dos estadísticas sorprendentes que nos dan la perspectiva de la enormidad de este cambio:

En el 55 por ciento de los hogares norteamericanos, las mujeres aportan ahora la mitad de los ingresos como mínimo. Y casi un tercio de las esposas estadounidenses que trabajan (el 29 por ciento, o 10,2 millones de mujeres) ganan más que sus maridos.

Esta situación se da en las primeras familias de Estados Unidos y del reino Unido. Tanto Hillary Rodham Clinton como Cherie Booth Blair han tenido un deslumbrante éxito público como abogadas. En 1996, el presidente ganó 200.000 dólares. Su mujer ganó casi tres veces y media más (742.852 dólares) escribiendo y promocionando su libro. La esposa del primer ministro Tony Blair fue nombrada consejera de la reina a los 40 años, un título que sólo ostenta el 10 por ciento de los abogados ingleses. Conocida como Ms. Booth con su peluca y su toga, es también desde hace mucho el principal sostén de la familia, con unos ingresos anuales estimados en más de 350.000 dólares. Sin embargo, no podemos decir que el primer ministro inglés y el presidente de Estados Unidos sean hombres superfluos. Lo único que pasa es que la sociedad de la que disfrutan con sus esposas ha ampliado sus posibilidades y les ha ayudado a ganar.

Otras estadísticas sugieren que las mujeres continuarán ganando poder en las esferas educativa y económica. En las universidades y escuelas de graduados se titulan más mujeres (excepto en el nivel del doctorado). Cada vez hay más mujeres que trabajan con dedicación completa durante períodos más largos de su vida. Mientras que una nueva y confiada generación de mujeres ha ido subiendo por la difícil escalera de las corporaciones norteamericanas y ha puesto en marcha la mayoría de las nuevas pequeñas empresas, las mujeres de más edad, estimuladas por el entusiasmo posmenopáusico, han alcanzado puestos de importancia en los cuerpos legislativos del Estado, al tiempo que ampliaban su radio de influencia al congreso y rompían barreras de sexo con cargos como el de responsable nacional del orden público y en la diplomacia.

Todavía hay más hombres que mujeres en la administración pública y en los puestos de poder de las empresas. Pero ahora tienen que hacer sitio a las mujeres y trabajar con ellas. No es de extrañar que los truenos que retumban en la línea de demarcación de los sexos suenen con más fuerza que nunca desde los ruidosos inicios del movimiento feminista. ¿Quién sabe cuáles son los roles y cuáles las reglas? ¿Pueden destacar las mujeres en las esferas deportiva y militar sin que los hombres se sientan afeminados? ¿Qué es un matrimonio igualitario? ¿Qué significa para los hombres ver a tantísimas mujeres que deciden tener hijos sin padre? Junto a la esperada aparición del nuevo padre pospatriarcal, tenemos la asombrosa estadística a la que el senador Daniel Patrick Moynihan constantemente se remite: en las cincuenta ciudades más grandes de Estados Unidos, por término medio, la mitad de los niños nacen de madres solteras. En la historia de la especie nunca había habido una experiencia como esta.

Cuando nuestra organización social cambia de una forma tan espectacular, provoca un caos general. No porque sea imposible crear una vida más equilibrada, sino porque todo es tan nuevo... Por más que se diga, a gritos o susurrando, «¿Quién necesita a un hombre?» o «¿Qué hace aquí una mujer?», los hombres y las mujeres se necesitan cada vez más los unos a los otros como compañeros para afrontar un ritmo de vida cada vez más acelerado y exigente.

LA PESADILLA DE LA ESPOSA

Las mujeres me preguntan constantemente: «¿Qué podemos hacer para que nuestros maridos vean la luz? ¿Cómo podemos hablar con ellos de su temor al cambio y al envejecimiento sin empeorar las cosas?».

La importancia crucial de sus preguntas me sorprendió cuando visité a la joven viuda de un abogado de prestigio. Había destrozado a su segunda familia y conmocionado a sus colegas al caer muerto mientras corría sus acostumbrados ocho kilómetros diarios. Acababa de cumplir 50 años y, al parecer, su salud era óptima. Sin embargo, un año antes había sido cesado del comité ejecutivo de su empresa.

Le pregunté a la viuda si su marido, en privado, había expresado algún sentimiento con respecto a ese despido. «Le enseñaron a no demostrar los sentimientos —respondió—. Era un estoico. Su padre siempre decía: «Nunca te lleves los problemas a casa». Yo le di muchas oportunidades para que hablara de ello, pues estaba muy preocupada. Tal vez lo que hacemos las esposas es expresar lo que ellos no pueden, pero mi marido siempre pasaba por alto mis comentarios y me decía que sólo eran asuntos de trabajo.»

Aunque el marido se hacía chequeos médicos regulares, la esposa se preguntó si era posible que hubiese tenido algún síntoma y no le hubiera hecho caso. Nunca había mencionado que sintiera tensión o dolor en el pecho, o dificultades respiratorias. Siguió su lema hasta el final: *Trágatelo por completo*. Pero, al igual que la mitad de los hombres que caen, víctimas de un inesperado y repentino ataque cardíaco, su marido no volvió a levantarse.

En las últimas décadas, se ha descubierto una relación científica entre el hecho de haber sufrido una pérdida y la enfermedad física y psicológica. Los «finales» que empiezan a acumularse en la segunda mitad de la vida —pérdida de la posición social, los hijos mayores que se van de casa, las muertes repentinas de amigos— se consideran ahora augurios de problemas físicos. La bibliografía sobre el tema destaca la frecuencia con la que un individuo sometido a una gran tensión, sobre todo si es hombre, desconoce su existencia o el impacto que tiene en su vida.

Es un problema para todos los hombres que definen su masculinidad esperando ser eternamente fuertes y capaces de superar solos cualquier obstáculo. No pueden aprovecharse de la longevidad sin precedentes de que gozamos hoy en día, si no la prevén y la planean de antemano. Los hombres no pueden seguir viviendo como sus padres o tutores. Tienen que estar preparados para introducir cambios en su vida de una manera consciente y preventiva. Muchos de ellos no están dispuestos; la sociedad no los ha preparado para esta nueva fase de la vida y pocos son los que han desarrollado las técnicas y los recursos internos para afrontarla.

En la película *Hechizo de luna*, una frustrada Olympia Dukakis no cesa de preguntarse: «¿Por qué los hombres siguen conquistando mujeres?». Al final, Danny Aiello le da una respuesta inesperada para ella: «Porque tienen miedo de la muerte».

Hay razones auténticas para que los hombres teman más a la muerte que a las mujeres. El riesgo de muerte es mayor para los hombres que para las mujeres a cualquier edad. A los tres meses de embarazo, la posibilidad de aborto de un feto masculino es el doble que la de un feto femenino. Los hombres envejecen antes que las mujeres, les salen canas antes, pierden el impulso sexual antes, caen en la ira o en la frustración más fácilmente y experimentan con mucha más dureza el impacto del cambio (como el desempleo).

«Los hombres temen más a la muerte que las mujeres porque no están directamente relacionados con el proceso del nacimiento —opina el artista Milton Glaser—. La mujer que da a luz un hijo comprende que ha vuelto de nuevo al mundo, para siempre. La continuidad de la especie humana pasa por la madre. Los hombres no experimentan ese sentimiento de continuidad del mismo modo que las mujeres. Los hombres son espectadores.»

Para las mujeres, el cambio es algo que se da por sentado. Viven con constantes interrupciones, entran y salen del mundo laboral y del doméstico. Sus cuerpos tienen flujos y reflujos regulados por ciclos mensuales. Se acostumbran a la inmensidad de los cambios gracias a los que se producen en ellas durante el embarazo y la lactancia: ven cómo sus cuerpos se hinchan de manera desproporcionada y cómo recuperan luego la normalidad. Si esos cambios pueden darse en el cuerpo y su resultado es el milagro de una nueva vida, entonces el cambio es algo bueno.

Aun cuando los hombres tengan todas las ventajas que confieren el dinero y la posición, les resulta difícil arriesgarse a cambiar o ver una razón para alterar la estructura familiar. Y nadie puede hacer las cosas solo. En la madurez, las mujeres se abren y forman intrincadas redes de apoyo; a medida que sustituyen la competitividad por los hombres en la que participaron en su juventud, por la jovialidad de las experiencias compartidas, sus amistades ganan en número y en profundidad. En cambio, a los hombres les ocurre lo contrario. Se comportan con cautela para impedir que otros hombres vean grietas en su armadura o heridas en su alma, y tienden a subir la guardia más que nunca. Rara vez hacen amigos nuevos. Pueden volverse emocionalmente dependientes de sus esposas, a veces hasta límites peligrosos. Los hombres apenas leen libros sobre su salud ni hacen una pausa para examinar en qué fase de la vida están antes de precipitarse a la siguiente. Algunos psiquiatras me cuentan que los hombres acuden a ellos porque se sienten «atascados», porque no saben permitirse un cambio, por más que sus mujeres los apoyen. Algunos de ellos se derrumban literalmente (sufren una dolencia física o una depresión) antes de permitirse un cambio de importancia. Y sin embargo, queda tanto que vivir y por lo que vivir...

¿QUÉ HACER CON TODA ESA VIDA POR DELANTE?

Los primeros exploradores del ciclo vital (Charlotte Buhler, Erik Erikson, Carl Jung, Daniel Levinson, Bernice Neugarten y George Vaillant, entre otros) observaron que el carácter de la edad adulta cambia claramente entre la primera y la segunda fase de esta etapa. Sin embargo, en la época en que estos especialistas estudiaron el ciclo adulto humano se decía que los hombres cultos llegaban a la cumbre de la vida entre los 40 y los 50 años. Muchos podían navegar sin esfuerzo después de los 50 y planear una jubilación previsible para después de los 60. Ahora, millones de hombres de todas las clases sociales que daban por sentado tener seguridades al llegar a la edad madura, deben afrontar imprevistos en la vida, aun cuando vayan a vivirla más tiempo y gozando de más salud. Con treinta o más años que llenar después de la mediana edad, tienes tiempo suficiente para reinventarte a ti mismo y convertir las décadas que siguen a los 40 en las más estimulantes, llenas de sentido y profundas de todas.

Este libro está dividido en las fases de la nueva segunda edad adulta:

«El florecimiento de los cuarenta» marca, en muchos sentidos, la década cumbre. Pero en la actualidad no es fácil tener entre 40 y 50 años. Los modelos tradicionales de virilidad están obsoletos y se necesitan nuevas demostraciones y definiciones de masculinidad. Los hombres que están en la vanguardia de la sociedad buscan un nuevo concepto en su vida, un concepto que exalte los puntos fuertes concretos del varón pospatriarcal de hoy en la edad madura. ¿De qué manera redefinen sus roles como guerreros, proveedores, compañeros sexuales y padres? ¿Dónde buscan el honor en la vida cotidiana?

En el mundo actual, «La intrepidez de los cincuenta» ofrece la posibilidad de regeneración. Para saciar su sed en la edad madura, los hombres pueden beber de muchas fuentes nuevas de significado, amor e intimidad, pero tienen que darse permiso para redirigir su vida antes de que suene la campana. A medida que mueren sus padres, sus hijos se van del nido y su mujer hace valer sus méritos, es esencial que los hombres, cumplidos los 50 años, se prepararen para sustituir el entusiasmo, la energía y la felicidad que crean que han perdido.

«¿Quién teme la menopausia masculina?» examina el ciclo sexual masculino y las exageradísimas expectativas que tienen muchos hombres y que al final pueden disminuir su rendimiento como amantes. Aquí discutiremos el «bajón» de la edad madura desde una perspectiva holista, como fenómeno de la mente y del cuerpo. Revelaremos los secretos de la perpetua virilidad con información sólida de los expertos y relatos personales verídicos. Saldrán a la luz los miedos y las frustraciones de las compañeras de los hombres con problemas de potencia. Los expertos afirman que la mejor terapia sexual es la que se realiza en casa, y se aconseja el trabajo en pareja.

«La influencia de los sesenta» nos lleva a un territorio sin explorar. Hoy en día, las personas que viven sin problemas serios de salud más allá de los 65 años están insertando una nueva fase en el ciclo vital: la «edad de la integridad», en la que millones de hombres, para su asombro, descubren que aún no son viejos.

> Los 60 son lo que antes eran los 50.

Para los hijos de la explosión demográfica, la jubilación se está convirtiendo en un concepto obsoleto. Dado que, en gran parte, se han definido a sí mismos por su trabajo, a menudo les preocupa qué harán cuando este termine. La jubilación tradicional significa colgar las botas, jugar a las cartas en pantalón corto con viudas mandonas y esperar a que se ponga el sol. Y además, muchos de ellos no podrán jubilarse, al menos del todo. Como han tenido hijos tarde, se encontrarán cambiando salidas nocturnas por fines de semana como «canguros» de universitarios. La jubilación con trabajo ofrece al hombre la oportunidad de mantener ágil la mente y es una defensa contra el miedo a sentirse inútil.

En este orden de cosas, el poder puede transformarse en un sello más duradero: la influencia. Lo que importa no es sólo vivir más, sino lo que uno decide hacer para que esos años tengan mucho más sentido y sean más gratificantes de lo que antes solían ser, algo que en el pasado sólo consiguieron hombres como George Washington, Benjamin Franklin, Pablo Picasso, Winston Churchill y Charles de Gaulle. De ese modo, la edad de la integridad es una fase que casi debe crearse de manera consciente.

Para terminar, este libro se pregunta: «¿Qué hacer para mantenerse siempre joven?». Lo que permite a los hombres permanecer activos y útiles hasta uno o dos años antes de la muerte es estar conectados al futuro mediante unos vínculos vivificadores con todas las generaciones. Y es cada vez más posible que esos hombres tengan una compañera con la que compartir los últimos años. Una mujer estadounidense que ahora llega a los 50 sin cáncer ni problemas cardíacos, tiene una expectativa de vida de 92 años. Estas estimaciones de los demógrafos suscitan gemidos de dolor y exclamaciones de entusiasmo a la vez. ¿Quién nos ha preparado para la posibilidad de ver calvos a nuestros nietos?

Sin embargo, los hombres que están abiertos a perspectivas nuevas darán el salto a la masculinidad del siglo XXI, combinando lo mejor de sus instintos biológicos con una nueva potencia psicológica. Es cierto que todo cambio suele ser doloroso, pero si el hombre acepta el desafío de las nuevas fases posteriores a los 40 años y las contempla como oportunidades de expandirse, seguro que crecerá.

/ PARTE II

EL FLORECIMIENTO DE LOS CUARENTA

3

¿Por qué todavía me siento como un chaval?

Jim Edwards, popular anfitrión de una tertulia radiofónica en West Palm Beach, hizo uno de los comentarios que con más frecuencia hacen los hombres entre los 40 y 50 años: «¿Por qué me cuesta considerarme un adulto aunque la semana que viene cumpliré 43?».

Ante la sola mención de la edad madura, casi todos los hijos de la explosión demográfica retroceden. Les ha costado crecer más que a ninguna generación y también les costará más envejecer. Muchos se aferran desesperadamente a la juventud y se niegan a seguir adelante.

«A veces todavía siento que soy ese chaval de 19 años que se debate con las responsabilidades de ser adulto», admitió el encargado de un restaurante de San Francisco que se encuentra en el inicio de la resbaladiza pendiente de los 40. Todavía puede conseguirlo poniéndose pantalones de surf como los de Andre Agassi y camisetas que le resaltan los pectorales, y guarda sus viejos CD de Prince como si, por osmosis, pudiera mantener un nivel respetable de lascivia, pero está casado y tiene hijos, y una hipoteca y un seguro de vida que pagar. «No puedo creerlo. Soy un adulto, pero no ha bajado del cielo ninguna luz que me haya dotado de poderes parentales o de adulto.»

El trabajo de la vida adulta no es fácil. Cada fase no sólo presenta nuevas tareas sino que, además, requiere prescindir de cosas que habían servido hasta entonces. Cuando iniciamos una nueva, debemos abandonar cierta magia. La acariciada ilusión de invulnerabilidad se verá templada por la realidad. Y la identidad «chaval» con la que el hombre había llegado a sentirse cómodo, tendrá que ser dejada de lado como si fuera un abrigo que se le hubiese quedado pequeño. Si quieres crecer, tienes que estar dispuesto a cambiar.

Tim Allen, actor de televisión famoso por la serie *Home Improvement*, ha escrito un libro que ha titulado *I'm Really Not Here* Now para reflejar la negación colectiva de su generación. En una entrevista para televisión, contó una salida a cenar con sus amigos cuarentones. Todos se sentaron a la mesa con cara triste, sin hablar apenas, hasta que soltaron un profundo suspiro tribal: *¡Ufff!* «¿Cuál es el problema?» Nadie lo sabía. Quizá sólo estaban cansados.

«Algunos dijeron que a partir de los 40 el depósito de gasolina se te queda medio vacío —contó Allen—. O medio lleno, depende de cómo lo mires. O sea, que la gente ve lo que le va a tocar hacer y, si no era eso a lo que quería llegar, se deprime.»

Sentir cierta desilusión al comparar el sueño heroico de los 20 años con la realidad más prosaica de los 50 es algo natural. Por decirlo de algún modo, la realidad nunca es tan grandiosa o buena como la fantasía. Independientemente de lo que haya logrado en la vida, el hombre de 40 años suele sentirse estancado, inquieto, con demasiadas cargas y subestimado. Empieza a preocuparse por su salud. Se enoja consigo mismo cuando se toma unas copas y no puede seguir siendo el tigre que era en la cama. No puede evitar hacerse la famosa pregunta que la cantante Peggy Lee se formulaba en la canción *¿Es esto todo lo que hay?*

«¿Los 40? Los 40 no fueron malos en absoluto. Lo que me mató fue cumplir 41. Fue entonces cuando haber entrado en esa década empezó a ser problemático.»

En muchos sentidos, los hombres llegan a la cima entre los 40 y los 50, pero no es así de fácil. En el largo viaje de la primera edad adulta a la segunda, es posible que se te planteen cuestiones materiales y espirituales en las que nunca habías pensado. Más adelante, te encontrarás en la cumbre de una montaña con una soberbia vista de 360 grados en todas direcciones, desde el terreno que ya has recorrido hasta el nuevo territorio desconocido que abre la frontera de los 40, aunque los primeros vislumbres de este futuro suelen resultar inquietantes.

Terry South, un ejecutivo de 43 años de la Costa Oeste expresó de este modo esa intranquilidad: «Tengo 41 años, y lo máximo que poseo para demostrarlo es una casa bonita con una gran hipoteca, un buen cargo que poner en mi tarjeta y una oficina agradable. Es patético. Tengo hijos con los que me siento feliz y de los cuales estoy orgulloso, pero si malgasto mi vida la culpa es mía. Tengo regalos que llevan tantos años metidos en una maleta que los he olvidado. Perseguir algo que ni siquiera me importa, algo que me han inculcado. Lo del sentido de la vida...»

Pero seamos sinceros. Los primeros cambios que nota un hombre a los 40 años desafían gravemente la imagen mental que tiene de sí mismo, es decir, verse todavía como un chaval de 19 años.

LA CRISIS DE VANIDAD

Sales de la ducha en el gimnasio, con todo el cuerpo duro y estoicamente dolorido. Te miras por encima del hombro en el espejo y no puedes evitar comparar tu cuerpo con el de los chicos que anuncian la ropa interior de Calvin Klein, y entonces..., de repente, vislumbras un reflejo doble. ¿Qué es ese trozo de cuero cabelludo rosa que tienes en lo alto de la cabeza? ¡Oh, Dios mío! ¡Pero si te estás quedando calvo!

«Ese impacto repentino de mortalidad es asombroso.» Para Steve Perrine, editor de una revista, ese día marca el inicio de una serie de incómodas repeticiones. Una tras otra, se vio muchas veces enfrentado a esa visión abismal de su cabeza. «Era como una luna que me seguía a todas partes.» ¡Y aún no había cumplido los 40! Pero eso es lo terriblemente injusto que tiene el cabello masculino: empieza a envejecer antes de que tú lo hagas.

«Ser calvo no tiene nada de malo —dice Perrine—. Lo verdaderamente horroroso es el proceso de quedarse calvo.» Este estado dinámico de defoliación puede durar quince años. Lo más importante es no caer presa del pánico. Michael Jordan encontró una salida creativa para su prematura calvicie. Los hombres miran su cabeza afeitada y ven que funciona. Y ya se ha convertido en una moda: un aspecto viril a cualquier edad.

Perrine es el editor de *Men's Health*, una popular revista de salud para hombres que en sus diez años de historia ha alcanzado la cifra de 1,3 millones de lectores, apoyada por una industria de cosmética masculina que ingresa más de tres mil millones de dólares con las ventas de tintes y aceites, pelucas, depilatorios e incluso fajas. Según dice Perrine, en muchas empresas la posición se mide por el diámetro de la cintura. Una cintura de 80 centímetros es lo ideal, pero para los hombres de más de 40 y 50 años 86 centímetros es lo más distinguido. «Es un indicador tan claro como el color del cuello de la camisa», insiste Perrin. El editor es plenamente consciente de las preocupaciones principales de sus lectores de entre 40 y 50 años: «La barriga, el cabello y el culo».

Los hombres más vanidosos que acuden a mis grupos de discusión no son los que están en la serenidad de los 60 o los 70 años, sino los que se encuentran en el inicio de la resbaladiza pendiente de la edad madura, es decir, entre 40 y 45 años y, por lo tanto, todavía son jóvenes según las pautas actuales. Son los que se hidratan la piel, o se tiñen el pelo, o deciden utilizar la hora del almuerzo para que les hagan un peeling.

¿Qué es todo este nerviosismo? Es el primer vislumbre de mortalidad y, como tal, el que aporta más sobriedad y el que algunos enfatizan excesivamente.

El miedo a quedarse calvo es el miedo
a perder el control

«Es la primera vez en la vida que adviertes que no puedes controlarlo», como afirmó sucintamente uno de los participantes en mis grupos de discusión acerca de la edad madura. Los cambios físicos son una señal para que empieces a escuchar las voces de tu interior, que posiblemente serán más insistentes: *¿En qué quiero invertir* realmente mi vida? ¿Qué me interesa de verdad? ¿Cómo puedo construirme una vida que encaje con el yo de hoy en día, en contraposición con el chaval sabelotodo de 21 años que decidió que sería feliz siendo dentista (o electricista, o actor, o policía, o padre de familia al cuidado de los hijos) durante el resto de su vida?

Escucha esas voces interiores. No te desvíes del camino obsesionándote con tu aspecto externo. Ser presa del engañoso mercado de los transplantes de cabello, por ejemplo, para terminar con un pelo de muñeca (un cabello extrañamente peinado hacia atrás sobre un cuero cabelludo lleno de cicatrices) es rendirse a algo mucho más perjudicial para tu imagen que una pequeña zona brillante en lo alto de la cabeza: es rendirse a la inseguridad.

Cuando este libro iba a imprimirse, la FDA de Estados Unidos aprobó la primera píldora de la historia contra la caída del cabello, la Propecia, con lo que la industria de los tupés y los transplantes verían terminar sus días. Luego llegaron los datos: a ninguno de los hombres que habían tomado la píldora como experimento les había crecido el cabello en toda la cabeza, aunque dos tercios de ellos notaron alguna mejora. Después se supieron más cosas: el principal efecto secundario de la Propecia es un ligero riesgo de impotencia. Esa mera posibilidad basta para que incluso Kramer esté dispuesto a perder algo de cabello.

«Me encanta la estadística que dice que cada persona dedica por término medio siete años a peinarse, secarse y arreglarse el cabello —dice John T. Capps III, fundador de la Asociación Americana de Calvos—. Eso significa que dispongo de siete años para hacer otras cosas.» Un hombre de entre 40 y 50 años me describió toda la mitología que había inventado con respecto a la caída del cabello, que dejaba al descubierto una ancha y atractiva frente sobre sus pobladas cejas. «Le digo a mi mujer que ya no necesito ese cabello. Se caerá hasta revelar un símbolo fálico completamente desnudo. Ya no necesito quedarme más tiempo en la caverna. Estoy entrando en una fase en la que podré salir desnudo al bosque.»

Veamos qué pasa con Al Gore en los próximos años. El juvenil vicepresidente, cuya disciplina física siempre lo ha distinguido de Clinton, al que le encantan las hamburguesas, ha criado panza desde que está en el cargo. Y pese a sus esfuerzos por impedir que lo filmen de espaldas, en lo alto de la cabeza cada vez tiene menos cabello. ¿Qué hará al respecto? ¿Pelarse al rape? ¿Poner cara de circunstancias? No os perdáis la noticia. Al Gore será el modelo de hombre maduro de los hijos de la explosión demográfica.

El otro indicador del cercano final de la juventud es el declive de la capacidad atlética. Tu hijo de nueve años te deja atrás cuando practicáis bicicleta de montaña. Vas a la playa a correr, te haces una luxación en un tendón y al día siguiente vuelves a correr (ya se te pasará, piensas), pero resulta que acabas con la pierna inmovilizada quince días. La lucha por mantener el dominio físico es, para los hombres, tan feroz como la lucha por mantener una belleza juvenil en las mujeres.

Nadie ha descubierto un remedio para las señales comunes del envejecimiento. Puedes maldecir la guía de teléfonos y ver los noticiarios de la televisión en vez de bizquear ante el periódico, pero tarde o temprano, a partir de los cuarenta años, casi todo el mundo ve las letras borrosas. ¿Cómo combatir la paralizadora sospecha de que te estás cayendo a trozos?

> Domina la naturaleza
> Mete la tripa hacia dentro
> Pon a prueba tus limitaciones físicas

Terry Anderson, excorresponsal de Associated Press en Oriente Medio, que fue capturado como rehén en Beirut en 1985 y retenido durante siete años, se vio obligado a recurrir a su resistencia interior y disciplina mental. Salió de su cautiverio con la lucidez suficiente para escribir un libro sobre los hechos, *Den of Lions*, y se ha convertido en un popular conferenciante. Pero él también admite haber tenido una pequeña crisis de vanidad alrededor de los 45 años.

«Tenía 37 años cuando me dieron esas largas «vacaciones» y salí siete años después sin haberme visto en un espejo durante todo ese tiempo. Todavía me sentía joven, pero tenía 44 años. Y todas las cámaras que fueron a recibirme filmaron mi calva. Esas tomas me impactaron. «¡Dios mío! Soy viejo», pensé.»

Su mujer lo disuadió de hacerse un implante. Lo aceptó como era. El apoyo de una pareja cariñosa tiene un valor incalculable. «Las mujeres pueden cambiar de rol con más facilidad que los hombres», sugiere. Después de vivir tanto tiempo en el límite, a Terry Anderson le costó más de lo normal comprometerse con los esfuerzos más mundanos de la vida cotidiana. La trayectoria del hombre en la primera edad adulta se centra en el desafío y el riesgo, ascendiendo hacia la cumbre lo más deprisa posible. ¿Qué podía hacer Terry para recuperar la confianza en su fortaleza física?

«Empecé a esquiar a la edad de 45 años y me encantó —nos cuenta—. Bajar una cuesta a toda velocidad, con la sensación de que estás a punto de romper algo, es muy excitante.» Pero seguramente no rompió nada, porque ahora tiene la sensatez de calibrar y controlar el riesgo.

Muchos hombres pasan por la fase «maratón». Empiezan a levantar pesas o a prepararse para su primer maratón a partir de los 40 años. La reintroducción del riesgo y la novedad, junto con el aprendizaje de algo nuevo, tiene un poderoso efecto en el cerebro. Aumenta los niveles de hormonas y produce un inmenso bienestar físico. Y lo mejor de todo: cuanta más sangre y oxígeno se mueva por el aparato circulatorio, mejor amante serás. Y si puedes hacer cincuenta planchas, no importa que tengas 45 años. Las mujeres más apetecibles detectarán tu presencia. Aunque cabe preguntarse si te verán mientras estás en el banco de pesas. (Todo esto lo he inventado yo, pero siempre existe la esperanza.)

UNA LIBERTAD MANIFIESTA

Para muchos hombres, el tema central en esta fase es la negativa a asumir las responsabilidades de adulto y la resistencia a renunciar a su independencia, que está vinculada a su juventud.

«Para mí, los 40 fueron maravillosos —dijo Luis, de padres mexicanos y que tiene una empresa constructora en Los Ángeles—. Nunca me he sentido más listo y más atractivo sexualmente. Conocí a la mujer que se ha convertido en mi segunda esposa, y la vida, después de tanta lucha a los 20 y a los 30 y tantas interferencias familiares, las peleas con mi mujer y la vergüenza del divorcio, fue como una gran expansión.» Pero, por otra parte, están las realidades: «La idea de responsabilizarte por completo de ser un adulto, significa que tienes que hacer un sacrificio porque ahora hay otras personas que dependen de ti. Yo me había resistido a ello porque conllevaba un cambio», admite. Una fase común en la primera edad adulta de los hombres.

Jerry,* hijo de padres judíos de clase obrera en Staten Island, habló de algunas ideas de identidad juvenil que muchos hombres tienen en común: «Mi polla soy yo. Las copas que bebo son yo. Cuando tenía 18 años, salir y beber era mi manera de demostrar que era yo. No era mi padre, ni mi madre, ni los maestros, ni la sinagoga. Cuando era joven podía hacer realidad cualquier fantasía. Estaba muy orgulloso de poder seducir a una mujer en una noche. Pero, claro, cuando me hice mayor y mi mujer se enteró, tuve muchos problemas».

¿Por qué los hombres quieren seguir siendo chavales al llegar a los 40 años? Porque convertirse del todo en adulto significa tener que renunciar a algunas de sus libertades más manifiestas. Los hombres que han disfrutado con el alcohol, las drogas, las mujeres y el juego, y que tal vez se han vuelto adictos a esos hábitos para demostrar su virilidad y fanfarronear ante otros hombres, descubren en la edad madura que todas esas adicciones tienen unas consecuencias muy dolorosas. Tarde o temprano, el cuerpo se rebela. Los amigos van a la cárcel. Las esposas los descubren. Los hijos adoptan conductas marginales. Las presiones externas se acumulan para que el hombre renuncie a su privilegio de joven.

> ¡No! ¡Todavía soy mi propio jefe
> y haré lo que me dé la gana!

---

* Es un seudónimo.

Al hombre le parece natural sentirse presionado y resistir. La primera toma de conciencia de que la juventud se ha evaporado, la disminución de una fortaleza física que daba por sentada, el objetivo cada vez más difuso de unos roles estereotipados con los que se había identificado, el dilema espiritual de no tener verdades absolutas, cualquiera de estos factores o todos ellos pueden desencadenar esa agitación comúnmente conocida como «la crisis de los 40».

Los críticos de las teorías del desarrollo adulto niegan cada vez más la idea de que tenga que producirse una crisis normal y previsible en la edad madura. El término «crisis» lo acuñó Erik Erikson y nunca tuvo connotaciones de catástrofe o derrumbe de ningún tipo. Lo utilizaba para sugerir que en el ciclo de la vida hay unos momentos cruciales en los que la vulnerabilidad de la persona está más acusada, aunque la oportunidad de crecimiento también.

«¿Y qué pasa conmigo? —se preguntarán algunos hombres—. Yo no tengo ninguna crisis.»

Precisamente por eso he cambiado esa confusa etiqueta por una palabra menos cargada de connotaciones negativas que designe los pasos críticos entre las distintas fases. Yo los llamo «transiciones» o «pasajes». Según un estudio científico, la mitad de los hombres maduros niegan las pruebas más evidentes de esa crisis. Algunos de mis entrevistados, reflexionando sobre esa década, a veces reconocen que durante esos años pasaron un momento un tanto oscuro, pero que apenas lo recuerdan. Sin embargo, todos los seres humanos de hoy en día, entre los 45 y 55 años salen de la primera edad adulta para renacer en la segunda, lo cual facilita cambios en la personalidad. Y es prácticamente inevitable que la personalidad cambie.

En la primera edad adulta, generalmente nos preocupa crearnos un «falso yo», una fachada diseñada para gustar, es decir, que sea útil a la hora de obtener la aprobación y el reconocimiento del mundo exterior. Pero cuando el hombre se hace mayor, crece una disonancia entre ese yo hecho por encargo y su yo más auténtico. La búsqueda del sentido de lo que hacemos se convierte en la preocupación universal de la segunda edad adulta.

Estos cambios permiten al hombre ampliar sus estrechas definiciones laborales y económicas, desabrocharse el cuello de la camisa y fiarse un poco menos de ese bruñido «yo falso». De ese modo estará preparado para buscar un sentido de la vida que sea realmente el suyo propio. Cuando se permita una expresión más verdadera de las emociones, podrá establecer relaciones de intimidad nuevas con los que le rodean.

Pero los hombres quieren proteger al menos una parte de su vida que sea terreno propio: *Esta es mi zona de libertad*. La partida de póquer del jueves por la noche llenaba antes esa necesidad; ahora puede ser un fin de semana practicando deportes de aventura o pesca deportiva, o realizando un retiro sólo para hombres. Algunos, sin embargo, llegan a extremos autodestructivos para defender ese privilegio de jóvenes.

Bill Clinton, como muchos triunfadores que han escapado de infancias traumáticas, se volvió muy ambicioso y productivo en su esfuerzo por superar antiguas heridas. Y como muchas otras personas, nunca tuvo una verdadera juventud. «Abandonado» por su padre natural, que murió antes de que él naciera, sin estar junto a su madre los cuatro primeros años de su vida porque ésta decidió titularse como enfermera fuera de su estado, tuvo que asumir el papel de adulto en una situación familiar caótica. Cumplía con su deber y era digno de confianza, pero ya entonces tenía una vida secreta. De adolescente, su madre, que era una vividora, lo llevaba a menudo a un club nocturno de Hot Springs, donde atisbó un mundo de juego ilegal, alcohol y prostitución. Cuando volvía a casa después de su trabajo como enfermera, invariablemente le decía al muchacho: «Hoy todavía no me ha dicho nadie lo guapa que soy».

Una víctima brillante de ese tipo de infancia aprende a negar y dividir en compartimentos su trauma, pero la herida sigue ahí, un profundo río de tristeza y falta de amor, y, si no se canaliza, continúa moldeando las decisiones de la vida. Clinton sólo es feliz seduciendo, y seduce tanto a hombres como a mujeres. Desde la infancia ha buscado amor y aprobación corriendo, en sentido literal, hacia la presidencia. Sin embargo, siempre ha ejercido una libertad manifiesta en otra zona de su vida, buscando sin cesar el placer fuera del matrimonio. Hiere y confunde a los suyos poniendo constantemente en peligro con su conducta la posición social, la respetabilidad y los objetivos conseguidos en la vida. ¿Cómo puede ser tan temerario y seguir en la Casa Blanca? Clinton es un ejemplo clásico del *puer aeternus*, un arquetipo jungiano.

> El *puer aeternus* (el niño eterno) se queda atascado en una orientación adolescente hacia la vida.

Es más, se lía con una becaria de la Casa Blanca cuando iba a afrontar su segunda y última campaña presidencial. Como hijo de la explosión demográfica, se acercaba también a los temidos 50. Su ancla emocional, su adorada hija Chelsea, se preparaba para dejar el nido. La conducta de Clinton puede verse como la madre de todas las crisis de los cuarenta. ¿Qué hará a continuación el presidente? Esa es una pregunta a la que nunca contesta.

Para algunos hombres, la multa que deben pagar por sus libertades más manifiestas es sólo apetecible después de tener el segundo hijo. El hombre de Staten Island citado antes, está ahora en la mediana edad y es padre de dos hijos menores de 10 años. «Con el primer hijo, no cambié ni un solo pañal —dice—. Mi padre no lo había hecho nunca, ¿por qué tenía que hacerlo yo? Pero, con el segundo hijo, finalmente lo conseguí. Mis hijos confiarían en mí si les demostraba que podía cuidarlos y atender sus necesidades más básicas. Como saben que no voy a salir por ahí a que me partan la cara, ni a acostarme con mujeres, ni a buscar satisfacciones inmediatas de ese tipo, como saben que estoy con ellos, el cariño y la intimidad que hay entre nosotros ha cambiado mucho.»

No le cuesta admitirlo: «A mí no me hicieron así, todo eso tuve que aprenderlo después de los 40 años».

LA LUCHA DE PODER PADRE-HIJO EN LA EDAD MADURA

Tradicionalmente, los hijos se miraban en sus padres para saber cómo tenía que ser un hombre. Los padres sabían más. Pero la superioridad que mostraban los padres y los estrechos y restringidos roles que se les asignaban pertenecen a una época en que eran guerreros, mandaban en el hogar, dirigían el taller de trabajo y delimitaban el discurso público. Hoy en día, un hombre de cuarenta años puede guiarse muy poco por su padre, y esa es otra de las razones que explican por qué, en esa fase, los hombres siguen sintiéndose como chavales.

El tránsito a la primera edad adulta suele ser un lodazal de contradicciones. Justo cuando el hombre-chaval ha reunido pruebas suficientes para demostrarle lo que piensa a su padre, ese padre que había sido prepotente o que se interponía en su camino empieza a declinar. Se vuelve blando. Papá quiere confiar en su hijo, pero el hijo ya no puede apoyarse en el viejo ni está aún preparado para que alguien se apoye en él. Es posible que se sienta irracionalmente enfadado con su padre porque ha empezado a desertar de su puesto sin que él haya aprendido a ocuparlo. En el fondo, tal vez se sienta culpable de sustituir al viejo. Suele tratarse de un período confuso para los hijos y los padres.

El padre de un hijo de mediana edad tiene su propia batalla. Se le pide que abandone su rol de poderoso y sabio, y, mientas el joven adquiere domino de su vida, el viejo se siente cada vez más débil, pasivo e incluso impotente en relación con el otro, su propio hijo, que es quien garantiza su inmortalidad. Si el padre nunca ha tenido confianza en sí mismo, encontrará formas de seguir obstruyendo el crecimiento completo de su hijo, haciendo comentarios sutiles o críticas directas al tiempo que le pide que «se comporte como un hombre». Hasta los padres más seguros de sí mismos pasan de la reafirmación de su autoridad a la sinceridad para ganarse la confianza del hijo y/o el distanciamiento. En el equilibrio de poder debe darse un cambio esencial entre padre e hijo, pero suele ser una transición dolorosa para ambos.

> Un hijo mayor hace que su padre sienta que está de más.

Hay muchos aspectos de la lucha de poder padre-hijo, y cada uno de ellos puede intensificar el sentimiento de vulnerabilidad del segundo en la edad madura o acelerar su crecimiento. Vamos a estudiar los casos más comunes.

¿CUÁNDO VENDRÁS A CASA, HIJO?

Gary,* anfitrión de una famosa tertulia radiofónica en una ciudad del Medio Oeste, tiene 36 años y es padre de dos hijos. Le encanta estar en el aire tres horas diarias, cinco días a la semana. «Mi programa soy yo», dice, y empieza a contarnos las dificultades que tiene para separar su identidad de la de su padre.

«Incluso ahora, que voy camino de los cuarenta, todavía me siento un crío, y él es mi papá. Todavía me avergüenza reconocer mis errores y todavía necesito sus alabanzas. Si me equivoco, temo sus recriminaciones.»

Cuando estuve en el estudio de Gary, se encontraba también allí un coetáneo suyo, Rick Shaughnessy, un listo y fornido relaciones públicas que acababa de ser padre y acababa también de perder a su propio padre. Le dijo a Gary que a él le ocurría lo mismo con el suyo, pero que en aquellos momentos lamentaba haber tenido que desvincularse de él.

El padre del locutor tiene ahora 65 años, está jubilado y le queda mucho tiempo libre para quejarse. Siempre le pide a Gary que se apunte a salir con él en bicicleta o a tomar unas copas. «Quiero volver a pasar ratos contigo», dice el hombre.

Gary está destrozado. Recuerda que, de pequeño, esperaba y esperaba que su padre pudiera dedicarle tiempo. Le gustaría decirle a su padre: «Sí, muy bien, pero ahora estoy muy ocupado. El trabajo

---
* Es un seudónimo.

es muy estresante, y los niños tienen la gripe, y tengo una esposa, pero claro que me encantaría pasar un rato contigo». Gary parafrasea la letra de la bonita balada de Harry Chapin sobre un padre cuyo hijo no cesa de preguntarle: «¿Cuándo vendrás a casa, papá?», y este le contesta: «No lo sé», hasta que el padre se jubila, el hijo se establece por su cuenta, y el diálogo se invierte. Gary sigue ensayando la conversación que le gustaría tener con su padre: «Debes verme como a un adulto, con todas las responsabilidades de un hombre. No me veas como a un chico al que hay que decirle: «Este fin de semana iremos a dar una vuelta en bici».

Gary se puso tenso y añadió: «Ahora no tengo tiempo para esa intimidad... Igual que él no tenía tiempo para mí cuando yo era pequeño».

«Pues hazlo antes que lo entierres —le aconsejó con fervor Rick Shaughnessy—. Si tu padre tiene 65 años, puede ocurrir en cualquier momento.»

LA MUERTE DEL PADRE

Es normal que un hombre tema que su padre muera antes de poder arreglar las cosas entre ambos. El abismo emocional entre padres e hijos adultos es tan perenne que ha dado lugar a algunas de las mejores novelas y obras de teatro del mundo. Para los padres jóvenes, esto va cambiando gradualmente. Sin embargo, la revolución cultural que empieza a moldear a los primeros hombres pospatriarcales dificulta que un hijo de mediana edad acepte los consejos de su padre, de la generación de la Segunda Guerra Mundial, o lo satisfaga por completo siguiendo sus pasos. El hijo siente a la vez la necesidad de demostrar su independencia *(Déjame tranquilo, sé perfectamente lo que hago)* y la de tener una prueba de amor y de aceptación por parte de su padre antes de que sea demasiado tarde.

Cuando el padre muere de repente, antes de que el hijo se sienta capacitado para ocupar su sitio a la cabeza de la familia, puede provocar una larga y movida madurez. No se trata sólo de la pérdida de un ser querido, sino de sentirse de repente solo en el mundo. Ya no hay ningún adulto por delante, y el hijo puede experimentar esa muerte como una deserción que le lleve incluso a un período de intensa desolación.

Frank,* como muchos otros hombres de entre 30 y 40 años, sintió la necesidad de acercarse a su padre, al que llamaban «el alma de la fiesta». «Nunca hubieras imaginado que después de los cincuenta lo despidieran de dos empresas —contó Frank—. Cuando alguien le preguntaba si estaba deprimido, se echaba a reír.»

Esperando poder hablar con su padre, Frank volvió a Pennsylvania para una reunión familiar. Su padre llevaba puesto el traje nuevo que Frank le había ayudado a elegir, de talla extra grande para que le cupiera toda la grasa que había criado desde los despidos. Pero, cuando visitaron la tumba de los abuelos de Frank, su padre se negó a salir del coche, retirándose a una especie de santuario interior del que excluyó a su hijo. Frank recuerda que le dio un beso en la frente. ¿Qué debió de sentir? ¿Le había gustado? La siguiente vez que tuvo noticias de él fue cuando su madre lo llamó desde el hospital: *Tu padre estaba en la fiesta de Navidad de la empresa, bailando con un grupo de secretarias, y se desplomó.*

Frank tomó un taxi en la brumosa noche invernal para ir al hospital de Passaic, en Nueva Jersey. Su madre no le había dicho si «el alma de la fiesta» había muerto. Frank abrió la puerta de una sala de urgencias inundada por un resplandor verde fosforescente y se encontró con que estaba absurdamente llena de mujeres y hombres de tiros largos, con la cara congestionada. Habían salido a toda prisa de la fiesta de Navidad de la empresa y permanecían en aquel pasillo blanco como imágenes ancestrales que lo miraban de soslayo. Los oía susurrar:

«Es su hijo.»

«Sí, es Frank, el chico.»

«Oh, Dios mío, ¿lo sabe?»

Frank insistió: «Quiero verlo».

---

* Es un seudónimo.

El traje que había elegido para su padre tres semanas antes estaba abierto por delante. Le habían puesto tubos. La carne rosa que asomaba entre ellos estaba inerte. Aquél no era su padre. La forma no era más humana que la silueta delineada con tiza de la víctima de un atropello. Frank tuvo un arranque de ira.

«¿Por qué me has hecho esto?»

Los ojos de su padre estaban inmóviles.

«Sabías que tenías un problema de obesidad. Mamá y yo te lo decíamos constantemente, pero tú no parabas de comer y beber. ¿Cómo has podido hacer esto?»

Frank se dio cuenta de que su padre ya no estaba en la habitación. Su alma había sido arrancada. El padre al que tenía idealizado lo había abandonado antes de que él hubiese completado el proyecto de salir de la familia y convertirse en adulto. ¿Ante quién se pondría ahora a prueba? ¿Ante quién demostraría su rendimiento?

Durante los años siguientes, Frank, que era productor de televisión en Nueva York y parecía estar encaminado hacia el éxito, sintió que su alma andaba errante. Para compensarlo, se entregó por completo al trabajo y al consumo de cocaína, pero en su entorno familiar cada vez se sentía más solo. Su matrimonio hizo aguas. Viajó muchísimo haciendo reportajes para la televisión y nadie controlaba lo que gastaba en droga o en juergas. Su adicción al trabajo le servía para enmascarar su soledad y sus ansiedades, pero empezó a sentirse prisionero de aquellos compañeros inanimados. Le preguntó a su jefe si la empresa quería comprarle su parte de acciones y este le respondió que no era posible.

«Entonces tendré que pedir la excedencia.»

Una excedencia temporal, una moratoria o un retraso en la toma de decisiones le hubieran dado tiempo para asimilar la muerte de su padre y recuperar las fuerzas. Pero su identidad era demasiado inestable. Creía que, si no huía, se vería arrastrado hacia el mismo camino de su padre. Ese día, Frank dejó para siempre la cadena de televisión. A las dos semanas se marchó a California y nunca volvió. Le pregunté qué había sentido el día que dejó el trabajo.

«Miedo, un miedo absoluto —se inclinó hacia delante y movió las manos como un boxeador, a punto de pegar puñetazos—, porque no sabía qué iba a ocurrir. Siempre tenía miedo de la incertidumbre. Achacaba ese miedo a la incertidumbre porque no creía en mí mismo. No sabía cuáles eran mis valores ni qué era importante en la vida.» De repente vio que el problema era él mismo, lo cual fue un importante paso hacia el crecimiento: «Tenía que hacer algo para demostrarme que podía sostenerme sobre mis propios pies».

EL DELINCUENTE CUARENTÓN

Si hay algo cierto acerca de un pasaje es la incertidumbre. En circunstancias normales, sin el golpe de un accidente, las dudas acerca de una identidad que se nos ha quedado pequeña como un traje, el cambio de valores y las crisis del sentido de la vida (todo ello relacionado con el pasaje de la edad madura) se nos revelan en el lapso de unos años. De ese modo, tenemos tiempo de ajustarnos. Pero cuando se nos echa encima todo de golpe, como le ocurrió a Frank, no puedes aceptarlo de inmediato. La cuesta abajo de la vida se vuelve demasiado dura y difícil de asimilar.

La razón real de que Frank se desatascara fue básica: se había marchado de casa físicamente, pero no se sentía como un adulto. Además, no quería crecer. Se podría argüir, sin embargo, que ese hombre iba camino de los 40. Por sorprendente que parezca, hoy en día más de un tercio de los hombres solteros estadounidenses de entre 25 y 34 años sigue viviendo en casa. Un par de salidas cortas entre los 20 y los 30 años suelen ser previsibles e incluso saludables. Pero los que se quedan más tiempo con la familia es porque todavía no han encontrado una orientación laboral seria, o porque no encuentran esposa o no saben conservarla, de modo que languidecen en una especie de vestíbulo metafórico en el que son niños mimados y adultos experimentales. No han conseguido superar la primera tarea del desarrollo adulto: desarraigarse.

Tras la muerte de su padre, la madre de Frank se volvió muy dependiente de él, y el hombre se sintió absorbido por el cariño y la posición infantil de seguridad casi uterina. No tenía claro qué código de masculinidad debía seguir. Y el padre, del que esperaba que se lo enseñase, ya no estaba. Frank tenía contradicciones sobre lo que es importante en la vida. Entre los 20 y los 30 había elegido el dinero y el poder. A los 26, alardeaba de ganar 80.000 dólares al año. Pero veamos qué había supuesto para su padre ese mismo objetivo y adónde había llevado a Frank: a un matrimonio fracasado, a un problema de drogas y a un problema mucho más serio de falta de intimidad. Camino de los 40, estaba completamente solo. Sólo tenía el consuelo de sus dos mejores amigos: la cocaína y el trabajo.

Una de las tareas más importantes de la edad madura es prescindir de todas las cosas que te han aportado seguridad y quedarte desnudo ante el mundo, una especie de prueba para aceptar una autoridad total sobre ti mismo. Frank no estaba preparado para ello. Cuanto más incapaz se sentía, más se desesperaba por conservar su independencia. Aunque los detalles concretos de su historia no sean iguales que los tuyos, los períodos de delincuencia en la edad madura no son infrecuentes.

Los hombres que, como Frank, necesitan desesperadamente conservar la independencia indisciplinada que es la prerrogativa de su juventud, con frecuencia utilizan las drogas, el alcohol, el juego o el sexo compulsivo, o caen en otras conductas adictivas que oculten el miedo que tienen de crecer. Algunos, como Frank, son solitarios. Otros van en grupo. Salen juntos de viaje de negocios, llegan a una ciudad que no es la suya, se emborrachan, buscan mujeres con las que pasar la noche, a la mañana siguiente resuelven los negocios y toman el avión de regreso a casa. Un pacto de silencio los protege, hasta que la primera esposa lo descubre. Después del primer divorcio, los matrimonios sucesivos van cayendo como fichas de dominó. Esta forma de resistencia a la aceptación de las responsabilidades de adulto no se limita a los profesionales liberales o los ejecutivos. Los hombres de clase obrera hacen exactamente lo mismo: salen de la fábrica, se van al bar, encuentran una puta, se acuestan con ella en un motel y a las nueve de la noche regresan a casa con una buena borrachera.

En los hombres de mediana edad, la conducta adictiva está mucho más extendida de lo que indican las estadísticas. «Se parece un poco a los pequeños delitos económicos que se cometen en las empresas. Se cometen, pero a escondidas», dice el doctor Harry Wexler, un experto nacional en toxicomanías. Nos muestra todo tipo de números y gráficos sobre la adicción masculina, basados en las muestras de orina de la población penitenciaria, pero los toxicómanos de mediana edad apenas aparecen en el sistema de justicia criminal. Sin embargo, como miembro del Grupo de Trabajo sobre Toxicomanía y Alcoholismo de la Asociación de Psicología Americana, el doctor Wexler destaca que el concepto de «adicción» ya no se limita a las drogas ilegales y el alcohol, sino que abarca la adicción a la comida y al sexo.

Ese tipo de conductas pueden haber funcionado muy bien hasta esta edad para enmascarar traumas no explorados de la infancia o como parche para las frustraciones cotidianas de ambición y de deseos de variedad sexual. Pero cuando esos hombres llegan a los cuarenta, en el camino aparece un bache. Sus cuerpos se rebelan ante el uso de sustancias nocivas; o corren el peligro de tirarse por un precipicio cuando sus compañeras se hartan y amenazan con quitar la red que sostiene su inestabilidad emocional. Se exponen a perder lo que más importancia tiene para ellos pero que daban por sentado que tenían, porque la adicción lo oscurece todo, tanto lo bueno como lo malo.

Frank advirtió que nunca podría entablar una relación auténtica con una mujer mientras dependiera de ese tipo de escapes adolescentes. Probó Alcohólicos Anónimos y otras terapias de doce pasos y se le dijo que necesitaba más contacto con hombres, sobre todo con hombres mayores que suplieran a su padre y pudieran servirle como modelo de rol. Se apuntó al grupo de Alcohólicos Anónimos de más edad de la ciudad y se hizo amigo de hombres que llevaban desenganchados entre 25 y 45 años. Le sorprendió su manera de abrirse y ofrecer amistad, amor y apoyo verdaderos. «No hablaban de otra cosa que de relaciones —recuerda, todavía asombrado—. Entonces pensé que tenía que empezar a entablar relaciones auténticas con hombres y mujeres.»

Empezó de cero de nuevo como estudiante graduado a los 35 años, vestido con ropas de adolescente y a los 40 todavía ensayaba su completa participación en el mundo adulto. Mientras estudiaba, daba algunas clases, lo cual le permitió llevar una existencia marginal y le dejó tiempo para leer y practicar la meditación. Con la toma de conciencia a través de la respiración, descubrió qué había en su padre que mereciera la pena honrar. Cuando advirtió que no tenía que competir con su padre muerto ni superarlo en éxito material, se sintió libre para poder dedicarse a sus verdaderas pasiones: escribir y enseñar. Católico no practicante, con la meditación encontró el camino de regreso al rosario como forma de culto y de crecimiento espiritual.

No volvió a sentirse vivo del todo hasta los 42 años, y al año siguiente asistió a una de mis entrevistas en grupo de San Diego. Era un hombre cariñoso y parlanchín, con un juvenil cabello castaño y una fina barba en la que empezaban a verse algunas canas. Seguía vistiendo como un universitario y estaba entusiasmado con la idea de dar clases en una importante universidad californiana. Había escrito su primer libro y acababa de licenciarse en ciencias de la información.

«Miradme bien, han pasado seis años —dijo con una sonrisa—. Y he dado un giro de ciento ochenta grados. Con lo que gano, no tengo para nada, pero soy feliz. ¿Por qué? Pues porque comunico la experiencia de mi vida a estudiantes, en vez de competir en el mercado cada vez más pequeño de productores de televisión de Hollywood o de Nueva York.» Sin embargo, su logro más importante había sido encontrar a la mujer de sus sueños y estar dispuesto a convertirla en su esposa.

A menudo, la mujer transformadora desempeña un rol muy importante para que el hombre se permita a sí mismo renovarse en la madurez. En el caso de Frank, dedicó mucho tiempo y esfuerzo a imaginar las cualidades de la mujer que necesitaba y de ese modo liberó la parte femenina que había en él. Se casó con una enfermera, que es además una mujer madura de ascendencia asiática que gana un buen sueldo, lo cual le permite dedicarse a lo que quiere, la vida académica, en vez de tener que dedicarse al mundo de la televisión o del cine. Su nueva identidad y su nueva esposa le han permitido redefinir el código masculino que mató a su padre. Ha superado la delincuencia de la edad madura.

«Ahora me siento más a gusto con la incertidumbre —dice—. Me siento más diversificado y con mucho más éxito interior que nunca. Lo que siento —añade con voz serena— es que mi padre no esté vivo todavía para poder compartir mi éxito con él.»

4
La masculinidad a prueba

Una mañana de febrero, siete hombres de Memphis se sientan alrededor de una mesa de conferencias, suspendidos entre los límites inciertos de su vida como maridos y padres y de las oficinas a las que pronto irán, imaginando ser los héroes de su propia búsqueda. Han dejado de lado su reticencia a responder a una entrevista en grupo, porque han topado con algunos obstáculos inesperados en el que pensaban que era su verdadero camino en la vida. Por los cuestionarios que han llenado de antemano, queda claro que todos ellos quieren desempeñar el rol tradicional de sostén económico de la familia; a ser posible, el de único sostén económico. Intentan hacer todo lo que está en su mano por la familia. Su lealtad y compromiso son asombrosos. Sin embargo, casi todos ellos admiten que sus parejas están insatisfechas. Sólo uno de ellos está divorciado y se le ve muy desgraciado.

Satchel Paige, el legendario *pitcher* de béisbol afroamericano, hizo famosa la pregunta siguiente: *¿Cuántos años tendrías si no supieras los años que tienes?*

En todas las entrevistas con grupos de hombres, utilizo esta pregunta a modo de introducción. Invariablemente, entre hombres cultos de mediana edad, las respuestas van de cinco a quince años menos de los que realmente tienen. Dada esta disonancia cognitiva, puede escapárseles de las manos toda una década, como le ocurrió a Rick Smith.

EL YUPPIE QUE TIENE QUE RECUPERAR EL TIEMPO PERDIDO

«Yo tendría 30», responde Rick.

Alto, delgado y moreno, si tuviera que ceñirse a los hechos, debería añadir nueve años. Está a punto de cumplir los 40. «Pero me siento como si hubiera perdido toda la última década. Mi mujer y yo hemos dedicado demasiado tiempo a nuestra profesión desde los 30. No hemos tenido hijos. Ahora nos parece como si tuviéramos que recuperar el tiempo perdido.»

A los cinco años de casados, su mujer supo que no podía tener hijos. Con 35 años, pensó en la posibilidad de adoptar un niño, pero cada vez que hablaba de ello Rick esquivaba la cuestión.

«Mira todo lo que tenemos entre manos —le decía—. ¿De dónde sacaríamos el tiempo para hacer de padres?» Se iba a la cama pensando en el trabajo, se despertaba de madrugada pensando en el trabajo, por la mañana, su mujer y él se marchaban cada uno al suyo y ambos ponían casi toda la energía y la pasión en su jornada laboral de entre diez y doce horas. En fin de cuentas, pertenecían a la generación Yo. Sus coetáneos querían comerse el mundo, y debido a los hinchados sueldos y los ostentosos cargos de los años ochenta, el listón del éxito estaba cada vez más alto.

«Tienes que seguir alimentando al monstruo», dice Rick.

Su esposa empezó a insistir en el tema de la adopción, pero, cuanto más dispuesta estaba ella a cambiar de vida para poder hacerlo, más firme era la oposición de él. «¡No, no vamos a adoptar a ningún niño y punto!» De ese modo, él y su esposa vivían en el bufonesco presente y la actividad les impedía sentir lo que realmente faltaba en el centro de sus vidas.

«¿Qué es lo que te preocupa?», le pregunto.

«Me preocupa si podré salvar mi matrimonio mientras sufro esta transición.»

El año anterior había perdido su confortable y aburrido empleo en la industria gráfica. Mientras buscaba otro trabajo, su mujer había tomado las riendas. Acababa de encontrar una excitante y nueva orientación en su carrera, aunque ganaba mucho menos dinero. Se sentía culpable de no seguir a pie juntillas el guión tradicional.

EL BANQUERO QUE «SOBRA» EN CASA

Un hombre rubio llamado Danny Garrick,* separado, de 46 años, no puede evitar que se le encienda la cara de ira. Nos cuenta que cuando, debido a una fusión, resultó que su puesto de vicepresidente de un banco «sobraba», se sintió completamente inútil. «Los años anteriores a la fusión, mis responsabilidades laborales fueron en aumento y se me exigía que dedicase cada vez más horas al trabajo. Pero, en casa, me apartaban cada vez más. Luego, me pusieron de patitas en la calle.» ¿Qué le preocupa?

«Cuando el divorcio haya terminado, ¿qué pensarán mis hijos de mí?»

LAS INSEGURIDADES DE LOS HOMBRES QUE SON EL ÚNICO SOSTÉN ECONÓMICO DE LA FAMILIA

Tad,* un hombre robusto de 42 años, con un tupido flequillo negro sobre la frente, parece un sólido papá que antes tenía todas las respuestas, y ahora ya no.

«¿Cómo puedo estar seguro económicamente o..., hummm, emocionalmente?»

Para evitar tener que mudarse de ciudad con la familia, dejó la empresa en la que trabajaba y se estableció por cuenta propia como publicista. «Habíamos tenido el tercer crío. Ahora mi deporte ya no es el béisbol sino los hijos.»

---

* Es un seudónimo.

Tad quiere desesperadamente desempeñar el rol tradicional de ser el único sostén económico de la familia. Así, para cumplir con su compromiso con los valores cristianos, Tad y su esposa decidieron que esta dejara el trabajo como presidenta de su empresa para dedicarse por completo a la familia y al hogar. «Pero ahora ha cambiado las adulaciones por indignación», dice Tad, absolutamente perplejo. Tiene una crisis de confianza en sí mismo.

EL DESASOSIEGO DEL IDEALISTA

Sean,* el idealista del grupo, con chaqueta de cuadros y gafas de montura de concha, pregunta retóricamente:

«¿Cómo expresarme a mí mismo? ¿Cómo expresar mis ideales? Pensaba que podría hacerlo en el trabajo, pero allí lo único que hago es ayudar a limpiar la mierda de la sociedad.»

Sean trabaja en la fiscalía del distrito de Memphis, que es un campo de batalla racialmente dividido del profundo Sur. Día tras día, es dolorosamente consciente de ser un blanco de sexo masculino. En su joven rostro se ven ya algunas arrugas debidas a la fatiga y a la desesperación. Lleva doce años viéndoselas con violaciones, atracos, homicidios y bebés abandonados por culpa del crack. Se siente atrapado. «No es un trabajo en el que consigas muchas victorias.»

Empieza a contar un caso de asesinato que no lo deja dormir. Se trata de una madre soltera que se fue a pasar el fin de semana fuera y dejó a su hijo de dos años al cuidado de un consumidor de marihuana. Cuando volvió, el niño estaba carbonizado. El hombre había golpeado al niño en el estómago y luego había prendido fuego a la casa para ocultar la muerte del pequeño.

«La mujer vino a mi despacho para hablar conmigo —dice Sean—. Es una joven negra, hija de una consumidora de crack, y no podía parar de llorar. —Su semblante serio se llena de emoción—. La máscara que me pongo de hombre duro de la fiscalía del distrito cayó unos segundos. La máscara que ella lleva de mujer negra cayó

---

* Es un seudónimo.

unos segundos. Me quedé pasmado. Fue como si hubiera visto su alma, como si hubiéramos conectado aunque sólo fuese durante un segundo. —Sean suspira—. Me sentí un privilegiado.»
Su historia conmueve a los otros hombres.
«Espero que ganes el caso», dice uno de ellos.
«Pues no.»
Llevar la frustración a casa está alterando el sólido y duradero matrimonio de Sean. Y ahora empieza a presionarlo el tiempo. El año pasado, la muerte de su tío lo precipitó, prematuramente, al abismo de la crisis de la edad madura. Notó los primeros nervios de la mortalidad. «Fue la primera vez en toda mi vida que advertí que la muerte era algo real, que a mí también me llegaría.»
Después del funeral, al volver a casa, se quedó helado. La aritmética de la vida lo golpeó. «Tengo 38 años; mi tío sólo tenía 55. En realidad, no hay demasiada diferencia entre los 38 y los 55.» Fue una experiencia terrible, pero cree que le ha hecho mucho bien. «Me di cuenta de que no podía seguir estando enfadado, de que tenía que llevar a cabo algunos cambios en mi vida si quería crecer.»

Les pregunté si alguno de ellos se sentía disminuido, como hombre, por los importantes cambios sociales y económicos de las últimas décadas.

«Como hombres, toda la confianza que tenemos en nosotros mismos está relacionada con nuestra posición», contestó Tad. Hunden el pecho. Algunos de ellos son víctimas del fenómeno de reducción darwiniana de principios de los noventa; los demás se preguntan cuándo les tocará el turno a ellos. «Estoy contento de que me haya ocurrido —confiesa el atractivo y delgado Rick—. De otro modo, nunca me habría marchado.» Después de ser declarado «prescindible» por la industria gráfica, había comprado acciones del periódico de una pequeña comunidad. «Por primera vez en mi vida, tengo ganas de levantarme por la mañana para ir al trabajo —afirmó—. Ha sido una auténtica sorpresa.» Pero el empuje que le dio este nuevo reto quedó diluido porque se sentía menos que su esposa.

«Lo que hace que me resulte difícil definir mi masculinidad es que, en una época de mi vida en la que tendría que ser capaz de hacer caso omiso de lo que la gente piense de mí, he pasado de ganar mucho dinero a que mi esposa sea el principal sostén económico de la familia», confesó Rick.

¿Estaba insatisfecha su mujer porque su nuevo trabajo significara económicamente un retroceso?

«Tal vez sea eso lo que ha atrofiado nuestro impulso sexual», murmura.

Esas palabras llevaron a que otros admitieran, sorprendidos, la disminución de su líbido. Los hombres se quedan pasmados de lo que va saliendo de su boca en presencia de otros. El fiscal del distrito, soltando palabrotas, se abrió la chaqueta, se aflojó la corbata y se desabrochó los dos primeros botones de la camisa como para mostrarnos lo expuesto que está a ese problema. La conversación decayó. Algunos se encogieron de hombros. Rick expresó una duda que, seguramente, todos compartían: «No sé si he cruzado el puente y ahora empieza el descenso o simplemente es que estoy entrando en una nueva fase de la vida y tengo que seguir adelante».

> Así es como se ve un pasaje de la edad madura.
> Es normal, temporal y necesario.

Los hombres de Memphis todavía son jóvenes. Todavía no han llegado a la cima, y sin embargo, todos ellos corren cierto peligro de perderse.

Si Rick continúa resistiéndose a ser padre, puede perder su matrimonio.

Si Tad continúa insistiendo en que él debe ser el único sostén económico de la familia, puede perder hasta la camisa.

Si Sean no utiliza la influencia de su «estrella más propicia», puede perder su capacidad de hacer el bien en el mundo.

Estas son algunas de las tempestades previsibles que acechan a los hombres actuales, cuando se preparan para cruzar el duro puente entre una juventud que conocen y un territorio nuevo y extraño que les es absolutamente desconocido. La confusión y hasta el terror son algo natural. Pero los temporales pueden capearse. Rick, Tad, Sean y los demás también pueden crecer enormemente si cambian el rumbo antes de que se hunda el barco. Sin embargo, en su incertidumbre acerca de cómo ser masculinos en la actualidad, estos hombres sureños tradicionales se aferraban al mismo rumbo de siempre, aun cuando ese rumbo no mantuviera económicamente a sus familias o hiciera felices a sus esposas.

Así pues, ¿cuál es el problema? Hay algo que no funciona, y estos hombres sinceros no están seguros de qué es.

UN MOMENTO DIFÍCIL PARA SER UN HOMBRE DE MEDIANA EDAD

A través de los titulares de los periódicos y en algunos libros recientes se está divulgando la idea de que la masculinidad se encuentra a prueba («El asedio a la masculinidad», «El fin del patriarcado»), o se afirma que está completamente muerta, como en *The End of Manhood*, de John Stoltenberg. Un mito tan masculino como Clint Eastwood se llama a sí mismo «el último cowboy». El personaje que interpreta en *Los puentes de Madison* se autodescribe en la novela homónima de Robert James Waller como perteneciente a «una raza de hombres que ha quedado obsoleta». Cree que forma parte de una generación de hombres a los que se les dio coraje para que pudieran arrojar lanzas a larga distancia y librar combates cuerpo a cuerpo. Opina que, hoy en día, los robots y las máquinas están sustituyendo a esos hombres de coraje. «Los hombres apenas son necesarios. Lo único que se necesita es tener bancos de semen para que la especie siga adelante. Casi todos ellos son un desastre como amantes, dicen las mujeres, así que si se sustituye el sexo por la ciencia, no se perderá demasiado.»

Dos escritores de sexo masculino que se han pavoneado por todo el paisaje cultural americano durante un cuarto de siglo, Norman Mailer y Gay Talese, defienden la doble teoría del privilegio sexual desenfrenado de los hombres y del servilismo de la mujer como esposa, una teoría que, en la actualidad, se ha tornado mucho más vacilante. «En realidad, el mundo masculino de hoy es mucho más vago», dice Talese. En su batalla por mantener viva la revista *Esquire* cuando los lectores y los anunciantes empezaban a prescindir de ella, Mailer, de 74 años, hizo una súplica casi patética: «Me gustaría que una revista masculina sobreviviera. Mantengamos con vida a esos pocos mohicanos».

Mientras, las revistas femeninas lanzaban portadas cada vez más agresivas, alentando a la mujer a ser la que llevase la iniciativa en las cuestiones sexuales, al tiempo que la aconsejaba de cómo satisfacer sus cada vez más altas expectativas.

> «Tienes orgasmos siempre... Y de repente, un día dejas de tenerlos.»
> *Cosmopolitan*, diciembre 1996
>
> «Sé tu propia maestra sexual.»
> *Cosmopolitan*, mayo 1996
>
> «¿Quién dice que no se puede disfrutar del sexo si no hay compromiso?»
> *Cosmopolitan*, enero 1996
>
> «¡Aprovecha la noche! ¡Estás en el apogeo sexual!»
> *Glamour*, diciembre 1996
>
> «Me gustaría disfrutar más del sexo. (Puedes hacerlo.)»
> *Glamour*, octubre 1996

El torrente de escritos feministas sobre las relaciones sexuales aparecidos en las últimas décadas ha ampliado nuestro conocimiento sobre las capacidades y los deseos de la mujer. Mientras, los cultos y los códigos de la masculinidad han permanecido prácticamente inmutables. La condición de ser un «hombre auténtico» es más incierta y precaria que nunca.

«Ahora es difícil ser un hombre de mediana edad. Los hombres se sienten cada vez más amenazados y atacados. Tanto en casa como en el trabajo, notan que día a día son más sustituibles.» Esto es lo que dice mi compañero de almuerzo, John Munder Ross, pionero en el estudio de los hombres que enseña psicoanálisis y desarrollo humano en las facultades de medicina de las universidades de Columbia, Cornell y Nueva York. «Muchas mujeres empiezan a buscar cambios positivos entre los 40 y los 50 e incluso después, cuando termina la fase en la que se han ocupado de los hijos. Se interesan más por su trabajo y algunas inician los trámites de divorcio. Los hombres están más necesitados, son más dependientes y sufren una mayor ansiedad ante la separación de lo que reconocen.»

ENFRENTARSE AL «FALSO YO»

Habitualmente, se cree que los hombres están condicionados para actuar de una manera agresiva y para inhibir las emociones. Y es absolutamente cierto que, en las eras más brutales de nuestra historia evolutiva, estos rasgos marcaban la diferencia entre sobrevivir para disfrutar de la cena de jabalí o ser disfrutado como cena por el jabalí. Todavía hoy, en algunos estudios sobre el temperamento, una de las diferencias más sorprendentes entre los sexos es la capacidad de los hombres de permanecer tranquilos ante la tensión del ataque físico. La agresividad y el dominio, en vez de la sensibilidad y la sumisión, han sido citadas en muchos estudios como responsables de una buena autoestima, tanto en hombres como en mujeres.

Sin embargo, existe también la necesidad básica de intimidad, de proximidad humana, que se hace más persistente a medida que pasan los años. Y esta necesidad entra en contradicción directa con la necesidad egocéntrica de demostrar la faceta agresiva que tienen los hombres más jóvenes.

Hoy en día, lo que confunde ese proceso natural en los hombres es la erosión de los roles y privilegios masculinos que se daban por sentados durante el patriarcado. La inscripción en la universidad ha descendido entre los hombres de la Generación X, como ya se ha apuntado antes, mientras que las mujeres son ahora más de la mitad de los receptores de títulos universitarios, a excepción del doctorado. Esta pauta se repite en toda Europa. Y con mejor preparación y mejores habilidades sociales naturales, las mujeres están mejorando sus perspectivas respecto a los hombres en el nuevo mercado global «basado en el conocimiento».

El Instituto de Estadísticas Laborales prevé que los tipos de trabajo cuya oferta se incrementará más de aquí al año 2002 serán los relacionados con el procesado de datos mediante ordenador, con los servicios de salud, con los cuidados infantiles y con el sector servicios, todos ellos dominados por las mujeres. Los sectores que declinan más deprisa, como la fabricación de armamento, la construcción de barcos y el transporte por carretera, dependen de la fuerza muscular y de la guerra, y tradicionalmente eran trabajos masculinos. La participación de los hombres adultos en la fuerza de trabajo de Estados Unidos ha bajado del 87 por ciento en 1948 al 75 por ciento de la actualidad.

¿Qué sexo ha visto que sus salarios no subían o bajaban en las dos últimas décadas?

Los hombres estadounidenses de todos los grupos de edad, salvo los de más de 65 años, han visto que sus ingresos medios (en dólares constantes) llegaban a una meseta, descendían o mostraban sólo una leve recuperación entre 1970 y 1990. Mientras, durante estas mismas dos décadas, las mujeres de todos los grupos de edad han visto aumentar sus bajos ingresos. Los ingresos medios de los hombres de entre 40 y 44 que trabajaban la jornada completa ha pasado en veinte años de 32.400 a 34.600 dólares. Y mientras que los hombres que rondan los 50 no han sido capaces de superar unos ingresos medios de 41.500 dólares, las mujeres de la misma edad los han aumentado desde las profundidades de 22.000 dólares hasta 26.500. No es, pues, de extrañar que el porcentaje de familias con dos sueldos ascienda de manera estable. Y cuanto más independientes se vuelven las mujeres, económicamente hablando, menos probable es que aguanten un matrimonio desgraciado.

Pero, antes de que saques la conclusión de que las mujeres les están quitando el puesto de trabajo a los hombres, dejemos claro cuáles son las razones reales de estos aumentos. Cada vez hay más mujeres en la fuerza laboral, y trabajando con dedicación plena, a menudo para mantener unas familias cuyo padre ha sido despedido, está subempleado, ausente o simplemente no existe. Y todavía no hay ninguna ocupación en la que el salario medio para las mujeres sea más del 90 por ciento de lo que ganan los hombres haciendo el mismo trabajo.

¿ERES LO QUE FUMAS?

Nos encontramos en The Big Smoke, en el Embarcadero Center de San Francisco. Mil hombres, tras pagar 150 dólares por cabeza, se reúnen aquí para fumar grandes cigarros puros, tomar unas copas, charlar un poco y fanfarronear. Hombres grandes. Hombres de bistec con patatas, que lucen unas sonrisas atolondradas, pasean ante los expositores con unas gruesas protuberancias marrones entre los labios, chupando y humeando, mostrando orgullosos los puros como si fueran erecciones perfectas. Se detienen a comparar formas y tamaños. En el expositor de Bering hay un cartel en el que se ven quince formas distintas de perfectos cigarros puros hondureños hechos a mano (al parecer, entre los muslos de mujeres desnudas). Los Robustos, cortos y gruesos, son, según un vendedor, los más famosos. Cuanto más largos, más finos, y así hasta llegar a los Grandes, que miden veinte centímetros. «Si lo fumas despacio, dura tres horas», afirma el hombre.

El público es casi exclusivamente masculino y heterosexual, aunque hay algunas chicas, que exhiben los pechos y los muslos bajo camisas de malla y pantalones cortos de licra, como si fueran trozos de pollo deshuesado envueltos en plástico. Son modelos contratadas para servir champaña y brandy a capitanes de policía a los que la pistola les asoma por el bolsillo, clérigos con alzacuello, ejecutivos y vendedores con abundante vello facial.

En medio de todo el ajetreo se encuentra la baja y gruesa figura de Marvin Shanken, el clarividente editor responsable, más que cualquier otra persona, de la moda de fumar puros en Estados Unidos en un momento en el que los hombres están deseosos..., no, hambrientos de formas exclusivas de expresar su masculinidad. Shanken ha promovido esta moda con el lanzamiento de una revista, *Cigar Aficionado*, en la que se aplaude que se fumen cigarros, se coma carne roja y se conduzcan coches veloces, lo cual es una manera de decir a la mujeres (y aquí Shanken chasquea los dedos ante tu cara con un movimiento circular de las manos): «Soy peligroso, temerario e irresponsable. Soy un tipo duro, o lo tomas o lo dejas».

Cuando Shanken lanzó *Cigar Aficionado* en 1992, nadie lo entendió. La campaña antitabaco estaba en su punto más álgido. El mercado de puros había caído en picado y en el mundo se producían sólo 100 millones de cigarros hechos a mano. En los cuatro años siguientes, las ventas de puros se doblaron. Y la revista de Shanken, gruesa, satinada y llena de páginas con anuncios de cigarros, aumentó su tirada hasta los 400.000 ejemplares. ¿Por qué un hombre pagaba cuarenta dólares para renovar su suscripción a una revista bimensual sobre cigarros puros?

Shanken cree que, para los hombres, fumar puros es una manera de reafirmar un privilegio exclusivamente masculino y de lucir un símbolo de posición social que se considera más barato que los coches de lujo o los yates, que eran el tótem de los triunfadores yuppies de los vivaces ochenta. El prototipo de hombre que asiste a sus fiestas de promoción en las principales ciudades, es un triunfador farolero que habla de deportes, cuenta chistes verdes y empieza una de cada tres frases con la palabra «básicamente».

¿Qué tiene de malo pasar el rato y fumar puros? A corto plazo, no tiene nada de malo, aunque si Sigmund Freud, fumador habitual de cigarros, estuviera vivo, tal vez tendría algo que decir acerca de la adicción al tabaco: murió de cáncer de boca. Un puro grande contiene más tabaco que un paquete de cigarrillos, y los fumadores de puros terminan con la misma dependencia de la nicotina que los fumadores de cigarrillos. Por parte de los hombres, fumar puros en grupo era un intento comprensible, aunque superficial, de recuperar una parte de su mundo exclusivo. El hecho de que mujeres atractivas como Demi Moore los copien añade un toque de *glamour* a esa conducta. La moda ha llegado a su punto álgido y ya está en declive. ¿Por qué? Esa conducta no resuelve de manera seria la confusión existente sobre cuál es el código de masculinidad apropiado de hoy en día. Es una versión elitista de un movimiento más amplio que se da entre hombres que se sienten desplazados y decepcionados. Los hombres necesitan maneras y lugares para relacionarse con sus iguales, y muchas de estas oportunidades se han perdido como consecuencia de unas leyes largo tiempo reclamadas contra la discriminación sexual.

«EL GRAN IMPOSIBLE»

El problema de los hombres para definir y demostrar su masculinidad es eterno. La verdadera masculinidad es una posición evasiva que va más allá del mero hecho biológico. Entre los aborígenes de Norteamérica, por ejemplo, en la pacífica tribu de los zorros de la zona de Iowa, la verdadera masculinidad se definía como «el gran imposible». Era una posición elevada que sólo unos pocos hombres extraordinarios podían alcanzar.

«La masculinidad no es algo que te sea dado, algo con lo que naces, sino algo que obtienes... Y lo obtienes ganando con honor pequeñas batallas», escribió Norman Mailer en *Caníbales y cristianos*. Los actuales estudios de observación antropológica estarían de acuerdo con el novelista.

A un hombre se le hace. Entre los pueblos estudiados por los antropólogos, no existe la creencia paralela de que a las chicas haya que hacerlas mujeres.

El antropólogo cultural David Gilmore realizó un fascinante estudio retrospectivo sobre la masculinidad y la feminidad en distintas culturas. Descubrió que en todas ellas, desde las primitivas hasta las urbanas contemporáneas, alcanzar la posición de «auténtico hombre» es una empresa incierta y precaria. En todos los continentes, entre los cazadores y pescadores más sencillos, así como entre los habitantes urbanos más sofisticados, existe un umbral crítico que los chicos deben superar con duras pruebas antes de obtener el derecho a la identidad sexual de la masculinidad.

En la cristiana Creta, por ejemplo, los hombres tienen que demostrar su «masculinidad» robando corderos. En los Balcanes, un «hombre de verdad» es el que bebe mucho, gasta dinero con toda libertad, se pelea con valentía y engendra muchos hijos. En los países mediterráneos, según Gilmore, unos rígidos códigos de acción como marido, padre, amante, sostén de la familia y guerrero reflejan a menudo una seguridad interior. «Los hombres estériles, los hombres que no son hombres, son exhibidos despectivamente para inspirar adhesión al glorioso ideal.»

La separación del mundo de las mujeres la inicia el padre del muchacho. Históricamente, en muchas sociedades se produce una segunda y más forzosa separación de las madres y las niñeras más tarde, aproximadamente «entre los seis y los ocho años», según el doctor Munder Ross. En la antigua Grecia, por ejemplo, el niño que más tarde se convertiría en Alejandro Magno fue entregado a un tutor llamado Aristóteles, para que lo instruyera en las artes y maneras masculinas. Este ritual todavía perdura en muchas zonas de Oriente Próximo y Asia.

Más cercana a nosotros, la tradición británica de separar a los niños de buena familia de sus madres y niñeras a la edad de siete años para introducirlos en los ritos y rituales sólo masculinos de los internados (duchas frías, emociones cauterizadas, a menudo violencia física cuando no violación homosexual por parte de las figuras de autoridad), tenía como objetivo endurecer a los hombres para que ocuparan su lugar en la futura clase dominante del Imperio británico. El imperio puede haber desaparecido, pero los chicos que van a Oxford y Cambridge todavía son sometidos a las mismas pruebas.

> Los hombres estadounidenses parecen especialmente inseguros. ¿Por qué?

«Los estadounidenses no tenemos historia porque no hemos sabido qué preguntas formular.» Esta es la tesis central que defiende en su libro *Manhood in America* el historiador y sociólogo Michael Kimmel. Sostiene que la búsqueda de la masculinidad ha sido una de las experiencias formativas y persistentes de la vida de los hombres.

«En nuestros doscientos años de historia, la masculinidad estadounidense es cada vez menos un sentido del yo interior y cada vez más una posesión que debe adquirirse», observa el profesor Kimmel. Él afirma que la historia de los esfuerzos de los norteamericanos para definirse a sí mismos «es la historia de una masculinidad inquieta y con ansiedad crónica». Si la mayoría de los hombres define su masculinidad no tanto en relación con las mujeres sino en la relación con los de su sexo, ¿qué ocurre cuando ya no tiene héroes compartidos ni hitos colectivos?

Como señala Gilmore, no hay ninguna línea que, una vez superada, confiera la masculinidad, como ocurre con las chicas, que se vuelven oficialmente mujeres al llegar a la menarquía. Con casi 30 años, los jóvenes todavía me dicen que están confusos respecto a lo que hoy en día constituye el código de masculinidad. Gen Xen, un tipo rubio y corpulento de 28 años, de aspecto universitario y muy masculino, me dijo con una envidia que no podía disimular: «Con mis padres, había una relación muy clara de dominio y sumisión. Mi padre era cirujano. Actuaba con una seguridad casi divina. Quiero decir que asumía la prerrogativa. Mi madre era enfermera. Ambos trabajaban, pero ella daba por sentado que su rol como esposa era complacerlo y mostrarle acatamiento.»

Le pregunté si creía que no podía tomar las actitudes de su padre como modelo para ser un hombre de hoy. La cuestión lo sorprendió, pero estuvo de acuerdo. No podía tomarlo como modelo en absoluto, y resumió el cambio histórico en una frase:

«Hoy en día no hay reglas sobre cómo ser un hombre.»

La línea es aún más vaga para los hombres que van a entrar en la segunda madurez. Las mujeres tienen la marca en la menopausia. Los hombres no tienen nada que les indique que están cambiando y que necesitan adaptarse al cambio para que este les sea favorable. En *In a New Psychology of Men*, William Pollack y Ronald F. Levant intentaron redefinir y ampliar los significados de la masculinidad. Son dos de los eruditos más cabales que tratan de rescatar a los hombres de las limitaciones de unas rígidas expectativas de rol que alientan la competición, la dureza y el estoicismo emocional y que han estimulado a los hombres a una «falsa autosuficiencia».

No sirve de nada segregar a los hombres en rígidas estructuras: el hombre afeminado, que es dulce pero débil, contra el «macho», que tiene que golpear a su esposa para demostrar que es él quien manda o para vivir sin compromisos y que, a buen seguro, está emocionalmente famélico. Por lo general, los hombres niegan lo que hay de contradictorio y ambiguo en su naturaleza. Siempre están en guardia contra dos peligros permanentes, descritos por el doctor Munder Ross en su libro *The Male Paradox*:

El peligro de sucumbir a su lado femenino y convertirse en un «sirviente».

El peligro de afirmar su masculinidad mediante actos repetidos de agresividad o autodestrucción, siendo «asesinos».

La respuesta al enigma de la masculinidad, sugiere Gilmore, reside en la cultura. «Debemos intentar comprender por qué la cultura utiliza o exagera, de formas concretas, potenciales biológicos.» Cuando entrevisto a un grupo de hombres amables, como los de Memphis, y escucho sus vanas luchas para vivir según el viejo modelo tradicional de masculinidad, no puedo por menos de compadecerlos. Intentan lograr «el gran imposible». Desde hace ya un tiempo, las mujeres han estado desafiando todos los estereotipos con los que se han criado: los roles limitados, las reglas punitivas distintas para cada sexo y los mitos obsoletos acerca de la edad, por lo que hoy son mucho más felices en la edad madura que en ninguna otra generación anterior.

Ha llegado la hora de que los hombres reconozcan que es prácticamente imposible vivir según esos roles de dominio en el mundo contemporáneo. Al intentarlo, lo único que hacen es limitar las posibilidades que de otro modo tendrían para crearse una madurez más feliz y más a su medida.

EL PADRE REACIO

DE NUEVO CON RICK

«Fui un idiota al decir que no quería que adoptáramos un niño.»

Tres semanas después de mi entrevista con el grupo de Memphis (véase pág. 84), Rick Smith, el padre reacio, mecía a su hijo adoptado, recién nacido, y se replanteaba la cronología de su vida: «Siempre me había conformado con la idea de morir a los 60 años», había dicho en la entrevista. (Era un yuppie de 39 años, que creía que su esposa y él habían perdido una década de vida porque se habían centrado exclusivamente en el trabajo.) «Nunca me había pasado por la mente lo que haría a los 70, porque no teníamos hijos y cuando llegáramos a esa edad seríamos viejos e inútiles.» Pero al final de la entrevista había prometido que su mujer y él «intentarían recuperar el tiempo perdido».

Rick estaba a punto de cumplir 40, y el vacío de la absorción en sí mismo había empezado a desgastar su resistencia a las obligaciones de la paternidad. En cuanto surgió la oportunidad de adoptar, dejó de oponerse.

Lo entrevisté nueve meses después de ser padre: estaba de lo más feliz. «Todo lo que quedaba de autoabsorción en mi carácter a los 39 años desapareció el día que trajimos a este niño a casa. Soy una persona diferente», añade. Su mujer y él han vuelto a comprometerse en el matrimonio porque ahora comparten una esperanza sagrada. Y cuando el niño, milagrosamente, empezó a dormir toda la noche, el interés por la intimidad se despertó en ambos. La resistencia de Rick a relegar sus necesidades en favor de las del niño le había privado realmente de las atenciones y la pasión de su esposa. Entonces lo veía clarísimo: «Mi estupidez obstaculizó casi todos los aspectos de nuestra relación».

Sus oscuras fantasías de futuro («ser el único papá de 50 años en los pícnics de la parroquia») empezaban a desvanecerse. «Imaginaba que todos los padres de 30 años jugaban a la pelota con sus hijos y que a mí me llevaban en una silla de ruedas.» La imagen que Rick tenía de la edad madura estaba absolutamente desfasada. Hoy en día, un hombre de 40 años es todavía joven para tener un hijo. En muchas comunidades urbanas y suburbanas, los padres de pelo cano ya no son inusuales. Y hay padres de 50 años que practican el triatlón o que se someten a cirugía artroscópica para seguir jugando al béisbol.

Ahora que Rick tiene una segunda madurez en la cual merece la pena invertir, piensa en su trabajo de una manera nueva y más seria. No le importa compartir con su esposa el papel de sostén económico de la familia. Vuelve a verse esencial: «Este niño nos hace ver la vida desde una perspectiva más amplia —me dijo—. Ahora pienso que cuando tenga 60 años mi hijo tendrá sólo 20, por lo que tendré que vivir más tiempo».

Los padres son verdaderamente importantes. El Nuevo Padre es uno de los cambios más fuertes del ideal masculino que se han producido en toda la cultura. Un 90 por ciento de padres casados presencian ahora el nacimiento de sus hijos, lo cual los conecta con el proceso del nacimiento y la importancia de la vida desde su mismo inicio. Otra encuesta reciente divulga que el 80 por ciento de los hombres afirma querer desempeñar un rol más importante en la crianza de sus hijos que el que desempeñaron sus padres. Sin embargo, todavía hay muy pocos datos fiables sobre los padres y su importancia para los hijos. Las políticas de bienestar social han hecho un daño incalculable a la familia al asumir la ausencia de los padres. Estas políticas se han convertido en una profecía.

En la actualidad, existe un fuerte movimiento, de origen rural, en defensa de los derechos de los padres. Está encabezado por hombres que se sienten privados de sus derechos civiles por culpa del divorcio y de un sistema legal que se resiste a reconocer que, en casi todos los casos de divorcio, pierden su rol de padres. A juzgar por los mensajes de estos hombres en los foros o «grupos de noticias» de Internet, esta es la cuestión que suscita más quejas. De las 123 organizaciones de hombres registradas en Estados Unidos y Canadá, más del 40 por ciento se dedican específicamente a los derechos de los padres (desde la Coalición Americana de Padres hasta el teléfono de asistencia de Hombres y Padres, pasando por los Papás Contra la Discriminación, Los Padres También Somos Progenitores e Intercambio de Padres, de San Francisco, que invita a los hombres a apuntarse a un grupo llamado Crianza Hoy).

Una de las grandes ventajas de entrar en la edad madura es que el hombre puede quitarse las anteojeras del joven guerrero, impulsado por las hormonas a competir y a matar rivales y ver que no es prescindible. Es necesario como compañero continuo en el matrimonio y línea vital de comunicación para su progenie. Es miembro de una comunidad y de una sociedad que necesita desesperadamente su contribución única. El hombre lúcido de mediana edad ahora ve su vida como parte del proceso más amplio de la historia.

LOS PRIMEROS NERVIOS ANTE LA FATALIDAD

DE NUEVO CON TAD

Otro miembro del grupo de Memphis se ha quedado estancado en medio de su crisis de la edad madura. Tad era el hombre de 42 años que quería desesperadamente reclamar el rol tradicional de único sostén económico de la familia. Era ejecutivo en una empresa de ordenadores, pero cuando no pudo seguir ascendiendo si no era mudándose a otra ciudad, creyó que su joven familia no se merecía ese «desarraigo» y montó una empresa de publicidad. Con este cambio, ganaba mucho menos dinero. Y en la creencia de que era importante para su fe cristiana, su esposa y él decidieron que ella dejaría su importante trabajo como profesional para quedarse en casa con los tres hijos; ahora bien, como no podían permitirse pagar a una asistenta, empezó a sentirse indignada y esas presiones deterioraron su vida sexual.

Cuando nos vimos nueve meses después de la entrevista de Memphis, Tad estaba algo agitado. A su socio en el nuevo negocio le habían diagnosticado un tumor cerebral, y pasados seis meses murió. Al hablar de este repentino y trágico suceso, la voz de Tad quedó desprovista de toda emoción y se volvió mecánica; se puso a hablar de las decisiones prácticas que había tomado, en vez de remover los sentimientos que le suscitaba la muerte. «Por eso lo dejé. Me aparté del negocio, informé a mis socios. Vendimos los valores, por lo que técnicamente estoy sin empleo, aunque hago de asesor y tengo unos ingresos. Para mí no es un problema, tengo muchas opciones; para mi mujer lo es mucho más.»

Dicho así, parecía una actitud valiente. Tad llevaba cuatro meses en el paro. Había asumido la responsabilidad de mantener a cinco personas: su mujer, él, dos niños que iban a la escuela privada y una niña de 2 años. Se hallaba justo al principio del pasaje de la edad madura y estaba atravesando una crisis de confianza en sí mismo cuando se produjo la muerte de su amigo. El hecho de que entrar en la cuarentena coincida con la muerte de una persona cercana de la misma edad puede ampliar de manera tremenda los miedos naturales a la muerte que se presentan a partir de los 40 años.

En la frase: «Me aparté del negocio», casi podía oírse un miedo más primitivo: *Me aparté de todo lo que hubiera matado a mi socio.* «Ya me he hecho a la idea de que, tanto emocional como intelectualmente, no hay ninguna seguridad. Es la naturaleza del mundo financiero actual.»

> Estoy solo. Nadie se ocupará de mí.

Estos dolorosos descubrimientos son propios de la edad madura. La relación entre Tad y su esposa también estaba desgastada.

«Cada vez hay más tensión —admitió Tad—. Y luego, sin ironía, añadió—: Sinceramente, no sé por qué.»

Su mujer había renunciado a la gratificación de ser presidenta de su propia empresa para desempeñar su papel en un escenario idealizado que se había convertido en un lujo. Las mejores intenciones de la pareja habían puesto a la familia al borde del desastre.

Dadas las realidades económicas actuales, para una familia de la clase media es muy difícil depender de un solo sueldo y que la esposa sea sólo ama de casa. Sin embargo, los estadounidenses son más reacios que otros pueblos a abandonar la estructura familiar de roles tradicionales, según una encuesta realizada por Gallup en veintidós países. Prácticamente la mitad de los estadounidenses encuestados dijeron que la estructura familiar ideal es aquella en la que la única fuente de ingresos procede del padre y la mujer se queda en casa con los niños, frente a sólo una cuarta parte de los encuestados en Alemania, la India, Lituania, España, Taiwan y Tailandia.

Tanto Tad como su mujer, admitió él, se habían vuelto irritables y creían que, dadas las circunstancias, los lamentos eran normales. «Estoy seguro de que ella piensa que, como estoy en el paro, tendría que ayudarla más en las cosas de casa —dijo Tad—. Y yo creo que ella tendría que hacer más por ayudarme y apoyarme.»

DE NUEVO CON SEAN

Otro miembro del grupo de hombres de Memphis también afrontó una crisis de mortalidad, pero la utilizó de modo distinto: la convirtió en un estímulo para arriesgarse a ampliar su mundo. Sean, el ayudante de fiscal de distrito, había expresado toda la frustración de su idealismo. Era un abogado blanco que llevaba escrita la palabra «establishment» en la toga y que trabajaba rodeado de negros pobres en una ciudad con tensiones raciales. Quería hacer el bien en el mundo. En cambio, se sentía como si estuviera limpiando la mierda de la sociedad sin que a nadie le importase un pito. Su búsqueda heroica como abogado no se veía recompensada. La sociedad no era como él quería que fuese. Tenía casi 40 años y envidiaba el trabajo más gratificante de su mujer (dirige una agencia de asesoramiento en las adopciones). Un hombre al borde de la edad madura puede pasarse muchísimas horas cuidando esas heridas narcisistas y echando la culpa de su desasosiego a los demás.

Claire,* su esposa, soportó su tristeza. «Me descorazonaba por completo —contó—. Yo tengo la libertad de hacer un trabajo emocionalmente más gratificante debido a sus altos ingresos, y eso me hacía sentir mal.» Finalmente, Claire habló claro con su marido. No podía pasarse doce horas trabajando y luego utilizar su precioso tiempo juntos para obsesionarse por la falta de sentido de su trabajo. «Reconocí que la frustración que siento en el trabajo no es culpa mía —nos contó Sean—. Yo no he creado la situación. Francamente, como blanco y como hombre, no creo que en Memphis tenga mucho futuro. Pero no es el trabajo lo que me define.»

Advertir que «no es el trabajo lo que me define» es el primer paso para superar la desilusión del sueño juvenil y permite al hombre avanzar hacia un sistema de mérito de bases más interiores.

La muerte del tío de Sean precipitó un pasaje. Tal como nos dijo, de repente sintió «que la muerte era real. No podía seguir enfadándome. Tenía que crecer». Barajó la posibilidad de cambiar de ocupación, de hacerse diácono o sacerdote. Pero, visto de manera realista, siendo padre de dos hijos, tendría que «aparcar» esos sueños unos diez años hasta que sus responsabilidades familiares fueran menores. Así abrió su mente para explorar otras maneras de responder a esa demanda de mejorar su naturaleza. Empezó a estudiar las culturas orientales, y una visita a los jardines japoneses de Memphis le sugirió nuevos principios filosóficos. Empezó a construir su propio jardín japonés en el patio trasero de su casa y se interesó por el budismo zen. Fue una salida espiritualmente refrescante. También trabajó como abogado militar voluntario en la Army National Guard. Cuando Estados Unidos aprobó el envío de tropas a Bosnia, Sean participó en la preparación de los soldados antes del despliegue: «Lo disfruté muchísimo —dijo—. Para mí, el Ejército se acerca mucho a esos ideales en los que creo».

En el verano de 1996 le pidieron que participara en un fascinan-

---

* Es un seudónimo.

te proyecto: la Asociación Americana de Abogados le propuso colaborar con el Tribunal de Crímenes de Guerra de La Haya sobre la guerra de Bosnia. Tenía que revisar casos no sentenciados y ayudar a decidir a qué criminales de guerra debía juzgarse. Su mundo se abría.

«Si alguien cree que soy lo suficientemente buen abogado para ayudar a ese tribunal, es que debo de hacerlo bien. En muchos aspectos, creo que, para mí, lo mejor todavía está por llegar.»

ESCALAR LOS MARCADORES DE MORTALIDAD

Antes de las últimas innovaciones en el ámbito de la medicina y de los transportes, casi todo el mundo asistía en su juventud a la muerte de seres queridos. Hace sólo veinte años, cuando escribí *Passages*, situé la «década de la fecha límite» (cuando advertimos por primera vez que somos mortales) entre los 35 y los 45 años. Hoy en día, es habitual que las personas tarden más en tener un contacto directo con la muerte y que la confrontación con la propia mortalidad se retrase unos diez años, hasta los 45 más o menos.

Aunque puede ser un pasaje gradual, sin ningún acontecimiento externo que lo marque, antes o después todos tenemos que afrontar la realidad de nuestra propia muerte y, de una manera o de otra, aprender a vivir con ella. Si nuestro ciclo vital es interrumpido durante esta época por un accidente fatal (uno de esos acontecimientos que no podemos prever o predecir y que se presentan repentinamente), la crisis de mortalidad puede acelerarse y exagerarse terriblemente. No estamos preparados para afrontar el hecho de que se nos puede acabar el tiempo o la asombrosa verdad de que, si no nos apresuramos a encontrar una definición propia del sentido de nuestra vida, esta puede convertirse en una repetición de tareas triviales destinadas a mantenerla. Tampoco prevemos que los roles y las reglas que nos han definido cómodamente en la primera mitad de la vida, se verán profundamente alterados y deberán ser reordenados en torno a un núcleo de valores personales fuertemente sentidos en la segunda.

Tanto Tad como Sean tuvieron una crisis de mortalidad, pero la afrontaron de manera muy distinta. Tal vez la de Tad fuera más grave, porque la muerte de su socio hizo tambalear la seguridad de su nueva empresa. No estaba preparado para efectuar una transición y retirarse a un círculo más pequeño: familia, iglesia, amigos nuevos y personas a las que podía conocer a través de su trabajo como asesor fiscal. Estaba limitándose a lo que podía imaginar de sí mismo. En cambio, la visión de sí mismo de Sean se amplió. Estudiaba otras filosofías, extendiendo sus intereses tanto al Ejército como al ámbito personal con la meditación, la jardinería y el budismo zen. Sean fue capaz de asomar la cabeza y mirar más allá de Memphis y de Estados Unidos, para explorar qué quería hacer en el mundo. También empezó a valorarse de un modo distinto: «No quiero lamentar las grandes cuestiones de la vida. En el pasado, me comparaba con otras personas. Ahora sólo quiero ser el mejor padre, marido, abogado y ser humano posible.»

Bajo la conmoción de experimentar la muerte de cerca por primera vez, está el hecho, igualmente nuevo, de que hay una cuesta abajo en la vida, el otro lado de la montaña, y que no queda mucho tiempo de luz diurna para encontrar la propia verdad. A medida que esos pensamientos cobran fuerza, la continuidad del ciclo vital se ve interrumpida. Durante esta época, la disonancia entre el falso yo y el auténtico alcanzan su máxima tensión y muchas personas sufren una profunda crisis de autenticidad.

EL HONOR ENTRE LOS HOMBRES

«Lo que los hombres necesitan es aprobación», afirma el dramaturgo David Mamet. Tradicionalmente, los hombres han demostrado su masculinidad mediante exhibiciones de honor. Los ámbitos que más les servían eran el deporte, los negocios y la guerra, ámbitos todos ellos de los que, hasta hace muy poco, estaban excluidas las mujeres.

Pregunté a los hombres de las entrevistas si todavía encontraban oportunidades para demostrar el honor. A un grupo de San Francisco se lo planteé de este modo: «El concepto de honor, ¿tiene todavía relevancia para vosotros?». Todos empezaron a escribir furiosamente en sus blocs de notas.

«El honor es saber cuál es tu verdadero camino y mantenerte fiel a él», dijo Bill O'Connell, una respetadísima personalidad de la radio que trabaja en la KDFC, una emisora de música clásica de esa ciudad. Pensaba que cambiar de camino no era honorable.

«Es hacer lo correcto», intervino Paul Couenhoven, abogado de 42 años.

David Mainehardt, fotógrafo de 48 años que volvió a la universidad pasados los 40 para sacarse un título que le ampliara los horizontes, relacionaba «honor» con «tener voluntad propia y estar encaminado hacia un objetivo más importante que tú mismo».

Comenté que, en el sentido tradicional, el honor se demostraba cuando a uno lo retaban, lo ponían entre la espada y la pared. En casos extremos, uno obtenía honor arriesgando la vida por algo más grande que uno mismo; o, en una escala menor, anteponiendo el bienestar de los demás al propio y salvando un pueblo o una institución.

«Para mí, el tema del honor se reduce a vivir de acuerdo con una serie de valores, sea cual sea el precio», dijo Couenhoven. Entre las figuras históricas, sugirió a Tomás Moro, el líder de la Iglesia católica que fue ejecutado por defender sus valores en la Inglaterra del siglo XVI, y cuya vida fue llevada al teatro y al cine en *Un hombre para la eternidad*; y a William Wallace, el patriota escocés del siglo XIII (interpretado por Mel Gibson en la película *Braveheart*) que unificó su pueblo y lideró un ejército ruinoso pero valiente, determinado a vencer a las muy superiores fuerzas inglesas y a recuperar el trono escocés que le había arrebatado el despiadado rey inglés. «Wallace estaba dispuesto a poner en peligro su vida por aquello en lo que creía, mientras que todos los demás se dejaban comprar.»

Dado que las mujeres han entrado en todas las esferas que antes eran exclusivamente masculinas (los negocios, la política, los deportes y, hasta cierto punto, la guerra), ¿cómo pensaban ellos que ellas afrontaban la cuestión del honor?

Couenhoven, que había ejercido de abogado de oficio, apuntó: «Es posible que en esta época las mujeres sean más honorables que los hombres». Unos sondeos electorales indican que los hombres tienden más a votar por cuestiones económicas, mientras que las mujeres suelen pensar en el impacto que tendrán sobre la gente las distintas políticas sociales y económicas.

Terry South, el ejecutivo del que ya hemos hablado en el capítulo 3, expresó su preocupación por el hecho de que el mundo empresarial no reconozca la verdad de los antepasados de dirigir sirviendo: «En nuestro negocio hay muchas mujeres (televisión) —dice—, y creo que aprendo mucho más de ellas que de los hombres sobre lo que significa dirigir sirviendo. Me refiero a la búsqueda de objetivos colectivos en vez del interés en uno mismo».

Pero la verdad cultural, como Mamet y Mailer corroboran, refleja que a casi todos los hombres les preocupa lo que otros hombres piensen de ellos.

> Los hombres tienden a demostrar perpetuamente su valía, en especial delante de otros hombres.

El temor más grande de un hombre es ser dominado o humillado por un hombre más fuerte que él en presencia de otros hombres. ¿Qué hacen, entonces, los hombres maduros para demostrar su masculinidad aun cuando la fuerza física empiece a disminuir?

LOS DEPORTES MASCULINOS: ALGO MÁS QUE UN JUEGO

«Pero si sólo es un juego», dicen a menudo las mujeres, exasperadas, mientras sus maridos se quedan inmóviles durante horas ante el televisor, viendo a un puñado de hombres correr por un campo o una cancha tras una pelota de fútbol o de baloncesto. El hombre medio estadounidense ve un promedio de 28 horas de televisión semanales, y gran parte de ellas están dedicadas al deporte. Muchos de estos hombres son de mediana edad o mayores y ya no participan en deportes altamente competitivos. Entonces, ¿por qué tienen para ellos ese atractivo tan grande?

«Vives a través de esos hombres, dioses que realizan hazañas que casi puedes creer que haces tú», dice un aficionado a ver deportes. El baloncesto, el fútbol, el béisbol y otros deportes masculinos son algo más que juegos; constituyen una cultura, la cultura masculina de hoy en día. Tal vez de siempre. En la época en la que los Yankees de Nueva York eran los dioses indiscutibles del béisbol, el humorista James Thurber escribió: «El 95 por ciento de los norteamericanos se acuestan dando la orden de batear una pelota de los New York Yankees». En el verano de 1997, el famoso periodista George Plimpton apareció en una fiesta de East Hampton con cara de no haber dormido. «Anoche me metí en la cama con Pete Sampras en la final de Wimbledon y estuve con él hasta las cinco de la mañana.»

En un fascinante libro titulado *The Stronger Women Get, the More Men Love Football* [Cuanto más fuertes son las mujeres, más les gusta el fútbol a los hombres], Mariah Burton Nelson, exjugadora profesional de baloncesto, señala: «Los deportes masculinos forman un mundo en el que los hombres son los dueños y las mujeres, en el mejor de los casos, son irrelevantes... Los deportes ofrecen un mundo de derechos de antes de la Guerra Civil, en el que todavía mandan los hombres blancos, como propietarios de los clubes, como entrenadores y como árbitros».

Los deportes también permiten que los hombres compartan pasiones. Son hombres de más de cuarenta años los que, en las gradas de los campos de fútbol, gritan, gruñen y lloran, demostrando unas emociones puras que, en cualquier otro escenario, contendrían ante otros hombres. Los deportes les permiten sentir a los hombres maduros.

Para nuestro discurso acerca de la creación de un nuevo ideal de masculinidad son más importantes las lecciones de control emocional, y las figuras más destacadas de los deportes son unos campeones del control emocional. Si no fueran capaces de controlarse mentalmente, de mediar para diluir su ansiedad, de canalizar su ira y de desoír los gritos de la multitud, nunca alcanzarían la concentración y la frialdad necesarias para meter ese gol crucial o para volver a la pista después de perdido el primer set y remontar el partido a base de servicios ganadores. Como Nelson escribe: «Cuando se pelean, la pelea es un teatro masculino deliberado, no una pérdida momentánea del control. La decisión [de perder los nervios] implica consideraciones racionales: no perder la dignidad, intentar ganar el partido, satisfacer las expectativas de los aficionados y los compañeros de equipo y salir en el telenoticias de la noche».

Si hubiera una metáfora de cómo se afronta lo que parece insuperable en la edad madura y se cambia de estrategia para adaptarse y triunfar, esa sería el histórico combate entre los pesos pesados Mohamed Alí y George Foreman que tuvo lugar en el Zaire.

Era el Príncipe contra el Campeón. Alí no había parado de decir que recuperaría el título, pero Foreman era el boxeador más malvado que había subido al cuadrilátero en muchos años. La comitiva de musulmanes que rodeaba a Alí no podía hacer otra cosa más que rezar para que el rival no matase a su hombre. Alí le dijo a todo el mundo que bailaría y todo el mundo esperaba que Alí bailase: una danza alrededor de la muerte.

Alí tuvo un arranque muy fuerte y ofensivo, y en el primer asalto golpeó a Foreman en la cabeza con toda la autoridad de que fue capaz. Foreman respondió y sus guantes avanzaron como los cuernos de un toro, acorralando a Alí en una esquina. *Empieza a bailar*, le decían sus preparadores. Pero él retrocedió. Los escritores George Plimpton y Norman Mailer se pusieron en pie de un salto y se dijeron el uno al otro que el combate estaba amañado. Pero, a final del primer asalto, Mailer creyó ver miedo en los ojos del Príncipe. Tenía que vérselas con una fuerza inamovible más grande que él mismo.

Nadie estaba preparado para ver al boxeador bailar acorralado de nuevo en el segundo asalto. Alí cambió por completo de táctica y se apoyó en las cuerdas («tradicionalmente, una especie de alto en mitad del camino hacia el suelo, en el que el boxeador, exhausto, espera que el árbitro se apiade de él y detenga la pelea», como describió Plimpton en su libro *ShadowBox*), y desde esa posición, con aire de contramaestre colgado del mástil en medio de la tormenta, Alí libró el resto de la pelea. A los sesenta mil espectadores que presenciaban en directo el combate y a la audiencia televisiva de todo el mundo les pareció que Alí estaba en peligro constante. Pero, como Mailer describió más tarde en *El combate*, «demostró que, lo que para otros boxeadores era una debilidad, para él era un punto fuerte... Alí utilizó las cuerdas para absorber los golpes.»

Imaginemos el control mental y físico que necesitó Alí para soportar la humillación de parecer pasivo, permitiendo que Foreman lo golpease mientras él absorbía más y más, al tiempo que conservaba y consolidaba sus fuerzas esperando que el oponente se cansara.

Foreman no cambió. Mientras la rabia se le apagaba, sus golpes se volvieron cada vez más débiles hasta que Alí vio su oportunidad. El Príncipe avanzó desde las cuerdas, le propinó tres derechazos seguidos al rival, luego un golpe de izquierda y después un proyectil. Foreman se quedó completamente pasmado y al cabo de dos segundos había caído al suelo.

«Dios mío —le dijo Mailer a Plimpton, que no podía salir de su asombro—. Ya es otra vez campeón.»

Piensa en esta escena cuando choques contra las cuerdas de la edad madura. ¿Cómo te adaptas cuando te ves desbordado? ¿Estás lo bastante preparado para cambiar? ¿Estás dispuesto a probar tácticas nuevas o a esperar que surja una oportunidad para avanzar de nuevo?

Foreman, que perdió el honor con el título, se hundió en una depresión de dos años, pero cruzó algunos pasajes y regresó al boxeo en lo que en este deporte se considera la mediana edad. A los 48 años, Foreman seguía combatiendo.

LOS MODELOS ACTUALES DE MASCULINIDAD

En estos tiempos de confusión, los hombres buscan formas nuevas de reforzarse. Llamaremos posturas a estas formas. A continuación repasaremos unas cuantas, y no hay que verlas como una clasificación sino como expresiones distintas de la masculinidad en el mundo de hoy. Un hombre puede pasar de una a otra, según su estado de ánimo o las circunstancias.

Una de las tendencias más fuertes de los noventa es la regresión de los hombres hacia un modelo antiguo, prefeminista y anterior a Alan Alda:

EL RESURGIR DEL MACHO AIRADO

Este modelo alienta al hombre a volver a su «naturaleza» primitiva como «hombre fuerte» u «hombre salvaje», con fuego en las entrañas y un brazo fuerte para poner a las mujeres de nuevo en su sitio. El prototipo es el *cowboy* americano. El hombre duro y solitario que desenfunda con rapidez, que no necesita amor, que no se relaciona con mujeres y que no reacciona ante la pérdida de lo que fue el héroe cultural de la década de los cincuenta, inmortalizado por la campaña publicitaria que más éxito ha tenido en la historia: el hombre Marlboro. Montando a caballo a través de la naturaleza salvaje, con un cigarrillo colgando de los labios, era un símbolo de virilidad, vigor y salud. Pero, visto de cerca, el hombre Marlboro era un inculto, un solitario, y estaba destinado a morir joven de cáncer de pulmón. En los noventa se le ha catalogado de impostor peligroso, las ligas antitabaco lo han acosado y ha desaparecido de las vallas publicitarias.

Las mejores actuaciones de este modelo se dan en escenarios en los que los hombres tienen que templar el dolor y las emociones para luchar o proteger a la familia o a su grupo: soldados de combate, policías, boxeadores profesionales que intentan salir del gueto... Pero incluso ahí, o sobre todo ahí, en parcelas que antes eran exclusivamente masculinas, algunos hombres están tan desesperados por demostrar su dominio y control que corren el riesgo de ser superados.

El esfuerzo por integrar el ejército de los Estados Unidos, aunque en algunos aspectos haya resultado positivo, ha grabado en nuestra conciencia los nombres de unos campos de batalla más memorables que una pequeña guerra: la Operación Tailhook, Aberdeen, el Instituto Militar de Virginia. Lo único que ocurre ahora es que el enemigo son las mujeres. Cuando el Tribunal Supremo dictó que el Instituto Militar de Virginia debía admitir mujeres, un provocador cadete declaró al *New York Times*: «Durante la Guerra Civil nos machacaron y la Unión nos bombardeó. También podremos soportar esto».

Unas pasmosas revelaciones de violación, acoso y abuso sexual han tenido como resultado el procesamiento de suboficiales y el ruinoso final de la carrera militar de la primera mujer que pilotó un B-52, por adulterio y por mentir para ocultar su indiscreción sexual. El escritor Roger Angell resumió en el *New York Times* la mentalidad masculina dominante de la época: «Pilotar un B-52 es el Valhalla del hombre, y ver en la cabina a todo un equipo de mujeres preparadas y cualificadas para hacerlo ha debido de causar consternación en el inconsciente colectivo de los expilotos que toman las decisiones en las Fuerzas Aéreas». Ahora, las mujeres incluso disparan las pesadas armas de los Marines. A favor del Ejército hay que decir que, después de hacer muchos estudios al respecto, ha llegado a la conclusión de que el acoso sexual se da en ambos sexos, en todas las razas y en todos los rangos, y por ello afronta el problema buscando nuevos enfoques a la capacidad de liderazgo y la preparación física.

John Wayne es un símbolo masculino que se ha mantenido varias generaciones. En algunas encuestas sigue siendo el actor norteamericano preferido, por delante de Clint Eastwood y Mel Gibson, aunque lleva años muerto. En su libro *John Wayne's America*, Garry Wills dice que es la reencarnación de la frontera más lejana del país, «sin trabas, no corrompido, libre para vagar», la libertad personificada. Wayne sigue inspirando a los hombres de este prototipo, como el candidato conservador a la presidencia Pat Buchanan y el congresista Newt Gingrich. Este último creció imitando los andares de Wayne y adoptando sus códigos masculinos en películas como *Arenas sangrientas*.

«En esa época tenía quince años —me contó Gingrich en una entrevista—. Mi modelo de conducta era el John Wyane de unos 45 años.» El papel que hacía en *Arenas sangrientas* era el del líder de una unidad de marines, endurecido por el combate y solitario, que convierte a un nuevo recluta en su víctima. Su conducta no difería mucho de la del padre y el padrastro del joven Newt.

«Ambos estaban siempre enfadados —dijo Newt de sus dos padres—. Eran militares, físicamente fuertes, y creían en una dureza muy de tipo masculino. Eran unos totalitarios.» Con una infancia moldeada por un padre natural que lo había abandonado y un padrastro que lo infravaloraba, Newt llegó a la política con una necesidad psíquica tan grande que sólo las alabanzas que recibe un salvador pueden llenar su inmenso vacío interior. «Descubrí la manera de sumergir mis inseguridades en una causa que fuera lo bastante grande para justificar todo lo que yo quisiera hacer», me dijo. En una entrevista aparecida en la prensa en 1985, había descrito esa causa de este modo: «Quiero cambiar todo el planeta y lo estoy haciendo. Esto es sólo el principio de un movimiento de veinte o treinta años, y mis méritos serán reconocidos».

Pero en 1997, Newt Gingrich, con su conducta agresiva de macho airado como portavoz de la Cámara de representantes, obtuvo el índice de popularidad más bajo de toda su carrera política. Tampoco hay que olvidar que tanto Gringich como Buchanan consiguieron librarse de la guerra de Vietnam, lo mismo que su héroe, el halcón Wayne, que en la vida real, según Wills, «exhortó a otras generaciones a sacrificar la vida y llamó «blandos» a los que se negaban», pero evitó ser reclutado para luchar en la Segunda Guerra Mundial.

La filosofía opuesta...

EL HOMBRE SENSIBLE DE LA NUEVA ERA

Al principio fue el tipo que, inesperadamente (o por defecto, como en la película *Kramer contra Kramer*), descubrió su lado maternal. En la versión extrema, cambió los papeles y asumió las prerrogativas del señor mamá. Esperaba que su mujer y sus hijos idealizaran su contribución, sus horas serían discrecionales y no se responsabilizaría de los pagos de la hipoteca. O, después de luchar por la custodia tras el divorcio, se mostraba decidido a demostrar que podía superar a mamá. Los resultados de los hombres que tratan de desempeñar ese rol por sí solos, o sin trabajar fuera de casa, son confusos. Normalmente, pueden desarrollar la empatía y la paciencia suficientes para ocuparse de los niños, pero olvidar las ambiciones profesionales y las posturas masculinas a menudo les hace sentirse asexuados. Y a menudo, las mujeres, en búsqueda de unos horizontes más amplios, los dejan o se divorcian de ellos.

Sin embargo, muchos hombres que han triunfado en la madurez me han revelado sus ganas de pasarse un tiempo haciendo de mamá. Es un cambio cultural auténtico, aún pequeño pero que va creciendo. En la reunión con los hombres de San Francisco en la que definieron lo que significaba «honor» hoy en día, Paul Couendoven, el abogado de 42 años, me dijo que había dejado de hacer de abogado de oficio para trabajar menos horas y pasar más tiempo con su hija de cuatro años. Llegó casi a definir el proceso gradual de desarrollo por el que un hombre deja de necesitar demostrar su libertad manifiesta, a cambio de las recompensas de respeto y amor que recibe un hombre responsable. «El honor es labrarse un sentido de autovalía y no ponerlo en peligro. Creo que ser padre es parte de ese sacrificio. Si nos dejáramos llevar por nuestras ideas, si siguiéramos todos los impulsos, no seríamos buenos padres. Una vez aceptada esa responsabilidad, tienes que mantenerte fiel a ella. Hay personas que dependen de ti y ya no tienes la libertad que antes tenías.»

Este modelo de hombre de la Nueva Era ha sido popularizado por Hollywood como un yuppie egocéntrico que casi pierde lo que es más importante para él, aunque al final se salva superando su postura de macho. Con su cara de payaso, James Carrey, uno de los artistas más taquilleros de Hollywood, encarnó este modelo de hombre en *Liar, Liar*: un famoso abogado narcisista al que su hijo de cinco años convierte, por arte de magia, en un padre sensible y práctico.

En 1997, el héroe cinematográfico Jerry Maguire, un agente deportivo cuarentón, aprende, después de unos primeros éxitos y un humillante fracaso, a convertirse en un padre sensible que deja de lado la arrogancia para ser más cariñoso y compasivo. Llevando este prototipo aún más a los extremos, Kevin Kline creó una moda con la comedia *In and Out*, en la que presenta al hombre homosexual como el que más se divierte. «Los hombres de verdad no bailan», repite monótonamente la cinta de instrucciones que escucha Kline, pero el personaje que encarna este, un profesor inglés de aspecto estirado, no puede evitar moverse al ritmo de la música. Resulta más honorable que cualquiera de los hombres heterosexuales de la película.

EL MODELO MASCULINO DOMINANTE

Son los que se comen el mundo, los triunfadores, los que tienen que estar arriba del todo para ser felices. En la época de Shakespeare, los duques de Milán, como Próspero en *La Tempestad*. En términos más contemporáneos, son los emprendedores de los avariciosos ochenta, magistralmente catalogados de «dueños del universo» por Tom Wolfe. En los noventa, están personificados por gigantes de la información y del espectáculo como Bill Gates, Rupert Murdoch, Summer Redstone, John Malone, Michael Eisner, Donald Trump, etcétera.

EL MENSAJERO DE DIOS

Una cuarta filosofía, divulgada por una nueva oleada de evangelismo cristiano, exhorta a los hombres cristianos a unirse en movimientos de masa basados en programas de doce pasos y de inspiración espiritual. Los hombres son reclutados para estos movimientos por poderosas figuras autócratas. Louis Farrakhan, musulmán antisemita militante, presidió la Marcha de un Millón de Hombres, compuesta esencialmente por hombres negros norteamericanos. Bill McCartney, un mesiánico exentrenador de fútbol americano que dice haber recibido la orden de Dios de crear un grupo llamado Los Cumplidores de la Promesa, anunció en 1997 que su plan era «barrer la nación y que en el año 2000 el grupo tendría carácter mundial».

Ambos movimientos se aprovechan de la falta de ideales, disciplina, guías y regeneración de la autoridad masculina. Atraen sobre todo a los hijos de la explosión demográfica y a los integrantes de la generación X con música rock, un «uniforme» deportivo, discursos marciales, la exclusión explícita de las mujeres y el permiso para que los hombres heterosexuales se demuestren amor unos a otros. Rindiéndose al amor duro y al castigo por su conducta irresponsable, los militantes prometen ser mejores padres, maridos, líderes de la comunidad y soldados de un «ejército divino» que se dedica a restaurar los «ideales bíblicos». Se les pide que recuperen el mando en sus familias y, basándose en un pasaje cuidadosamente elegido de las Escrituras, se ordena a las mujeres que se «sometan» a sus maridos.

«Si no cambiamos, en el mundo futuro seremos irrelevantes.» De esta manera resumió un conocido portavoz de los Cumplidores de la Promesa el sentido de amenaza que pesaba sobre los hombres, en un reciente encuentro del grupo.

El atractivo de los mensajeros de Dios es muy grande, sobre todo para los hombres que ya no pueden competir sólo por la fuerza física y que se han sentido desplazados tanto en el trabajo como en casa. Los historiadores afirman que los ideales impulsados por McCartney forman uno de los grupos de restauración religiosa de más rápido crecimiento en la historia del país. McCartney lo demostró reuniendo a sus seguidores en una multitudinaria marcha que tuvo lugar en octubre de 1997 en Washington y de la que se informó ampliamente en la televisión nacional.

El escenario es el Washington Mall, y hay una multitud incontable de hombres que se extiende a lo largo de más de dos kilómetros, desde el Capitolio hasta más allá del monumento a Washington. Es una muchedumbre variopinta, y la impresión más asombrosa, dado que el número de personas congregado iguala al presente en los grandes acontecimientos que aquí han tenido lugar, es el silencio. Entre todos estos hombres heterosexuales velludos, con alta concentración de testosterona y hombros prominentes, no se oye ni un solo ruido, ni un murmullo. Llevan el cabello corto y miran al frente. La mayoría de ellos exhiben una gorra de béisbol de los Cumplidores de la Promesa y una camisa blanca con eslóganes como «Venga, que venga Dios». A excepción de los estallidos ocasionales de «¡Je-sús! ¡Je-sús!», parecidos a los que se utilizan para animar a la defensa en el fútbol americano, y los himnos cristianos que suenan por la megafonía entre discurso y discurso de los oradores, están hipnóticamente callados bajo el sol brillante.

Con voz vibrante, un orador cuya imagen aparece en dieciocho pantallas gigantes de televisión, exhorta a los hombres a «confesar nuestros pecados sexuales»: «*Rebajaos todo lo posible ante Dios para no poder rebajaros más. Postraos con la frente en el suelo*».»

Obedientes, cientos de miles de hombres se tumban boca abajo, en las aceras y en las calzadas, con la suela de las zapatillas deportivas hacia arriba.

«*Coged una foto de vuestra mujer, de vuestros hijos o de alguien a quien hayáis maltratado.*»

Un cuarentón, con vaqueros y camiseta polo de terciopelo, tiene una foto de su mujer en la mano. La mira y luego cierra los ojos. Sus mejillas se ruborizan y las orejas se le ponen púrpura mientras el orador se confiesa por él y por todos. Los hombres permanecen postrados diez minutos, y al incorporarse, algunos tienen rastros de lágrimas en la cara.

Las pocas esposas están en las aceras. Según una encuesta, la mayoría de estos hombres ya son miembros activos de sus iglesias. La media de edad es de 37 años, y para tratarse de un movimiento de masas, son inusualmente cultos: más de la mitad afirma tener estudios superiores. El 88 por ciento están casados y la gran mayoría de las esposas trabajan. Pero, pese a las posiciones de mando que puedan ocupar en el mundo exterior, casi todas las mujeres de los Cumplidores de la Promesa creen que el marido es el cabeza de familia porque esa es la palabra de Dios.

Los vínculos entre hombres se cultivan muchísimo. Mark Sienkiewicz, un padre de 36 años que se ha trasladado desde Minnesota con su hijo, dice que con los hombres de los Cumplidores de la Promesa mantiene una relación muy distinta de la que se da entre los hombres que ven juntos un acontecimiento deportivo: «Aquí nos amamos. En el fútbol, hablas de fútbol y eso es todo. No hablas de cosas de verdad. Los hombres son muy reservados y se lo callan todo». Otro padre, que ha acudido a la cita para intentar corregir las instrucciones que le había dado el suyo, dice: «Mi padre creía que el rol del hombre es el de proveer y tenía razón, pero faltaba algo. Sensibilidad, amor, comprensión, paciencia, cosas de esas».

El exentrenador McCartney, que hace tiempo que lidera la Operación Rescate, la organización militante antiabortista responsable de la violencia contra clínicas que practican abortos, sube por fin al estrado y grita: «¡Aleluya!». A gritos, insta a los hombres «a obedecer a sus líderes y a someterse a su autoridad». Lleva gafas de sol, y su rostro sin expresión queda dividido por una nariz que parece que haya recibido un par de puñetazos, una imagen masculina tan tradicional como la de un coronel. McCartney organiza su movimiento con la clásica cadena de autoridad estilo militar, de arriba abajo, y los líderes son pastores nombrados por él a los que se conoce como «jefes de batallón». Cada pastor elige a su «hombre clave» en la parroquia para que actúe de sargento de escolta e informe a un «embajador» regional. Los hombres son reclutados con la misma frecuencia que los jugadores de fútbol universitarios y agrupados en «fuerzas operantes».

Dado que los Cumplidores de la Promesa han sido acusados de ser casi todos blancos, se hizo un esfuerzo a fin de reclutar hombres de otras razas para este acontecimiento y resaltar la unidad racial. En el escenario hay un amplio espectro de líderes religiosos (algunos pastores afroamericanos, un profesor sudamericano que habla en español, un predicador de ascendencia asiática, un indio americano con el tocado de plumas, un judío mesiánico que acepta a Jesús, más un hombre sordo. Hay religiosos de todo tipo menos mujeres, rabinos y homosexuales. McCartney dice rotundamente: «Para nosotros, la homosexualidad es un pecado».

Estas exclusiones en los Cumplidores de la Promesa preocupan a muchos grupos. Algunos creen que esta captación de hombres es «la herramienta de márketing más eficaz que ha utilizado la derecha religiosa desde la aparición de los telepredicadores». Sesenta líderes religiosos han constituido una coalición contraria a los Cumplidores de la Promesa para protestar por la exclusión de religiosas femeninas en los actos de este grupo. Algunos progresistas temen que el objetivo principal del grupo sea el de segregar de nuevo a la población en función del sexo. Algunas líderes de la Organización Nacional de Mujeres han pedido a McCartney que incluya un octavo punto en el manifiesto de los Cumplidores que simplemente diga: «Respetamos a las mujeres como nuestras iguales», pero el entrenador dice que no es necesario. Cuando Tim Russert le preguntó en *Meet The Press* si pensaba que el hombre es el cabeza de familia, McCartney respondió: «Creo que si debe tomarse una decisión sobre algún asunto en que las opiniones estén divididas, el hombre tiene que hacer valer su autoridad con ternura y amabilidad». En otras palabras, un patriarcado más tierno y amable.

Hay que decir, sin embargo, que los Cumplidores de la Promesa es el primer movimiento que ha intentado una liberación masiva de hombres de las viejas y represivas definiciones de masculinidad. Es el movimiento de hombres más importante de Estados Unidos, aunque el número de militantes está bajando desde 1996, en que la asistencia a los acontecimientos celebrados en veintidós estadios alcanzó 1,1 millones de personas, superando a los partidos de baloncesto de uno de los equipos más populares del mundo, los Bulls de Chicago.

Muchos, por no decir la mayoría, de los hombres que asisten a estos actos con el corazón apesadumbrado o la vida destrozada, verdaderamente desean un cambio constructivo. La gran experiencia de estar en compañía de cientos de miles de hombres y de ser exhortado a expresar las emociones —librarse de la ira, aceptar la responsabilidad de las propias acciones y cambiar las ideas que uno tiene acerca de lo que significa ser un hombre— puede resultar sanadora y desencadenar una transformación. A la larga, los cambios culturales que se deriven de estas experiencias individuales tendrán un impacto político.

COMPAÑERO Y LÍDER

Un verdadero movimiento popular se está extendiendo en Estados Unidos: los hombres encuentran maneras de unirse en pequeños grupos que se forman espontáneamente (entre hombres que han sufrido un despido cruel debido a una reducción de plantilla, que han sido excluidos de la vida de sus hijos por habérseles negado la custodia, que han sido apartados de la universidad o la iglesia). En estos grupos más pequeños, los hombres son exhortados a actuar como compañeros y como líderes en vez de dejarse dirigir por cualquier figura de autoridad. No se unen con el objetivo histórico de atacar o defenderse, sino como «hermanos elegidos» que pueden apoyarse y consolarse los unos a los otros. Algunos quieren desaprender la socialización que mantiene encerrados bajo llave sus inescrutables sentimientos. Son parte de la nueva y flexible sociedad global que tanto impulso ha recibido con la Internet y la World Wide Web. Hoy en día es fácil crear tribus a partir de la afinidad en las actitudes. Navegando por la Red, nos encontramos con hombres que comparten los mismos valores y actitudes y que responden a los mismos mitos y símbolos.

Por lo general, estos grupos no son religiosos, pero algunos forman parte de un despertar espiritual mucho más amplio. Los hombres están redescubriendo su fe en sus propios términos individualistas, a veces dentro de iglesias organizadas pero casi siempre fuera de ellas. En los lugares de trabajo de todo el país, se organizan clases de estudios cristianos y judíos, así como budistas y musulmanes. Por lo general, este movimiento más amplio acoge a las esposas como compañeras absolutas. Exhorta a los hombres a la transformación espiritual, pero, como apunta el escritor Bob Buford en su libro *Halftime*, hace hincapié en el hecho de pasar del éxito al significado de la vida. El asesoramiento religioso puede combinarse con la psicoterapia. El nuevo ideal de la masculinidad es aquí el de «siervo-líder».

En realidad, la vida de los hombres de hoy requiere un amplio espectro de habilidades, desde la fuerza bruta hasta la tierna empatía, y ya no es necesario ni útil encerrarse en los viejos estereotipos de «esto o aquello». Hacerlo lleva sólo a la alienación de uno mismo. En el modelo tradicional de masculinidad todavía hay muchas cosas valiosas, pero este modelo ha dejado de ser absolutamente limitador. En tiempos de guerra, los hombres que se alistaban a ejércitos de conquista o de defensa tenían que resignarse a la idea de que eran sustituibles. Pero como ahora las confrontaciones militares están siendo cada vez más reemplazadas por las guerras comerciales, los hombres de los países posmodernos, después de la Guerra Fría (con excepciones como la de Israel y su servicio militar obligatorio), tienen mayores posibilidades de desarrollar unas nuevas «artes masculinas» (reinventar la manera en que vivimos y morimos mediante la informática y la biotecnología, por ejemplo) y de utilizar su talento personal para otros objetivos que no sean proteger y defender.

Hablar del «fin de la masculinidad» es absurdo y destructivo a la vez. Para el funcionamiento saludable de cualquier cultura son indispensables unos nuevos ideales de masculinidad, unos ideales que den sentido a la vida de los hombres, sea cual sea su edad, absolutamente necesarios para vincularlos psicológicamente con la familia y la comunidad.

5

Casados y mortales

EL MOMENTO DE LA REVELACIÓN

La iglesia gótica de piedra gris de la parte alta de la Quinta Avenida normalmente dormita entre semana sin llamar la atención, pero, sorprendentemente, un soleado día laborable de septiembre de 1997 aparece rodeada de limusinas como si fuera un jefe de estado. Muchas de ellas llevan placas de matrícula personalizadas con las siglas «TV». En la Iglesia del Eterno Descanso se han congregado más de mil personas. Sin embargo, en este funeral hay algo raro. Es el cabello. Casi todos los hombres todavía tienen pelo. La televisión es un negocio joven, y el fallecido era demasiado joven y dinámico para irse a descansar eternamente.

> Winston Cox, jefe ejecutivo de Showtime Network, falleció repentinamente el pasado sábado en un gimnasio de Manhattan. Tenía 55 años.

Fue una esquela que causó conmoción en los despachos y los gimnasios de los inmortales más importantes y poderosos de Manhattan. Para algunos cuarentones significó un momento de revelación.

Tony Romano* es más joven que Tony Cox. No ha llegado a los

---

* Es un seudónimo.

50 y todavía se siente joven. Bueno, casi. Cumple años la semana que viene. Pero, como es también un dotado ejecutivo del mundo de la televisión, consideraba a Cox un modelo. Dijo que el día que se enteró de la muerte de Tony, notó dolores en el pecho. La única preocupación consciente de Tom con respecto a cumplir 46 años es la diferencia que percibe entre él y los otros padres con los que coincide en el parque. Tony es uno de los abundantes padres tardíos de hoy en día, con un niño recién nacido en casa. Su esposa y él se sienten como los jóvenes de 20 años afrontando el nacimiento de los hijos, pero con un cuerpo de más de 40. Estuvo incluso tentado de mandar una queja a Levi's: ¿Por qué ya no le cabían los pantalones? ¡Él estuvo en Woodstock, y aquello no era justo!

El fallecido también se creía inmortal. Winston Cox pensaba que sobreviviría a todo el mundo. ¿Y por qué no? Al verlo, la gente creía que era un hombre sano y robusto. El tipo de hombre que fundaría un equipo de rugby en Princetown, cosa que realmente hizo, ya que sólo le gustaba competir en las condiciones más duras.

> Siempre quiso ser el jugador que lanza la última bola de la última entrada en la final de un campeonato.

Tenía las dimensiones de un atleta natural: noventa kilos de peso sólidamente repartidos en un metro y ochenta centímetros de estatura. Su personalidad era todavía más grande. Todo el mundo le llamaba *Boss*. Le encantaban las fiestas. En Halloween se vestía como su ídolo, Bruce Springsteen, y bailaba con pantalones de surf. Incluso con traje y corbata, Tony Cox iluminaba todas las habitaciones en las que entraba. Era una «presencia». Dejó viuda a su segunda esposa y sin padre a dos niños pequeños y a otros dos mayores de su primer matrimonio; era un hombre con todas las ventajas y con muchísimo por lo que vivir. ¿Por qué no recibió lo que merecía de la vida? En su necrológica sólo había un atisbo de inquietud.

> A principios de 1995, Cox dimitió como presidente de Viacom después de una reestructuración en la empresa.

Una educada ambigüedad por parte del autor de la necrológica eclipsó el hecho de que había sido una dimisión involuntaria. En los lugares de honor de la iglesia, ocupados por los ejecutivos de Showtime, destaca la cresta pelirroja de Summer Redstone, el *überboss*, presidente de Viacom, la empresa madre propietaria de Showtime Network. Junto a él está su (en aquellos momentos) segundo de a bordo, Frank Biondi, el hombre que había fichado a Tony Cox para dirigir Showtime. Biondi era su maestro, su patrón y la persona con la que Cox había estado más vinculado en su profesión. Biondi lo había contratado y también había sido el encargado de despedirlo. La reestructuración de la empresa tuvo lugar después de que Redstone anexionara Blockbuster, la primera firma de alquiler de vídeos de la nación, un movimiento cuyo objetivo era convertirse en un «coloso del sector del entretenimiento», con un capital de noventa millones de dólares, pero tuvo como resultado que Brobdingnag se cargase de deudas y el propio Biondi fuera también despedido.

Los asistentes al funeral salen a la calle con una helada mirada de incredulidad. La viuda, joven, delgada y hermosa, está rodeada de amigos y acompañada por el doctor, especialista en fertilidad, y la enfermera que ayudaron a los Cox a crear una nueva familia. «Los niños son tan pequeños que ni han venido», susurra alguien. La conversación entre otros altos ejecutivos de edades cercanas a la de Tony tiene un tono de pánico contenido.

—Es espeluznante.
—Estaba en la cinta de correr.
—¿Y corrió?
—¿Estás de cachondeo? Tony era un fanático de la gimnasia —dice el más robusto de ellos—. Llevaba muchos años haciendo ejercicio.
—Heidi y él fueron al gimnasio juntos.
—Yo ya no volveré a utilizar la cinta de correr.

—Yo no quiero que me hagan la prueba del estrés. Eso de poner el corazón al máximo...

—Ni yo. Esos médicos..., ¿saben realmente lo que hacen?

Toda la conversación se limita a cuestiones externas. Los hombres buscan una sencilla explicación psicológica que ponga distancia entre ellos y los temas realmente importantes que la inesperada muerte de Tony Cox ha removido.

Un hombre impecablemente vestido y con una cuidada barba se detiene a charlar con Tom. «No tenía que haber ocurrido.»

No, a Tony no tenía que haberle ocurrido, conviene Tom. Esas cosas no tendrían que ocurrir.

Se separan, cada uno intentando ocultar su pena tras la incredulidad. El otro era el presidente de un importante complejo deportivo hasta que fue absorbido y devorado. Como Cox, también había sido despedido. Es como si hubiera por todas partes hombres brillantes y triunfadores a los que se les arrebata el trabajo en la madurez. Alejados de la acción, desconectados y abandonados a la deriva, «castrados», si lo prefieres, hasta estos hombres se convierten en población expuesta a la depresión y los trastornos relacionados con la ansiedad. Y los hombres más jóvenes se preguntan: *¿Podría ocurrirme también a mí?*

UNA CUESTIÓN DE CORAZÓN

Los amigos hablan de Tony de la manera que habla un hombre que ha perdido a su padre. En realidad, esa era la naturaleza de su vínculo. Los vínculos de las relaciones masculinas no suelen estar articulados. No hay palabras para expresar la profundidad de sentimientos que une a dos hombres heterosexuales. Al cabo de un tiempo, se dan por sentados. Entonces, si ocurre algo que rompa ese vínculo, el que es dejado no puede hacer otra cosa que preguntarse si su amor ha sido alguna vez correspondido o todo estaba en su imaginación.

Un hombre que da el gran salto de sincerarse corre el riesgo de ser herido. Cuando se establece un vínculo entre dos hombres, caen todas las defensas y ambos se quedan como desnudos. A todos los hombres les cuesta mucho aceptar esas relaciones. Cuando las aceptan, tienen tanto que perder... El ego, el orgullo, el machismo... Si los despojan de ello, cuesta mucho recuperarlo.

Tom Romano admite que, cuando murió su padre, pasó por un pasaje oscuro en el que, por primera vez, vislumbró la sombra de su propia mortalidad. Es evidente que tiene ganas de encontrar alguna manera de expandir sus horizontes. Ya no tiene que demostrarse nada a sí mismo. Pero ¿no era eso lo que Tony decía siempre?

A los 54 años, Cox había llegado a una fase de su vida en la que creía que ya había demostrado todo lo que tenía que demostrar. Luego, al verse en la calle debido a una fusión empresarial, despojado de su posición, con la autestima por los suelos, ¿murió algo en su interior?

Si había sido así, nadie lo sabía. Las personas con las que trabajaba le contaban sus problemas y él absorbía implacablemente los desasosiegos de todo el mundo. Por grave que fuera el asunto, su consejo siempre era el mismo: «¿Que el metro te ha pasado por encima de una pierna? No pasa nada, sólo un poco de sangre. ¡Ánimo! Sus colegas se maravillaban de su gran entereza.

Cox mantenía una fachada de dureza, como si no ocurriese nada. Se había pasado el último año yendo a su antigua oficina de Viacom. Todos los días. Le dieron un despacho y un teléfono. Subía y bajaba en los mismos ascensores. Sus antiguos empleados seguían llamándolo «jefe». Los cazatalentos lo elogiaban. Se le consideraba un «buen fichaje». Conservaba la misma estructura, llevaba el mismo uniforme, pero ya no era un jugador. Mientras Viacom le dio un proyecto en el que trabajar, ningún otro medio de comunicación o estudio cinematográfico le ofreció ninguna empresa que dirigir. Finalmente, empezó a interesarse por una pequeña cadena de cafeterías de Cambridge. Cox quería jugar con aquella pequeña empresa durante unos años, lanzarla a la fama y hacer un montón de dinero. Pero eso ya no le despertaba pasión.

Cox tenía la intención de introducir grandes cambios en su vida. Se casó por segunda vez casi a los 50 años y la familia se convirtió en una fuente de placer para él. Le gustaba quedarse más tiempo en casa por las mañanas con su nueva esposa. Juntos reían mucho, y los bebés que ella le había dado le llenaban el corazón. Hacía poco que le había dicho a su mujer que quería ocuparse de los niños por un tiempo y que ella volviera al trabajo. Hablaba de que tenía que devolver algo, dar algo a cambio. Tenía todo el instinto necesario para hacer un cambio transformador en ese momento crítico de su vida, pero no llegó a materializar lo que pretendía.

No había tenido ningún síntoma de enfermedad cardíaca. Siguió su lema hasta el final: ¡Arriba! Pero, al igual que la mitad de los hombres que sufren un ataque cardíaco repentino, no volvió a levantarse. En el primer informe médico se mencionaba una arritmia monstruosa. Después de una autopsia completa, los médicos le dijeron a la familia que sufría una grave enfermedad coronaria. Su abuelo materno había muerto de un ataque al corazón también a los 55 años, un hecho que Cox nunca había mencionado ni a los médicos ni a su esposa.

Si un hombre tiene factores de riesgo de enfermedad cardíaca, el estrés emocional puede agravar muchísimo su vulnerabilidad al ataque. Es difícil decir qué papel desempeñó el estrés en este caso concreto, pero la pérdida de la autoestima, las heridas a su ego y la posibilidad de una depresión disimulada habrían exacerbado los factores de riesgo de ataque cardíaco que estuvieran escondidos tras su estoica fachada. El doctor Dean Ornish, el pionero de la curación no médica de las enfermedades del corazón, ha destacado en sus estudios que el enorme esfuerzo que hay que realizar para mantener una falsa fachada es una de las cosas más estresantes que puede hacer un hombre para provocar un ataque cardíaco. El doctor Harold L. Karpam, profesor de la escuela médica de la UCLA y cardiólogo del hospital Cedars-Sinaí de Los Ángeles, cita un estudio de 170 casos nuevos de muerte repentina y las circunstancias vitales que han precedido a la muerte de esas personas. Las cinco circunstancias principales son:

1. Muerte o enfermedad grave de un amigo íntimo o de un familiar
2. Riesgo de pérdida de un ser querido
3. Dolor agudo

4. Período de luto o aniversario de la pérdida de un ser querido
5. Pérdida de posición social o de autoestima

En opinión de los mejores especialistas del corazón, esos factores no físicos pueden provocar un cambio en la presión sanguínea o en el ritmo de bombeo del corazón. El doctor Harvey B. Simon, que se dedica a la cardiología preventiva en el Hospital General de Massachusetts, en Boston, y es miembro fundador del Centro de Salud Cardiovascular, afirma que una subida de adrenalina provocada por el estrés altera el ritmo cardíaco, acelera el pulso y puede provocar que el corazón se salte un latido y sufra arritmias. Si bien la mayor parte de las arritmias no son peligrosas, en las personas con enfermedades cardíacas pueden provocar una tensión arterial excesivamente baja, pérdida de conciencia o muerte repentina.

El desencadenante no es un nivel concreto de estrés; la reacción mental del individuo frente al estrés emocional es lo que puede proteger a esa persona o causar un reventón en su «punto flaco». La negativa de la pérdida es un importante factor de riesgo, como también lo son el aislamiento social y el distanciamiento. El doctor Simon afirma de manera inequívoca que «el aislamiento social puede aumentar el riesgo de contraer una enfermedad cardíaca y de muerte prematura». Cita un sorprendente estudio realizado con 2.832 hombres y mujeres a lo largo de doce años, en el que se ha constatado que, «aun teniendo en cuenta otros factores de riesgo, la depresión entre leve y moderada estaba relacionada con un aumento del 50 por ciento en el riesgo de enfermedad cardíaca mortal, y la depresión grave con un aumento del ciento por ciento».

Aquí, la pregunta más importante es: ¿Qué puede hacer un hombre (o su esposa o compañera y su médico) para evitar que una pérdida de importancia en la edad madura no lo exponga a sufrir una ataque cardíaco?

La doctora Isadore Rosenfeld, una de las cardiólogas más importantes del mundo y eminente profesora de la cátedra de Medicina Clínica Ida and Theo Rossi del Hospital de Nueva York (Cornell Medical Center), nos ofrece esta observación: «Cuando en la vida de un hombre se produce un acontecimiento dramático, es importante que controle los otros factores de riesgo a los que este estado emocional puede hacerlo más vulnerable». Los factores de riesgo que deben explorarse son:

- Los niveles de lípidos
- La tensión arterial
- El peso

Disponemos de mucha información nueva sobre el sistema inmunitario. «Creo que, a medida que vayamos conociéndolo mejor —dice la doctora Rosenfeld—, descubriremos que todo tiene repercusiones en el sistema inmunitario: las emociones, el estrés e incluso la dieta. Y que afecta a la vulnerabilidad de las personas a una amplia variedad de dolencias, desde las infecciones hasta el cáncer, pasando por las enfermedades coronarias.» El doctor Herbert Benson, el famoso cardiólogo que fundó el Instituto de Medicina Mente/Cuerpo en la Escuela de Medicina de Harvard, ha demostrado fehacientemente que, induciendo «una respuesta de relajación» (mediante la meditación y la respiración adecuada), el hombre puede modular su reacción al estrés y reducir de manera notable su vulnerabilidad a los ataques cardíacos. Unos estudios recientes han descubierto que una dosis diaria de aspirina infantil es muy efectiva para reducir el riesgo de ataque cardíaco. Pero la resolución a largo plazo ante las pérdidas en la edad madura requiere una revisión completa de la vida que lleve a un cambio consciente.

Le pregunté a Tom, con el que me había encontrado en el funeral, si conocía a algún hombre diez o veinte años mayor que se hubiera reinventado a sí mismo para la segunda mitad de la vida, a algún hombre que pudiera servirle de modelo. Pensó en ello un buen rato y sacudió la cabeza negativamente. No. Daba toda la impresión de que el atractivo y triunfador ejecutivo estaba al borde de su propio pasaje de la edad madura, pero seguía esquivando la crisis de autenticidad. Mi pregunta siguiente fue dura:

> Si no haces nada por cambiar tu vida
> ¿todavía podrás sacarle jugo dentro de veinte años?

«Es difícil de saber», respondió sinceramente. Era consciente de que no podría pasarse los veinte años siguientes haciendo lo mismo que hacía en esos momentos. Eso ya lo ha hecho y las cosas no van a mejorar, pero tiene un puesto importante en una industria muy pequeña. Cuando se emiten sus programas, él toma el mando y la señal se ve en todo el mundo. Probablemente, eso se parece mucho al sueño de casi todos los hombres: mandar y abarcar a todo el mundo. Pero Tom es lo bastante realista para saber que la guerra que existe en el negocio de la comunicación está muy lejos de su final y que no hay ningún cargo seguro. Así que, en este momento, no puede decir si dentro de veinte años hará exactamente lo mismo o si eso lo hará feliz. Sin embargo, todavía está lo bastante a gusto como para pensar en la posibilidad de abrir una ruta paralela.

¿Es necesario que exista el catalizador de un acontecimiento dramático para que un hombre se entregue de lleno a la búsqueda de su autenticidad?

Un ejecutivo de una compañía de seguros que trabaja en planificar jubilaciones y trata con hombres mayores de 50 años nos dice: «Nunca he visto a ninguno que lo haya hecho, que se haya reinventado, sin haber chocado antes contra un muro en su profesión. O han sufrido grandes pérdidas repentinas en su guerra empresarial, o les han diagnosticado un cáncer de próstata, o han tenido el primer infarto. Entonces sí, entonces lo hacen».

LA DEFENSA OBSTRUCCIONISTA

Cualquier mujer te dirá que los hombres evitan el conflicto emocional saliendo a dar una vuelta solos. Y los psicólogos reconocen que dos de las maneras más utilizadas por los hombres para afrontar las disputas domésticas son la retirada y la defensa obstruccionista.

Huyen de la montaña rusa emocional. Literalmente, es un acto de autoprotección. ¿De qué tienen miedo? He aquí un ejemplo clásico.

—Mi interés por el sexo ha caído en picado.

—¿Desde cuándo? —le pregunté al hombre de rostro inexpresivo.

—Desde que decidimos tener nuestro primer hijo. Empezamos tarde.

—¿Hablas de ello con tu mujer?

—Lo evitamos tanto como podemos. Entonces se acumula tensión. Me saca de quicio con los pequeños detalles. Yo no lo aguanto. Entonces, me voy solo a dar una vuelta para tranquilizarme.

Se trata de un hombre blanco de 45 años, director de una escuela pública de Los Ángeles, que está casado con una latinoamericana —un moderno matrimonio interracial—, aunque podría tratarse de cualquiera. Se queja de que su mujer siempre lo critica y lo desafía.

Elena,* la esposa, una secretaria cuyo sueño es convertirse en profesora de canto, está obsesionada con quedarse embarazada una vez más antes de dedicarse a hacer realidad ese sueño. O, como dice ella: «Deseo con todas mis fuerzas quedarme en estado antes de cumplir los 40». Noel* y Elena tienen un hijo de dos años y medio y su apartamento parece un jardín de infancia.

«Tenemos que organizar citas para hacer el amor —se queja Noel—. Vale, ahora es el momento de ir a buscar el niño número dos.

Así, ya tenemos escenario para que se produzca un conflicto conyugal.

Por lo general, son las esposas las que se encargan de la intimidad y las que sacan a relucir los temas espinosos. Las quejas de Elena son las de cualquier mujer: «Tiene muy poco aguante. Y cuando quiero hablar de cosas importantes para ambos, explota como un cohete o se encierra en su estudio». Ella se queda aún más frustrada porque «Noel no quiere escucharme». Él prefiere retirarse antes que reconocer que ha perdido los nervios. Una vez dentro de su

* Es un seudónimo.

fortaleza, refuerza sus muros, desconecta emocionalmente de toda la familia y deja a su esposa gimoteando: «¿Por qué me excluye?».

> Los hombres son unos obstruccionistas. El conflicto matrimonial es perjudicial para su salud.

Los hombres, en comparación con las mujeres, tienen una exagerada reacción física al estrés. Numerosos estudios sobre los distintos sexos demuestran que los cuerpos masculinos tienen mayores niveles de estrés y la tensión arterial más alta que los femeninos ante situaciones de peligro o, simplemente, cuando un ruido los asusta. Los hombres también permanecen enfadados o alerta más tiempo, hasta que tienen la oportunidad de replicar. Cuando pueden contraatacar, su presión arterial y sus niveles de estrés descienden. Estos hallazgos del cardiólogo Stephen M. Manuck, doctorado en medicina en la Escuela de Medicina de la Universidad de Pittsburgh, parecen contradecir una observación hecha anteriormente en este libro sobre el temperamento masculino: la capacidad de permanecer tranquilos ante el ataque físico. «Tranquilo», sin embargo, se refiere a la habilidad de desconectar emocionalmente mientras el cuerpo está en alerta roja física, a fin de repeler el peligro.

En el campo del amor, sobre todo, los hombres se enfadan antes y sus explosiones duran más tiempo. Este fascinante hecho psicológico procede del «laboratorio del amor» del investigador John Gottman, un psicólogo de la Universidad de Washington que lleva treinta años estudiando las interacciones de las parejas. Durante las confrontaciones conyugales de los sujetos sometidos a estudio, el pulso y la tensión arterial del hombre aumentan y permanecen elevados más tiempo que los de la mujer.

> Cuando los hombres están abrumados por la tensión conyugal, su sangre se «satura» de sustancias químicas causantes de estrés.

Y cuando experimenta esa saturación, tiene que luchar o huir. Si durante la adolescencia le han enseñado a inhibir la agresión para no ser violento, probablemente decidirá huir de las confrontaciones emocionales. Y, lo que es más importante, esa excitación fisiológica le dificultará incluso escuchar a su esposa.

¿Qué puede explicar esas profundas diferencias psicológicas entre los sexos? Como consecuencia de unos condicionamientos que tienen muchos siglos de antigüedad, los hombres siguen reaccionando excesivamente en respuesta al peligro, tanto si ese peligro es ser perseguido por un tigre o acorralado por la esposa; el instinto animal del hombre no distingue entre esas dos formas de amenaza. Basándose en cuatro décadas de estudios sobre las hormonas, la doctora Estelle Ramey, profesora emérita y fisióloga de la Universidad de Georgetown, ha llegado a la conclusión de que el cuerpo masculino ha sido creado para recibir esas «saturaciones» y oleadas de testosterona, lo cual les permite ser rápidos en ataque o en defensa, pero sólo hasta los 35 años aproximadamente. «Ahora que el hombre vive mucho más tiempo, su corazón no puede aguantar, dado el estrés continuo al que es sometido en la vida cotidiana», dice la doctora Ramey.

El doctor Gottman propone dos explicaciones más. Primero, el sistema nervioso autónomo del hombre, que controla gran parte de la respuesta al estrés, parece ser más sensible y necesitar más tiempo que el de las mujeres para recuperarse de un trastorno emocional. Segundo, cuando los hombres huyen de una confrontación, es más probable que repitan pensamientos negativos que los mantengan más tiempo enfurecidos: «No lo aguanto», o «Toda la culpa es suya», o «Esta me la pagará».

En su artículo «¿Por qué los matrimonios van bien o fracasan?», el perspicaz doctor Gottman escribe: «Esto podría explicar por qué las mujeres están más dispuestas a afrontar cuestiones potencialmente explosivas». Para un hombre es mucho más difícil que para una mujer bajar la guardia y decir: «Venga, cariño, hablemos de ello».

También explica por qué es más probable que los hombres sean más obstruccionistas que las mujeres, un 85 por ciento más, según el doctor Gottman, y a menudo con resultados destructivos. Si el psicólogo le pregunta por su estado mental, el obstruccionista responde: «Intento no reaccionar». Su mujer interpreta ese silencio como un acto de hostilidad o de falta de cariño. Entonces, es posible que ella intensifique el conflicto, aumentando el riesgo de que él termine saturado y le eche las culpas por sentirse físicamente desgraciado.

«Biológicamente, para las mujeres es más deseable airear los conflictos y resolverlos, y para los hombres es más deseable evitarlos», dice el doctor Gottman. Las parejas pueden mejorar sus posibilidades de armonía buscando ayuda para aprender a comunicarse y a resolver los conflictos de una manera que no resulte amenazadora, y también aprendiendo a afrontar las inevitablemente distintas expectativas del matrimonio. El doctor Gottman afirma que, en los matrimonios felices, esas diferencias en la expresión emocional apenas existen entre los dos sexos, mientras que en los matrimonios desgraciados los hombres son obstruccionistas, se «saturan» más fácilmente y, por tanto, están más a la defensiva.

EL PROBLEMA CON LAS ESPOSAS

Noel, el director de escuela, reconoce que le cuesta más tiempo que a su mujer recuperarse de una discusión matrimonial. «Voy acumulando una indignación recta y virtuosa, y luego, en un momento dado, exploto contra alguien.» Como creció con un padre violento, Noel está siempre en guardia contra sus impulsos agresivos, temiendo que lo hagan estallar. Esta es una de las razones que explican lo ansioso que era antes del nacimiento de su primer hijo: ¿cómo saber si podría controlar su genio con un niño tan pequeño? Su hijo le ayudó a recuperar su inocencia; todavía no ha asimilado ese milagro, pero ¿para qué tentar a la suerte?

«Tengo unas ganas locas de quedarme embarazada —dice Elena—, para poder volver a cultivar mi talento como profesora de canto antes de ser demasiado vieja.» Noel no está seguro de poder mantener económicamente a una familia más grande. «Todo este asunto ha obstaculizado en nuestra intimidad —me dice ella—. Físicamente, no sintonizamos.»

Los detalles concretos de la historia de Noel y Elena no tienen aquí ninguna importancia. Las parejas, al acercarse a la edad madura, rara vez sintonizan físicamente. Las fases de desarrollo de los hombres y de las mujeres y las cuestiones que los matizan no llevan el mismo ritmo. No se trata de que uno de ellos esté equivocado. Y tampoco de que una de las posturas sea la correcta. Pueden pasar años hasta que todo se resuelva. Sí, años. La misma naturaleza del conflicto nos hace creer que ya está resuelto para presentarse luego una y otra vez. La peor respuesta es evitarlo.

«Lo que realmente me preocupa es que no me preocupe», dice Noel, como un obstruccionista que ha desconectado emocionalmente para protegerse a sí mismo. Elena ha propuesto que consulten con un terapeuta. «No creo que haya nada que necesite una terapia —dice Noel—. A lo mejor es que yo no lo veo.»

Los pueblos llamados «primitivos» tienen ritos de iniciación para facilitar las transiciones. Las sociedades occidentales avanzadas no, aunque la psicoterapia desempeña cada vez más esta función. La terapia de parejas puede ser muy efectiva a la hora de revelar las pautas repetitivas de resistencia, retirada, saturación, etcétera. El otro ritual que ofrecen nuestras sociedades es el divorcio. Hace veinte años, cuando escribí *Passages*, era el hombre de mediana edad el que se quejaba: «Yo he madurado, pero mi mujer no». Ahora, es muy posible que la situación se haya invertido.

> Hoy en día, son las mujeres de mediana edad las iniciadoras del divorcio.

Entre 1970 y 1990, la tasa de divorcios en las mujeres de entre 40 y 50 años se ha incrementado un 62 por ciento. Cada vez más, las mujeres que pueden mantenerse y permitirse un estilo de vida económicamente razonable deciden no volver a casarse después del divorcio, sobre todo en la edad madura. Como nos mostraba la película *El club de las primeras esposas*, incluso las mujeres que son dejadas por sus maridos en la edad madura se resisten a volver a encarnar el rol tradicional. Si pueden mantenerse económicamente, suelen preferir conservar la independencia.

Por triste que resulte, parece que es el divorcio lo que impulsa a muchas mujeres a hacer realidad sus aspiraciones. Un estudio ha revelado que, según una encuesta, el 80 por ciento de las mujeres divorciadas dice estar mejor sin pareja. En cambio, sólo el 50 por ciento de los hombres divorciados piensa de este modo. El divorcio casi siempre hace que se sientan excluidos del amor, de la familia y del bienestar.

¿Cómo deben hablar los hombres y las mujeres entre sí sobre cambios emocionales mientras avanzan hacia una nueva fase y sus necesidades y prioridades son distintas? ¿Qué pueden hacer para evitar, una y otra vez, las luchas y las claudicaciones que los desconectan emocional, sexual e incluso a veces legalmente?

> Consejo para los hombres: No intentes esquivar el conflicto ni emprendas la retirada.

Si huyes hacia tu fortaleza y dejas el conflicto sin resolver, no conseguirás nada. Y tampoco vas a «luchar» físicamente contra tu compañera. Sin embargo, tienes que «replicar» de alguna manera física o simbólica para volver a la homeóstasis. Busca la forma más rápida de acción: sal a correr, ve al gimnasio, ataca al muñeco de nieve o dale unos puñetazos a la almohada. Cuando se disipen las secreciones químicas del estrés y el corazón vuelva a su ritmo normal, te será más fácil encontrar una respuesta constructiva. Sin embargo, puede que la primera vez que se ventile un asunto incómodo tengas que reflexionar sobre él. Canaliza tus sentimientos. Tienes que saber que tu esposa o compañera no quiere atacarte. Seguramente, lo único que desea es que el matrimonio siga gozando de buena salud manteniendo abiertos los canales de comunicación y de intimidad. Cuando abandones la postura defensiva y salgas de tu fortaleza, no te sentirás tan solo y enojado. Si escuchas a tu mujer en vez de acusarla de reaccionar de manera excesiva o de ponerse histérica por nada, ella seguro que se tranquilizará.

Si aceptas esta incomodidad y trabajáis juntos en la resolución del problema, se generará una gran explosión de creatividad.

> Consejo para las mujeres: Enfréntate a él a menudo y con cariño.

Hay que plantear las cuestiones afectivas con cariño y darle al hombre tiempo para retirarse y asimilar lo que ocurre sin que se sienta desafiado. No lo sigas a su fortaleza o cargará contra ti. Repliégate un rato antes de sacar el tema de nuevo. Utiliza menos palabras (un estudio apunta que el hombre medio sólo utiliza 1.700 palabras al día) y no te vayas por las ramas. No caigas en las discusiones por asuntos domésticos, en las que suelen salir a relucir quejas acumuladas durante mucho tiempo.

Tranquilízalo: *No quiero desafiarte. Te respeto. ¿Quién tiene más interés que yo en que te sientas masculino?* Cuánto mayor sea la carga emocional del asunto, más desprovista de emociones deberá sonar tu voz. Si empieza a retirarse otra vez, baja más la voz o calla hasta que se te presente de nuevo la oportunidad de hablar sobre el tema. Si él cambia de conversación en medio de una acalorada discusión, no te lo tomes como algo personal. Recuerda que cuando un hombre está saturado de respuestas al estrés, no oye nada de lo que le dices.

> La mayor armonía en una pareja se deriva de buscar y encontrar juntos una solución creativa para un pasaje importante de la vida.

PARTE III

LA INTREPIDEZ DE LOS CINCUENTA

He descubierto que mi cenit se halla dominado por la estrella más propicia, cuya influencia debo utilizar con cuidado si no quiero ver abatida para siempre mi fortuna.

PRÓSPERO EN *LA TEMPESTAD*
WILLIAM SHAKESPEARE

6

El pasaje a la segunda madurez

El momento crítico que nos notifica que hemos llegado a la desconocida y nueva tierra de la segunda madurez puede presentarse cuando uno menos se lo espera. A Joe Lovett le llegó un día en el lavabo de hombres de la Rainbow Room. Lovett es cineasta independiente, productor de una cadena de televisión de Nueva York, y lleva más de veinticinco años en la profesión. Delgado y atlético, se esfuerza por mantenerse en forma y todos los años recorre quinientos kilómetros en bicicleta, de Boston a Nueva York, para asistir a un acto benéfico en favor de los afectados por el Sida. ¿Cuántos años siente que tiene?

«¿Sinceramente? Unos diecinueve.»

La industria televisiva lo invitó a un almuerzo en la Rainbow Room, y Lovett eligió su atuendo cuidadosamente. El traje que llevaba era un poco sofisticado pero bastante serio para reunirse con los magnates del negocio. Aquel día iba tan acicalado como Beau Brummel. Después del almuerzo, fue al lavabo.

«Me estaba lavando las manos. Me miré en el espejo y me vi guapo. El empleado me tendió una toalla y le di un dólar. Luego, cuando pasé junto a él para salir, vi a un hombre viejo y de aspecto cansado que venía hacia mí. Hicimos lo típico en estos casos: yo me moví hacia la derecha y él se movió hacia la derecha. Yo me moví hacia la izquierda y él se movió hacia la izquierda. Le dije: "Disculpe."»

Y entonces llegó el momento crítico: Lovett advirtió que estaba esquivando a su propio reflejo.

Al llegar a los 50, casi todas las personas nos encontramos en un momento extraño e incomodo. Es posible que nos sintamos diez años más jóvenes de lo que consta en unos documentos legales tan embarazosos como el carné de conducir, pero siempre hay toques desagradables que nos recuerdan nuestra verdadera edad. (El presidente Clinton notó los primeros agujeros negros en su memoria y dijo que tendría que hacerse listas, por no hablar de sus problemas de oído, una factura que le pasan sus años de afición al rock and roll. En algunas declaraciones públicas también empezó a decir que «se estaba haciendo viejo».

A los 50 años, ¿cómo demuestra un hombre su masculinidad? Primero están las maneras obvias: se gasta los dividendos en un juvenil coche deportivo. O empieza a remendar su propia carrocería. Un tramoyista de Los Ángeles con una melena completamente blanca, se pasa dos horas diarias en el gimnasio para poder decir que tiene mejor aspecto que los chicos de treinta años que corren por allí. «Puede haber nieve en el tejado, pero hay fuego en el corazón», afirma.

A Tom Brokaw, el famoso presentador de las noticias de la noche de la NCB, le llegó un momento crítico mientras escribía un artículo titulado «Sobre los hombres» para el *New York Times*. Empezó a pasar revista a todas las fantasías de un hombre joven, como tener una aventura con una mujer mayor como la señora Robinson de *El graduado*. «Entonces advertí que, para que una mujer mayor se interesara por mí, debería tener 60 años. Si una mujer de 60 años decidiera tener una aventura con un hombre más joven, supongo que uno de 50 le parecería demasiado mayor.»

Muchos hombres demuestran su virilidad en el campo de golf. «Ves hombres que lo han logrado todo en esta vida y ahí siguen, jugando y jugando, un día tras otro, como si su vida dependiera de ello. ¿Por qué?». Esta pregunta tenía muy intrigado a uno de mis entrevistados, pero cuando cumplió los 50 entendió por qué. «Quieren hacer algo que despierte la admiración de los demás y que le digan que es fantástico. Sabían que a los treinta podían hacerlo, y también a los 40. Pero a los 50, los 60 y los 70, los hombres necesitan saber que todavía pueden hacerlo.

Otros hombres llegan a la gran frontera de los 50 y, aunque hayan estado felizmente casados veinte años, empiezan a saltar ante cualquier mujer joven que les guiñe el ojo. «No tiene nada que ver con mi mujer —dicen en nuestras entrevistas—. Todavía la quiero, pero...»

> Quiero saber que todavía puedo hacerlo

EL COMPLEJO DE SANSÓN

«Demostrarlo» puede referirse a cualquier acto que, en su juventud, definiera su masculinidad: jugar al fútbol, tocar el bajo en un conjunto, matar un venado o acostarse con chicas jóvenes. Para un hombre que se encuentre en una fase de transición (que yo llamo «complejo de Sansón») dedicar un esfuerzo a demostrarse que todavía puede hacer ciertas cosas suele ayudarlo. La disminución de la agresividad física y la caída del cabello suelen asustar al hombre y hacerle llegar a creer, como al Sansón de la Biblia, que esos son los únicos símbolos de la fuerza masculina y del rendimiento sexual. Pero, si no trabaja para convertirse en una persona que esté más allá de esa persona que ya domina, dejará de crecer.

Los ideales de masculinidad están estrechamente vinculados con la juventud. El poder de un joven es una fuerza muscular, propulsora, de origen hormonal y a menudo caótica. Utiliza la fortaleza física y el afán de competición para ponerse a prueba a sí mismo una y otra vez. La ilusión, y para algunos la realidad, es que ese poder le dará control sobre los demás y sobre el entorno. Aun cuando sea así, no puede contar con ese poder juvenil toda la vida. Tarde o temprano, chocará con una obvia realidad que no podrá cambiar: *Ya no soy joven.*

Pero tampoco está dispuesto a que lo cataloguen como a un hombre de «mediana edad», ya que eso son estereotipos que se aplicaban a las generaciones anteriores, cuando cumplir 50 significaba estar de capa caída. Hoy en día, un hombre puede aprovecharse de una fase completamente nueva que se ha abierto entre la juventud y la edad madura. Yo la llamo «nueva adolescencia», una segunda adolescencia pero con michelines y muchas más opciones. Cuando el hombre envejece, el origen de su poder y de su potencia cambia de manera espectacular, pero no tenemos términos para describir o celebrar este rito de pasaje de la primera madurez a la segunda.

> Necesitamos expandir nuestra definición de masculinidad.

Por lo general, se considera que las mujeres son las «nutridoras» de la sociedad, mientras que los hombres son los agresores y defensores. La «masculinidad», tal como la entiende la cultura popular, es a menudo egoísta, pagada de sí misma, violenta o, como mínimo, arisca y brusca. A partir de esa sabiduría convencional, el antropólogo David Gilmore empezó su estudio de las ideologías de la masculinidad en distintas sociedades, tanto primitivas como contemporáneas. Sus sorprendentes hallazgos ponen en tela de juicio esa sabiduría convencional:

En las ideologías masculinas siempre hay un criterio de generosidad desinteresada que llega incluso al punto del sacrificio. Una y otra vez, descubrimos que los «hombres verdaderos» son aquellos que dan más de lo que toman, que sirven a otros... Por lo tanto, la masculinidad también conlleva cierto sentido de «nutrición», de cuidado de los demás.

Un hombre que se acerca a la segunda mitad de la vida y todavía confía en su fuerza física y en su agresividad para hacer que ocurran las cosas, suele encontrar dificultades para desarrollar un lado más creativo, intuitivo y cariñoso. Si cultiva este lado, podrá ser más efectivo de una manera más duradera. Estos tiempos requieren hombres que se sientan a gusto con múltiples identidades, que siembren y cultiven una serie de posibles «yoes» permaneciendo abiertos a nuevas ideas, que sean tolerantes con las diferencias raciales y étnicas, que sean capaces de trabajar en equipo y de pasar de un profundo interés en un proyecto a un compromiso total con el siguiente. A medida que se hagan mayores, podrán dar más de sí mismos sirviendo a su comunidad de intereses. Mediante el trabajo en organizaciones con fines no lucrativos, iglesias o escuelas y universidades independientes, esos hombres serán los pioneros que señalarán el camino hacia el siglo XXI.

Vamos a poner una nueva etiqueta a ese modelo pospatriarcal: el *hombre proteico*.

El poder del dios Proteo residía en su habilidad para cambiar de forma, de jabalí a dragón, de fuego a riada. Lo que le resultaba difícil y nunca hacía, de no verse prisionero y encadenado, era limitarse a una sola forma.

R. J. Lofton, *The Protean Man*

Seamos sinceros: Esto es un ideal. Muchos hombres no tienen ni idea de lo que quieren en la segunda mitad de su vida. Y hasta que lo descubren, les resulta prácticamente imposible obtenerlo. Los hombres pueden negar que están envejeciendo mucho más tiempo que las mujeres. Al menos entre los 40 y los 50, y a menudo más tarde, los hombres pueden demostrar una fuerte identidad personal y mantener un sentido de valía dedicando sus instintos agresivos a luchar por el dominio en la jerarquía social.

Pero, como apunté en *New Passages*, estos instintos agresivos son un apetito, igual que el impulso sexual. Se desarrollan, el hombre los satisface y vuelven a desarrollarse. Sin embargo, al llegar a la edad madura, ya no se contenta tan fácilmente con la lucha competitiva. Siente que los hombres y las mujeres más jóvenes, cuyos instintos están todavía sin canalizar, van detrás de él, pisándole los talones. Su cuerpo deja de recuperarse tan deprisa del exceso de trabajo o del agotamiento físico. Estas son algunas de las realidades de esta fase. Así, muchos hombres se aferran desesperadamente a lo que tienen y se resisten al cambio. Lo que es un terrible error.

Con esta fase no se acaba la vida, se acaba sólo la primera madurez, y hay que seguir adelante. No hay ninguna campana que señale el inicio de la segunda madurez. Las mujeres tienen una señal universal, la menopausia, que hace caer el telón de la primera madurez en torno a los 50 años. Si aceptan y superan el pasaje, atraviesan la barrera del sonido y se sienten más libres que en ningún otro momento de su vida para seguir su propia estrella polar. Para los hombres, este pasaje es mucho más difícil. No hay ninguna señal física universal. Por lo general, no hay ningún punto en la trayectoria profesional en el que esté establecido que los hombres digan: *He cumplido con mi deber, Me lo he demostrado a mí mismo, No voy a seguir haciendo lo que hacía*. Pero, hoy en día, un hombre tiene mucho tiempo para reinventarse a sí mismo para la segunda madurez. Como las personas viven mucho más, los consejeros profesionales y los terapeutas me dicen que hay más hombres dispuestos a buscar una oportunidad al otro lado de la oscuridad, cuando chocan con una de las puertas cerradas o los acontecimientos finales de la edad madura.

ACONTECIMIENTOS FINALES IMPORTANTES

- Muerte del padre o de la madre
- Divorcio (en el cónyuge que no lo desea)
- Pérdida de un trabajo a través del cual la persona se ha definido
- Muerte de un amigo
- Pérdida de un consejero
- Los hijos se van de casa

Estas son algunas de las pérdidas implacables de la vida. El tronco de un árbol se raja debido a un huracán, cae una de las ramas principales y hay que cortarla para salvar la integridad del árbol. Pero ¿has advertido que cuando un árbol fuerte sufre un daño tan radical, al año siguiente crece más que nunca?

LA MASCULINIDAD MADURA

Dado que el sur de Estados Unidos era una importante incubadora de códigos de galantería masculina, les pedí a mis amigos de *The Atlanta Constitution* que invitaran a un grupo de hombres a una mesa redonda en la que se hablaría del nuevo hombre pospatriarcal en la edad madura. Se presentaron siete simpáticos hombres de entre 38 y 58 años, con varias fases de la vida ya a sus espaldas. Entre ellos había un exfutbolista famoso, un veterano periodista, un fontanero y un profesor. Representaban todas las tendencias políticas, desde liberales hasta ultraconservadores.

Para David Meltz, profesor de una facultad de derecho y de tendencia libertaria, era una noche señalada, por lo que había llegado más temprano y, mientras tomaba una copa en el bar, había entablado conversación con una mujer fascinante. «El año pasado estuve al borde de la muerte —comentaba al grupo en un tono desapasionado—. Y hoy cumplo 51 años.» Hasta entonces, para aquel serio intelectual vestido con traje gris, sentarse en una barra para ponerse a flirtear, aunque fuera de un modo totalmente inofensivo, era algo inusitado. Pero David Meltz es ahora un espíritu bastante más libre que en los cincuenta años anteriores de vida. «Cuando regresas de las puertas de la muerte, nada te preocupa. Cada día es un buen día», nos dijo.

A su lado hay un afroamericano alto, delgado, fuerte y bien proporcionado. Pensé que debía tratarse de Ray Brown, exestrella del fútbol, todavía recordado como uno de los mejores defensas que los Atlanta Falcons hayan tenido nunca. Después de su traspaso a los New Orleans Saints, su carrera profesional empezó a declinar. Pese a sus 47 años, parece de ese tipo de hombres que podrían dormir seis años, despertarse, hacer cincuenta planchas apoyado en una sola mano y volver a ponerse en forma. Vestía un elegante traje deportivo, llevaba barba y bigote muy bien recortados y en su sonrisa brillaba un diente de oro.

«Ahora mismo me siento como si tuviera 30, en la cima de la masculinidad, tanto emocional como mentalmente —dijo Ray—. Es un momento de mi vida en el que no tengo problemas. Mis dos hijos están en la universidad y yo recuperando la juventud; me lo paso muy bien. Me divierto mucho.»

Estas primeras frases no tenían un halo de total sinceridad, pero era de esperar encontrar cierta pose. «Creo que estamos todos algo nerviosos por tener que hablar de nuestros sentimientos ante un magnetófono», dijo el profesor de derecho. Ese tipo de conversaciones son totalmente opuestas al ideal masculino de estoicismo solitario propio de los hombres de esta generación. Sin embargo, al cabo de un rato los participantes discutían animadamente, comparando y respaldando las audaces opciones de cada uno con respecto a cómo vivir en la segunda mitad de la vida.

Lee May, que había sido corresponsal en Washington de *Los Angeles Times*, no se nos presentó como un periodista muy curtido, nervioso y con la habitual actitud competitiva. Había sido de ese modo en su otra vida, cuando iba a zonas de guerra, cubría conflictos raciales, epicentros de terremotos y las noticias de la Casa Blanca. «A los 30 y a los 40, supongo que es la testosterona lo que te hace luchar —reconoce—. Me gustaba el calor de la batalla, me encantaba viajar, me encantaba el brillo que te daba ser corresponsal en Washington.»

Pero algo había cambiado profundamente. Aunque aquel hombre negro y corpulento llevaba una barba gris, en su cara no había arrugas. En su expresión había claridad y serenidad, lo mismo que en la descripción que hacía de sí mismo.

«Tengo 54 años. Y me gusta. Unos días me siento más viejo y otros más joven, pero en general me encuentro mejor que hace quince o veinte años. A Lee May le gusta estar en ese punto de la vida en que puede permitirse decir que una cena le parece aburrida, incluso si es una cena en su casa: «Estoy cansado. Me voy a dormir. ¡Buenas noches!» «También me gusta no tener que considerar a cada mujer una conquista potencial —añadió—. Eso son metáforas del sentido general de libertad que envejecer da a las personas.»

De repente, interviene un hombre mucho más joven. Es soltero, agente de cambio, y tiene 35 años. Lleva un traje de pata de gallo blanco y negro y un jersey de cuello de pico de lana de Cachemira, y tiene abundante cabello. Nada más llegar nos cuenta que tiene un coche deportivo (ese tipo de semiótica que puede hacer llorar en silencio a un hombre de más de 50 años).

Pero los otros ni se inmutan. ¿Qué se siente al cumplir 50 años?, les pregunto. David Meltz, el profesor de derecho, responde con una cómica beligerancia: «Saco mi tarjeta de la AARP y digo: "Estoy en mi derecho. He pagado mis cuotas. Tengo 50 años. Tengo derecho a dar mi opinión"».

«Pero si crees que lo sabes todo, te quedas fosilizado», replica John Jacobs, un ejecutivo que sufrió las consecuencias de una reducción de plantilla. Aprovechó esa oportunidad y, a los 55 años, se matriculó en la universidad para sacarse un título de posgrado.

«Para mí, aceptar las sorpresas es lo que impide que un hombre se quede estancado o se haga viejo», precisa Lee May.

Mike Fisher, un vendedor de 58 años, se hace eco de lo que piensan muchos hombres de su edad al decir que, al hacerse mayor, se ha vuelto mucho más tolerante. «Tolerante con distintas personas, distintas clases sociales. Yo mismo procedo de una familia media-baja. —Mike abrió una tienda de licores y el negocio le fue mal—. Ahora acepto más las debilidades humanas. En un momento u otro de la vida yo las he tenido todas y he sobrevivido.»

A partir de ese punto, los hombres empiezan a describir las «pequeñas muertes» que les han permitido desprenderse de unas identidades que se les habían quedado pequeñas y transformarse a tiempo de disfrutar de los 50 como de la fase más rica y plena de su vida.

EL EXFUTBOLISTA PROFESIONAL

«Jugué diez años y lo hice bien.» Así describe Ray Brown sus años de gloria como futbolista profesional. No había cumplido aún los 35 cuando lo envolvieron las sombras de una repentina oscuridad y entró en ese desconocido umbral de la jubilación prematura al que suelen llegar las estrellas del deporte. «Tardé dos años en saber qué quería hacer y, probablemente, fue la época más dura de mi vida», dice. Fue su mujer, afirma, quien le ayudó a encontrarse a sí mismo.

Su esposa, una universitaria que se había quedado en casa para cuidar de sus dos hijos, decidió ponerse a trabajar como administradora de fincas. Al final, Ray se lanzó al negocio de la construcción y creó su propia empresa de rehabilitación de edificios. A punto de cumplir 50 años, está encantado con su matrimonio y su trabajo y orgulloso de sus hijos. Se compromete a continuar el desarrollo personal iniciado después de la desaparición de su «yo estrella del fútbol». Tiene muy claro qué le ha facilitado ese desarrollo: «La clave de toda la vida está en encontrar la pareja idónea».

UN CHIFLADO EN LA ESCUELA SUPERIOR

Bo Holland asiente con la cabeza. Es un hombre atractivo, de rasgos suaves y con un gran hoyuelo en la barbilla. Acaba de cumplir 50 años y nos habla de su sensación de liberación: «Acabo de salvar un importante obstáculo. El divorcio me ha hecho aprender muchas cosas». Dice que su primera esposa era una mimada y muy dependiente. Si volvía a casarse, lo haría con alguien que tuviera impulso propio. Conoció a una mujer así y se casó con ella. «En estos momentos, beso el suelo que ella pisa. Hace el triple de cosas que yo, trabaja muchas horas y yo preparo la cena. Es una inversión total de los roles.»

Este heterodoxo cambio de roles ha permitido a Bob descubrir unas opciones que le hubiese gustado considerar a los 30, no a los 50. Después de seguir los pasos de su padre, dirigiendo una pequeña empresa familiar, ahora ha empezado a advertir que hay vida más allá de las inmobiliarias y los contratos de obras. Al hacerlo, ha visto que tiene derecho a robarle unas horas al negocio familiar para asistir a clase y estudiar. Se ha expuesto a que le llamen el chiflado más viejo de la escuela, pero eso no le hace sentir ninguna vergüenza. Al contrario, lo estimula saber que está expandiendo la mente mientras sus tendones se encogen. Y lo que es más importante, siente que, por primera vez, se está creando una identidad propia.

«Creo que he superado fácilmente la crisis de los cuarenta gracias a los estudios.»

EL PERIODISTA TROTAMUNDOS SE HACE JARDINERO

Durante años, la vida de Lee May fue como una película de acción. Se tiraba en paracaídas a una zona de guerra, miraba a su alrededor y preguntaba gritando: «¿Número de víctimas?». «Eso es un juego de jóvenes —nos dice—. A los 50 años dejé los huracanes, los conflictos armados y las intrigas de la Casa Blanca. Empecé a dedicarme a la jardinería y a la alta gastronomía y a pensar en establecer contactos con otras personas.» A él mismo le costaba explicarse esas nuevas pasiones. ¿No se estaría ablandando? Tal vez no, pero sí estaba haciéndose mayor y el periodismo que le había resultado tan excitante ahora lo dejaba totalmente insatisfecho. Se sentía atascado.

Muchos hombres me han dicho que, alrededor de los 50, han afrontado ese mismo dilema: «Me gustaría ser escritor, productor de teatro, trabajar con el cuerpo voluntario de bomberos (o cualquier otra nueva afición), pero está la hipoteca, los chicos todavía no han terminado los estudios, mi mujer tendría que trabajar en alguna empresa aburrida para tener seguridad social. Me siento atrapado». Esto es una clara señal de que uno debe detenerse y pasar revista a la vida, preguntándose: *¿Dónde está la pieza que falta en mi rompecabezas? ¿Qué parte de mí he olvidado tanto que ahora quiere desesperadamente encontrar su expresión? ¿Qué trauma antiguo o ira rancia tengo en mi interior? ¿Puedo liberarlos ahora?*

A Lee May se le ocurrió pensar que ese padre al que no había visto en treinta y nueve años tendría que ser ya muy viejo. Su madre y su padrastro llevaban tiempo muertos. Sólo le quedaba un familiar vivo. Ciertas conexiones desaparecerían para siempre, a menos que...

«Fue extraño tener que buscar el teléfono de mi padre a través de Información», nos dijo. Llamó a Meridian, Mississippi, tem-

blando por dentro, y se presentó: «Hola, soy Sonny, tu hijo».
Hubo un largo silencio.
En fin de cuentas, era natural que su padre de 80 años no le reconociera la voz. Eran tan desconocidos como dos hombres que se encuentran uno al lado del otro en un urinario público.
«Bueno, tengo que ir a Meridian —prosiguió Lee con valentía—, y he pensado pasar a verte».
«Sí, ven.»
Y así fue cómo nació la segunda madurez de Lee May.
Nos cuenta que se sentó en el porche de su padre y que hablaron de las cosas que hablan los desconocidos para romper el hielo, como, por ejemplo, del tiempo. El anciano dijo:
—Sí, he tenido que regar mucho.
—Sí, yo en Washington también he tenido que regar mucho —dijo Lee.
—¿Regar? ¿Regar qué?
—El jardín.
El viejo de Alabama miró asombrado a su hijo. Su aspecto era de lo más urbano.
—¿El jardín? ¿Eres jardinero?
Según cuenta Lee, en ese momento se rompió el hielo. «Supimos que no sólo éramos familia sino también almas gemelas. A los 25 o a los 30 años no hubiese podido conectar con mi padre. No creo que hubiese podido hacerlo sin recriminaciones ni siquiera a los 40. Pero a los 48 sólo éramos dos hombres. Uno viejo y el otro de mediana edad. Y lo que yo quería, y él parecía quererlo también, era empezar desde ahí.»

Empezar desde ahí... Era un aplazamiento consciente que a algunos de los hombres de la reunión les sonó familiar. Para Lee, el concepto de desprenderse del pasado le dio coraje para descodificar algunas de las necesidades emocionales que había pasado por alto.

«Me vi entre la espada y la pared —nos explicó—. O seguía con el trabajo y me asfixiaba, me ahogaba, y moría, psicológicamente hablando, o afrontaba la ruina económica.»

Asfixia, ahogo, muerte. ¿Cuántos hombres se sienten de esa manera en la edad madura pero consiguen superarlo?

«Soy de los que creen que un trabajo duro puede matarte», dijo Lee. Los demás asintieron. Lo único que iba a salvarlo era un cambio. Dejó su empleo en *Los Angeles Times*. Eso ocurrió cuatro semanas antes de que su mujer se quedara sin trabajo.

«Horror, congoja, miedo.» Esas fueron las palabras que empleó su tercera mujer para describir su zozobra. Lyn May, hermosa reportera de televisión, nunca había vivido en un hogar en el que nadie tuviera un empleo. Su marido, tan decidido hasta entonces, parecía estar en el limbo.

«Nuestro hogar era un sitio desgraciado —admitió Lee—. Pero si hubiese seguido en el trabajo, mi infelicidad hubiera impregnado también la relación. Lyn May tardó unos meses en confiar en la intuición de su marido. Mientras, buscó trabajo y se convirtió en la portavoz de su ciudad en la preparación de los Juegos Olímpicos de Atlanta. Lee May se tomó un año sabático para investigar en su pasado y plasmar en un libro sus memorias personales como tributo a su padre. «Debíamos mucho dinero y hacerlo era arriesgado, pero conseguimos salir adelante y ahora mi mujer ve que yo tenía razón.»

Con su pasado encerrado entre las cubiertas de un libro, este periodista trotamundos se sintió libre para escribir sobre lo que le interesa en esta fase de la vida: la jardinería. Empezó a escribir una popular columna sobre el tema en *The Atlanta Constitution*. «Ahora hablo de cosas que llegan al alma del lector, como la jardinería, la cocina, los viajes. En un jardín se da todo lo que ocurre en la vida. Nacimiento, cultivo, amor, decepción, desconsuelo y muerte.» Su padre ha fallecido hace poco, pero no hay remordimientos. Lee nos repite lo que su padre solía decir: «Hay personas que no quieren envejecer ni morir, pero tienes que hacer una cosa o la otra.»

EL INTRÉPIDO PROFESOR

«Mi pasión profesional es la enseñanza —dijo David Meltz, profesor de derecho—. Lo que ocurre es que, en el ámbito universitario, lo realmente remunerado son las publicaciones, no la enseñanza. He dedicado casi toda la vida a buscar un puesto que me permitiera dedicarme a lo que más me gusta.» Con cuarenta y muchos, el profesor Meltz vio la posibilidad de crearse ese puesto. De repente, había perdido el miedo. Entró en una escuela de leyes que estaba a punto de cerrar y le dijo al director: «Déme esta escuela. Soy la única persona que puede resucitar este lugar. Hay doscientos alumnos. Si es necesario, yo daré todas las clases». Se la dieron, y en los cuatro años anteriores a nuestro encuentro hizo tanto de decano académico como de profesor en la Escuela de Abogacía Jonh Marshall de Atlanta, sacándola del estancamiento y consiguiendo que fuera reconocida por la Asociación Americana de Abogados.

La segunda revelación se había presentado a mediados del año pasado. Su padre había muerto y su madre, destrozada, le pedía que se convirtiese en el pilar de su vida. Bajo aquellas tensas circunstancias, su diverticulitis empeoró y tuvo que ser hospitalizado con una perforación de colon.

—Tenemos que operarlo de urgencia —le dijo el médico después de reconocerlo en la cama del hospital.

—Muy bien, pues hagámoslo mañana —convino David, pensando que se había hecho el valiente.

—El anestesista está a punto, la morfina y el quirófano también. Vamos a operarlo ahora mismo —le dijo el médico, al tiempo que le tendía una hoja para que firmara su consentimiento. Pasmado, el abogado se puso las gafas para leer el papel.

—Si se pone a leerlo, yo me voy a casa —añadió el cirujano—. Hay un diez por ciento de posibilidades de que mañana esté muerto.

Allí no había espacio para la negociación. David Meltz tuvo que poner su vida en manos de Dios y de un cirujano al que acababa de conocer. «En ese hospital comprendí muchas cosas —nos dice—. Sacadme de esta. Si lo hacéis, viviré. Viviré como nunca he vivido hasta ahora. Cada día merecerá la pena. Ya no me preocupa la muerte. Por primera vez en la vida, ya no le tengo miedo.»

Muchas personas reciben golpes duros en la edad madura. Lo importante, según David, no es saber cómo has caído sino si podrás o no levantarte. Al hospital llegó una avalancha de doscientos mensajes personales de sus exalumnos y alumnos. Se sintió colmado. «Eso fue un testimonio de lo que yo significaba para los demás.» Y le propició un momento crítico. «No me importa si no hago nada más, me basta con que se sepa que he sido el decano fundador de esa nueva escuela de leyes. Con eso sólo, ya estoy satisfecho.» Aun cuando, según el calendario, ya es viejo y ha empezado a contar desde la muerte hacia atrás, David Meltz cree que desde ese roce con la muerte ya no tiene tanta prisa. El tiempo no se acaba. Saborea cada día. «Tengo mucho más control que cuando era joven y eso me da sensación de maestría.»

Su relato me trae a la mente unos versos del poeta irlandés Seamus Heaney:

...*despertar y ser consciente*
de cada momento pasado, pasado para siempre,
de lo que casi te destrozó....

Ha merecido la pena...

Formulé una última pregunta a los hombres de Atlanta. En esta fase, ¿cómo definís o demostráis la masculinidad?

«Empezando peleas en los bares.» Esa primera respuesta procede del joven y ultraconservador corredor de bolsa. En fin de cuentas, no tiene más de 35 años y quiere que los demás sepan que «soy muy competitivo. Realmente me gustan las cosas que tradicionalmente se consideran de hombres, como los deportes y los aviones».

Bo Holland, el estudiante de 50 años, se echa a reír con tolerancia. «Yo también pasé por esa fase de hipermasculinidad: deportes y mujeres.» Ahora tiene una hermosa segunda esposa. «La masculinidad es algo que está más relacionado con tus logros —dice—. Como ser un buen padre.»

Ray Brown comenta que él se ha pasado la vida compitiendo, primero como futbolista profesional y ahora en el mundo de los negocios. «Pero creo que me he replanteado lo que es ser un hombre en la década de los noventa —dice—. Los chicos con los que jugaba al fútbol aparecen por casa y, a veces, me encuentran fregando platos mientras mi mujer está trabajando fuera de casa. Criar dos hijos, jugar a la pelota con ellos, intentar darles buen ejemplo, ser coherente y enseñarles lo que es una buena vida familiar, todo eso me parece muy masculino. El país necesita ejemplos de hombres de ese estilo.»

Mientras hablamos, el decano de la escuela de leyes hace garabatos en su bloc de notas. Su asociación libre con las palabras «masculinidad madura» resume buena parte de nuestra discusión:

> La masculinidad madura equivale a tener confianza en uno mismo. Todo lo demás es incubación.

Se ha hecho tarde. Cuando se disponen a salir, los hombres bromean respecto a lo bien que se lo pasará el agente de bolsa por ahí, puesto que es soltero, mientras los demás van a casa a descansar con la esposa y los niños. Aquello propició la revelación más sorprendente de toda la velada.

«Los que están casados y tienen hijos piensan que, a mi edad y estando soltero, Atlanta es el paraíso terrenal —dijo el joven—. Pero las cosas han cambiado. Si paso en coche por delante de la casa de Ray o de Lee con un bombonazo de rubia en el asiento de al lado, y veo a Ray jugando con sus hijos o a Lee trabajando en el jardín con su mujer, pensaré: «Qué suerte tienen».

MÁS ALLÁ DEL PODER

Generalmente, se entiende que el poder es ocupar una posición desde la que se puede hacer que las cosas ocurran. Definido así, los hombres rara vez lo ejercen del mismo modo en la juventud que en la edad madura. El poder es algo muy resbaladizo. En realidad, nunca se tiene del todo. Obsesionarse con tenerlo o conservarlo hace muy vulnerable al hombre. Los más vulnerables son los hombres cuyos títulos y posiciones parecen conferirles poderes principescos, sin los cuales creen que no serían nada.

Preside desde el piso decimocuarto del edificio de Condé Nast, con unas ventanas que dan a Madison Avenue. Es un príncipe del mundo editorial. Steve Florio, presidente del consejo de administración y director de Condé Nast Publications, se recuesta en el sillón para relajarse al final de una jornada que empieza todos los días a las cinco y media, tras un escritorio del tamaño de una mesa de billar. Florio llena el hueco de una puerta con sus anchas espaldas y una habitación con su belicosidad propia de «italiano de pueblo». Con su poblado bigote negro, se le ve encantador y temible a la vez. Tiene el poder de «poner firme a la gente», pero no para siempre.

La oficina de al lado la ocupa el Gran Jefe: S. I. Newhouse Jr., el magnate de la prensa cuyo imperio familiar publica revistas como *Vogue*, *Vanity Fair* y *The New Yorker*, y cuya fortuna personal la revista *Forbes* ha estimado en 4.300 millones de dólares. Newhouse ronda los 70 años. Florio está a punto de cumplir 50. Un día, un periodista del *Advertising Age* le hizo una pregunta deliberadamente provocadora: «A ustedes ahora mismo se les ve muy bien, con unos beneficios de un 103 por ciento más que el año pasado, pero por ahí fuera se dice que tanto usted como Newhouse se retirarán en los próximos cinco años. ¿Cuáles son la perspectivas de la empresa para cuando se vayan?».

«El señor Newhouse no tiene ninguna intención de jubilarse», respondió su número dos.

¡Jubilarse! Cuando su jefe se enteró de esa pregunta, se subió por las paredes. Su padre, hijo de un inmigrante ruso, compró el negocio en 1959, construyó el imperio y lo dirigió prácticamente hasta el final desde su lecho de muerte. Newhouse Jr., como otros hijos de padres poderosos que salen tarde de detrás de la sombra paterna, todavía está construyendo su imperio. Llega a su despacho antes de que el sol haya decidido qué hacer ese día, y por la tarde, después del almuerzo, se escapa un rato al gimnasio. Para él, la idea de la jubilación es una muerte en vida.

A Florio también le aterroriza la perspectiva. «No puedo imaginarme no haciendo esto —me dice—. «No puedo.» Cada vez que se menciona la jubilación delante de su mujer, esta dice: «Hace veinticinco años que vivo con este hombre y sé que, si le quitaran el trabajo, se moriría».

Pero Florio no tiene ni un pelo de tonto. «Como director de una empresa importante —dice—, a la fría luz del amanecer adviertes que eres como un jugador de la liga profesional de béisbol. En cualquier momento, el entrenador puede decir: "Que entre el zurdo."» Lleva veinte años en puestos dirigentes del mundo editorial y cuatro como presidente de Condé Nast. En esta empresa, a los presidentes y editores no se les facilita la salida. «Es más bien como un disparo de cañón —dice Florio con una sonrisa de presunción—. Un día te encuentras en la calle, sin más. Sé de gente que ni siquiera lo había previsto....» Se queda en silencio, pensativo.

¿Y no tiene ningún plan alternativo?

«Mi sueño es no dejarlo nunca. Crearé mi propia editorial.» Pero de lo que sí está seguro es de lo que no hará.

Florio tuvo su momento crítico en Florida Keys. Eran las vacaciones de Navidad y fue a pescar con su hijo. Una mañana en que volvían alborozados de su temprana salida en su lancha de siete metros, se encontraron con un inmenso yate. El sol se eclipsó unos instantes tras él. Debía de tener unos cincuenta metros de eslora, calculó Florio, y su precio superaría fácilmente los quince millones de dólares.

«Acércate más, papa —le pidió su hijo—. Quiero verlo bien.»

En la cubierta había un hombre no mucho mayor que Florio. Tenía todo aquel inmenso yate para él solo, y unos hombres uniformados le servían el desayuno. Al ver a Florio y a su hijo, saltó hacia la barandilla y los saludó. «¡Hola, buenos días! ¿Todo bien? ¿De qué trabaja? ¿Qué ocurre ahora mismo en Nueva York?» El propietario del yate siguió buscando desesperadamente conversación hasta que a Florio empezaron a dolerle los dedos de agarrar el timón. Finalmente, el hombre confesó su frustración. «El año pasado vendí la empresa y me jubilé. Ahora me paso el día sentado en este maldito yate.»

Cincuenta y pocos años y esposado a un yate de quince millones de dólares. A muchas personas les gustaría tener ese problema, pero para Florio era la versión en rico de una viejecita de Queens que, apoyando los codos en un cojín, en el alféizar de la ventana, está condenada a ver pasar el mundo durante el resto de sus días.

Florio alza la vista y mira la foto de un gran barco de vela que tiene en la pared de la oficina. «Los de mi generación, los hijos de la explosión demográfica que llegaron a la mayoría de edad en la década de los sesenta, decían que nunca envejecerían. Ahora hay toda una generación de hombres que, haciendo cola, afrontan la cuestión de su propia mortalidad. Todos hemos visto el fantasma de la reducción de plantilla. Al final de la cola está el más allá. Si hablas con un hombre de 50 años y dice que eso no le preocupa, es que está mintiendo.»

Si, potencialmente, esta es una grave crisis vital para hombres tan poderosos como Steve Florian, imaginemos la situación que tienen que afrontar los empleados y los obreros. A menudo, los poderosos se califican de dinosaurios, sobre todo si están en el negocio de la información. Saben que corren el peligro de ser sustituidos en cualquier momento por «faldas» de 30 años (mujeres con el doble de títulos universitarios que cobrarán la mitad del salario), o lo que es peor, por jovencitos introvertidos que están encantados de salir del dormitorio universitario y ponerse un camastro en la oficina, donde trabajarán noventa horas a la semana y pedirán dinero prestado (o cometerán un fraude fiscal) para financiarse su primera oferta pública antes de cumplir los 30.

«He visto a tantos tipos de esos...», dice Florio, refiriéndose a hombres de su edad que han sido prematuramente sustituidos. Hoy en día pueden esperar vivir unos treinta años más. Le pregunto qué piensa que harán.

«Creo que la mayoría de ellos morirán de pena.»

Las reestructuraciones, las fusiones, las ventas repentinas de departamentos enteros de las empresas significan, como nos dice el presidente de un fondo de financiación de Wall Street, «que ya no puedes contar con ningún tipo de estabilidad». Donald Marron, director general de Paine Webber, está de acuerdo en que a los grandes triunfadores les cuesta prever el cambio y realizarlo de una manera que no les rompa el corazón. «Es su ego. Creen que si siguen jugando y lo hacen lo mejor que pueden, siempre ganarán el campeonato.»

Marron lo compara con la dinámica de la competición del Open de tenis de Estados Unidos. De los 128 jugadores iniciales, sólo quedan ocho finalistas en la llamada «ronda de los ocho». Cuando un tenista consigue meterse entre esos ocho, sabe que está en el círculo de los ganadores, mientras que los que quedan fuera de él están convencidos de que son unos perdedores.

«Es un forma de competición muy dura —dice Marron, de los cuartos de final—. Y no basta con hacer bien lo tuyo. Todos los que están en ese nivel hacen muy bien lo suyo. Para ganar se necesitan otras aptitudes intangibles, como la decisión, la experiencia, la concentración, la dureza mental y un poder constante. Y un poco de suerte. Algunos tienen esas habilidades y otros no.»

Ganar siempre en una larga carrera profesional requiere cambio; para decirlo de una manera más exacta, requiere un cambio de marchas. Después de trabajar con hombres durante muchos años, Marron sabe que tendrán que afrontar, como mínimo, un par de experiencias traumáticas en la profesión. «Una es entre los treinta y muchos y los cuarenta y pocos, cuando empiezas a preguntarse si podrás pasar a cuartos de final. Y de ser así, si tienes lo necesario para ser el mejor de entre los mejores. El otro período traumático llega hacia los cincuenta, cuando el ganador quiere encontrar nuevos desafíos u otro objetivo en la vida que no sea simplemente el de ganar.»

Le pregunto cuál es el porcentaje, de entre estos ganadores a los que dirige, que consigue superar ese trauma de los cincuenta años.

«Un porcentaje muy pequeño», reconoce

¿Qué los distingue?

«Siguen corriendo riesgos. Pero no ven que lo que hacen es arriesgado —puntualiza Florian—. No miden la altura del salto que quizás tengan que dar. Creen que los riesgos son oportunidades. Si no sale bien, piensan que esa oportunidad no funcionó y ya empiezan a mirar dónde está la siguiente.»

BARRY DILLER
A LA BÚSQUEDA DEL YO

Barry Diller es todo un espécimen. Niño prodigio de la Costa Oeste, su aspecto siempre ha sido el de un fuera de la ley. En la adolescencia decidió no ir a la universidad ni cultivar mentores poderosos. «Nunca pareció joven, siempre ha tenido ese aire de hombre duro» dice un «niño» rico de Beverly Hills que creció con Diller en la industria del cine. «Se quedó calvo a los veintitantos y su aspecto era amenazador. A esa edad creó el programa *Movie of the Week* para la ABC y a los 32 era uno de los jefes de estudio más jóvenes de toda la historia de Hollywood. «Era tan agresivo y rezumaba tanta confianza en sí mismo —dice su colega— que sus andares sedujeron a Charlie Bluhdorn» (por aquel entonces jefe de la Gulf & Western y propietario de la Paramount, empresa que patrocinó la carrera de Diller). Este dice al respecto: «Desde que tenía cuarenta años, he intentado matar el concepto de mentor».

A esa edad, Diller estaba revolucionando la televisión. Financiado por Rupert Murdoch, lanzó una nueva cadena nacional, la Fox TV, que tanto prestigio ha dado a ese magnate. Se enorgullecía de haber encontrado una voz que fuese nerviosa y agresiva, con programas como *Los Simpson* y *Married... with Children*. También dirigía para Murdoch el estudio cinematográfico Fox, y se sentía rico y poderoso como los magnates de Hollywood a los que siempre había emulado.

A principios de 1992, cuando acababa de cumplir cincuenta años, Murdoch se presentó en Hollywood, ansioso por dirigir el estudio de cine que Diller había llegado a creer que era suyo. En una reunión del consejo de administración, Diller se enfrentó acaloradamente a otro de los miembros, pero estaba seguro de haber ganado. Murdoch cambió de tema y no le hizo ningún caso.

Este salió de la reunión destrozado: «No era mi negocio. He actuado como si lo fuera, pero no lo es».

Pasado algún tiempo, me reconstruyó ese momento crítico. «Puedo actuar como si fuera el director de la escuela, y parecer el gorila de la sala, pero en la compañía madre de la Fox no contaba para nada. Rupert me trataba como a un niño. ¡Dios mío! Para una persona como yo, que soy tan controlado, resultaba humillante.» Entonces Diller me contó algo que nunca había revelado. De niño, su hermano mayor lo torturaba. La humillación de envejecer siendo tratado como un pobre niño impotente a los cincuenta, por más triunfos que hubiera logrado, hizo que se replanteara las mismísimas bases de su «yo». Así, al cabo de unos días, se enfrentó a Murdoch. «Pienso que tengo que ser el director de esta empresa. Es importante para mí.» Lisa y llanamente, Murdoch le replicó: «En esta compañía sólo hay un director, por lo que me temo que eso no es posible».

Esa respuesta dejó a Diller con una dura carga existencial. Había sido él quien había forzado el desenlace: ser o no ser. ¿Qué iba a hacer? ¿Actuar o admitir que era demasiado débil para actuar? En abril de 1992, Barry Diller dimitió como director ejecutivo de la Fox. Y así comenzó un largo y doloroso pero valiente proceso de autoexamen.

Mucha gente pensará que un alto ejecutivo del mundo del espectáculo que gana dinero y se retira a la edad de cincuenta años con más de un millón de dólares por cada año de su vida no tiene que preocuparse por nada. Pero verse despojado de ese «falso yo» y obligado a encontrar el verdadero puede ser un pasaje duro para todo el mundo. Le pedí a Diller que me recibiera cada seis meses para que me contase su experiencia interior de aquel largo pasaje.

Al principio se sintió como en una caída libre. Un pensamiento lo aterrorizaba constantemente. *¿Y si no ocurre nada? ¿Y si de lo único que soy capaz es de ser un empleado y ya me he cargado esa posibilidad?* «Tardé meses en aclararme. O eres o no eres. La única realidad es ser una persona que tenga reputación por sí misma, ahí es donde se forma el ser.» Dudaba entre permitir que los demás lo siguieran definiendo y controlando o bien marcarse el objetivo de una autorrealización más completa. A ese nivel, los riesgos son muy altos y las trampas muchas y traicioneras. «Ahora mismo me encuentro en medio de eso —me dijo—. Hoy me preguntaba cómo era posible que hubiese salido a la luz toda esta cuestión. Pero, qué imbécil, si fui yo mismo quien removió todo eso.»

Seis meses después de dimitir de la Fox, me dijo: «Para crearte un «yo» propio tienes que emprender alguna acción. No es una pose, ni una negociación, ni una fantasía». Pero aún no se sentía cómodo en su propia piel. En su lenguaje corporal, todo se veía romo: un ancho cuello de toro, una piel gruesa, unos rasgos atractivos en un brillante cráneo que parece una bola de cañón, con unas marcadas y amenazadoras arrugas en la frente. Pero debajo de ese duro aspecto había un alma sensible que buscaba formas más sutiles de poder. Por suerte, era capaz de reírse de sí mismo.

En uno de los siguientes encuentros, un año y medio después de la dimisión, Diller me dijo: «Estoy seguro de que ahora tengo mucho más «yo» que el año pasado. Yo auténtico frente a toda esa mierda falsa. Quiero decir que he perdido un poco del falso y he ganado del auténtico. Cada vez queda menos que perder y más que ganar».

Por aquel entonces, ya estaba un peldaño más arriba en la escalera que conducía al puesto de director. Había comprado la QVC, la primera cadena de televisión por cable que iba a vender productos a través de Internet las veinticuatro horas del día. Le encantaba navegar por la Web en busca de nuevas oportunidades y planeaba crear su propia empresa de espectáculos. Pero también le aburría sentirse atrapado en un suburbio de Filadelfia, lejos de Hollywood.

Cuando entrevisté a Diller en su amplia suite del Waldorf Towers en abril de 1993, un año después de dejar la Fox, parecía muy feliz en aquel reino que era sólo suyo. «Tengo buzón de voz propio, pulso esta tecla y recibo los mensajes, tengo fax, módem... Me encanta estar solo.» Sobre un antiguo secreter, estaba abierto su famoso compañero, un PowerBook IBM, que desprendía su luz azulada. El otro objeto que destacaba en la habitación era un televisor con pantalla de alta resolución, en el que se veía su cadena de venta electrónica pero sin sonido, sin la cantinela implacable de los locutores-vendedores. Le pregunté si había aprendido algo sobre cómo preservar el yo verdadero ante las amenazas del falso yo: «En los últimos dieciocho años he sido presidente de los consejos de administración de varias empresas —dijo, pasando revista a su currículum de ideas creativas y de negocios redondos, siempre como ejecutivo de las empresas de otros—. Al final, decides qué es lo que realmente te pertenece. No son tus logros, sino la capacidad que tienes para materializar esos logros. Y la de tener miedo o no tenerlo».

Cuando la conversación estaba a punto de terminar, le pregunté si había pensado alguna vez en la muerte.

«¡No! —respondió en un arranque de empatía. Luego consultó su reloj y dijo—: Tengo que salir.»

A continuación, Diller intentó comprarse un estudio cinematográfico y cayó en la trampa habitual de querer abarcar demasiado. Después de perder una batalla de alto nivel por la compra de la Paramount que duró seis meses, Diller hablaba igual que los hombres descritos por Don Marron, los que no saben vivir sin arriesgarse. Su primer comentario después del fracaso fue: «Ellos han ganado y nosotros hemos perdido. A por otra».

Pero la siguiente vez que vi a Diller en su suite, en abril de 1994, había descubierto que el «yo» es algo más que lo que uno hace. «Es la sensación de saber que tienes todo el derecho del mundo a tener tus propias opiniones y creencias, y todo el derecho a actuar de conformidad con ellas. No tiene nada que ver con las opiniones de los demás. Si no tienes yo, es posible que te ganes unos cuantos aplausos, pero luego llegas a casa, cierras la puerta ¿y qué? Todo se va por el desagüe. En la bañera no hay tapón. ¿Por qué no hay tapón? ¿Cómo dejas atrás ese pasaje?»

Durante el año anterior, tuvo dos momentos de revelación que suavizaron ese pasaje. Fue testigo de la segunda boda de su padre, que volvió a casarse a los ochenta y un años. Diller se atrevió a preguntarle a un familiar cercano si los recuerdos que tenía de las torturas que le había infligido su ya fallecido hermano entre los tres y los siete años eran exactos. El familiar le apretó la mano para confirmarle aquella terrible verdad. «Fue un momento real», me dijo.

La segunda revelación la tuvo durante la larga y fatigosa batalla por la Paramount. ¿Qué habría hecho sin el consejo inteligente y discreto de su compañera de tantos años, la diseñadora de alta costura Diana de Furstenberg? Confió en ella por completo. De niño, no había confiado en nadie, en nadie en absoluto; por eso, aquella transformación en la madurez fue muy inesperada. En esos momentos, el soltero de toda la vida, el fuera de la ley, empezó a anhelar una continuidad en esa intimidad. No tenía hijos, pero había estado cerca de los hijos de Diana durante casi dos décadas.

«Entiendo perfectamente que si en la vida de uno no hay hijos, esta no tiene sentido —dijo en voz baja—. Por eso estoy creando una familia con Diana, sus hijos y un par más de personas. Tengo obligaciones y responsabilidades con ellos.» Diana y él estaban buscando una casa para vivir juntos.

En 1995, Diller resurgió como presidente de una pequeña emisora de radio que entonces compró la cadena de venta electrónica. También intentaba asociarse con una poderosa empresa para convertir la cadena de televisión por cable en un gran medio de comunicación. Pese a que le ofrecieron la dirección de algunas de las empresas más importantes del sector, como la Universal, había tomado una decisión irrevocable: nunca trabajaría para otros. Después de dedicar dos años más de lucha a estimular el esquivo negocio del comercio electrónico, nos encontramos para una nueva entrevista en sus oficinas provisionales del West Side de Manhattan y me dijo: «Mi empresa no es moco de pavo (600 millones de dólares en ventas anuales), pero no llega a ser el gran medio de comunicación que a mí me gustaría que fuera». Se reclinó en el asiento del gran despacho vacío y, con sus grandes manos entrelazadas tras la cabeza, susurró: «En los ojos del hombre que ha perdido la habilidad en su profesión ves insatisfacción o tristeza. No ha podido convertir el poder en influencia». Para Barry Diller seguía siendo esencial «contar» en el mundo de la comunicación.

Había llegado incluso a preguntarle a un psiquiatra si podían cambiarse esos puntos esenciales y este le había respondido que rara vez se conseguía.

En otoño de 1997, Diller llevó a cabo su regreso triunfal con un plan para crear y dirigir su propio imperio televisivo. Llegó a un acuerdo con su viejo amigo Edgar Bronfman Jr., vástago de Seagram Company, para adquirir una gran parte de Universal Televisión. Esto le dio a Diller la gran cadena por cable USA Networks, Inc., filial de Universal. De la noche a la mañana, volvió a la escena de la despiadada competencia en el mundo de la televisión, y lo hizo como director y presidente del consejo de administración de la recién formada empresa.

Por fin había creado las condiciones que le permitían sumergirse de nuevo en la programación televisiva, una actividad a la que anhelaba volver desde su salida de la Fox.

Le costó seis años, pero cada paso y cada tropezón de su pasaje merecieron la pena. Diller era algo más que su viejo «yo». Y había logrado redefinirse en sus propios términos.

EL PASAJE DE PRÓSPERO

Solemos pensar que el estrés de nuestra vida en estos tiempos es algo nuevo, pero el núcleo del problema ha existido siempre. En 1994, cuando vi *La tempestad*, una producción del Shakespeare Festival de Nueva York, advertí la modernidad de la obra y que se podía aplicar perfectamente a las crisis que afrontan los hombres en la actualidad. Como suele ocurrir, Shakespeare se había topado con el dilema muchos años antes. *La tempestad* es una confirmación del carácter universal de este gran pasaje de la vida de los hombres.

La última obra del gran dramaturgo y poeta se centra en las posibilidades de regeneración. Plasma la historia de la vida de un hombre como un viaje en el tiempo y en el espacio, un viaje que se inicia con un naufragio que «representa la violencia, la confusión e incluso el terror de pasar de una fase de la vida a la siguiente, la sensación de verse alejado de un mundo familiar y de un sentido del yo, sin otros a los que agarrarse».[1] El núcleo de la obra es la propia tempestad.

Empieza con la amargura de Próspero, el personaje principal, y la rivalidad con su hermano. Desposeído de su poder político y aislado en una isla, donde se engaña a sí mismo pensando que es omnipotente y tramando una venganza contra sus enemigos, recurre a

---

1. Kahn, Coppelia, *Man's Estate: Masculine Identity in Shakespeare*, University of California Press, 1981.

trucos de «magia» como los que usan los jóvenes para competir con rivales mayores y más sabios. Próspero ya no es joven, pero tampoco es viejo (los eruditos sugieren que es un hombre de entre cuarenta y cinco y cincuenta años), y como muchos hombres teme que envejecer signifique perder la potencia.

Como muchos hombres de hoy que han disfrutado de cómodas posiciones de poder pero que han sido —o tienen miedo de ser— apartados de ellas prematuramente, a Próspero lo pilla totalmente por sorpresa el hecho de que su hermano y un amigo de este lo aparten del poder y cae en una profunda amargura. Al principio, es un padre tirano y un hombre que no siente amor. Pero, tras perder su posición y todos los signos externos que esta lleva aparejada, se ve obligado a mirar hacia el interior y, en última instancia, a cambiar. De hecho, Próspero era el duque original, pero su amor por las artes liberales y su dedicación al desarrollo de la mente (podríamos llamarle un *dilettante*) le hicieron dejar el día a día del gobierno a su hermano. «Creía que el duque era él», dice Próspero con ira.

En esas palabras oí el amargo llanto de Barry Diller cuando Rupert Murdoch invadió el estudio de la Fox que él dirigía, ese reino que consideraba suyo. «Yo sólo era un empleado.» Ese naufragio lanzó a Diller hacia un pasaje tempestuoso.

Próspero, como Diller y muchos otros hombres, es terriblemente competitivo. Cuando la Providencia confina a su traicionero hermano y a sus aliados en otra isla, tras otra tempestad, Próspero recrea para ellos su propio viaje, casi mortal. Si se hubiera tratado de una tragedia griega, se habría vengado haciéndoles sufrir las mismas cosas que había sufrido él, enredándose en un círculo vicioso de venganzas familiares.

El poder verdadero, como Shakespeare lo describe en su frase final, no es algo que se hereda, ni que se tiene por haber nacido noble, ni que se consigue mediante «mágicos» trucos políticos.

El poder verdadero se desarrolla desde dentro;
es una extensión del conocimiento de uno mismo.

Entonces, los demás sienten, reconocen y respetan su fuerza. Ese es el profundo aunque doloroso descubrimiento de Próspero. Sólo cuando acepta la necesidad de compasión e indulgencia y madura en su propia edad, se convierte en un «buen padre» y deja que su hija se case, renuncia a la venganza y se redefine a sí mismo como hombre en vez de como mago. Al haber recuperado casi por completo su humanidad, vuelve a tomar las riendas de su reino al tiempo que prepara el camino para que la nueva generación tenga también la suya.

El brillante director teatral británico Peter Brooks cree que este personaje es «la declaración completa y final de Shakespeare, ya que abarca la totalidad de la condición humana». Resuelve ese rompecabezas y se abrirá ante ti un mundo de comprensión.

No querer aceptar que envejecemos no es nada nuevo. Hoy en día, los dilemas están mucho más exagerados por el hecho de que tardamos mucho más tiempo en crecer y también mucho más en envejecer, pero el problema básico ya existía en el siglo XVII. Shakespeare no ata los cabos sueltos. La obra, como la historia de Próspero y como la vida misma, queda sin terminar. Las preguntas más profundas se quedan sin respuesta. ¿Qué significa esa necesidad de magia? ¿La tuvo Próspero? Y, de ser así, ¿por qué? Y aunque habla mucho de renunciar a ella, ¿realmente lo hace?

¿Cuál es la lección que se desprende de esta historia?

BIENVENIDO A LA EDAD DE LA INFLUENCIA

A medida que avanzan hacia la segunda madurez, los hombres tienen que definir su poder de una forma más estrecha. No es simplemente una posición desde la que uno puede poner «a todo el mundo firme», sino una alquimia mucho más amplia y sutil: es la habilidad de influir en la generación siguiente. La influencia es una forma de poder más sutil e indirecta, pero puede ser una manera más efectiva de dar forma a los acontecimientos o de motivar a las personas para que hagan lo que uno quiere. Y cuando ya no se tiene el poder de «poner firme a todo el mundo», es la única opción.

> El poder no dura siempre, pero la influencia puede durar más que la vida.

Esto no se limita al ámbito de los negocios. ¿Cómo guías a tus hijos adolescentes para que se aparten de la droga, consigues que tu hija de veintitantos años no se comprometa en un matrimonio desastroso, o convences a tu hijo de treinta de que será más feliz si se crea una vida propia que si trabaja veinticuatro horas al día con un ordenador? Si intentas darles órdenes, habrás perdido la batalla. La única esperanza que te queda es la de ejercer influencia, es decir, inspirarlos con otra versión de lo que puede ser la vida con pequeños sobornos aquí y allá para endulzar un poco la situación.

El hombre maduro debe aprender nuevas estrategias para ejercer el poder basándose en su experiencia y en su mayor paciencia, sobre todo con los jóvenes. Clay Felker, mi marido, tuvo que cambiar drásticamente su modus operandi para dejar de ser un editor autócrata y convertirse en un profesor de universidad y trabajar con jóvenes estudiantes. «Tienes que aprender a dirigir a los jóvenes de una manera socrática, haciéndoles preguntas y estimulándolos a encontrar las respuestas por sí mismos. No tienes que darles órdenes, sino convencerlos de que hagan cosas porque es por su propio bien.» Esto es lo que Clay ha aprendido. «No siempre consigues convencerlos, pero sabes que, si les das órdenes, nunca podrás.»

En 1996, después de diecisiete años como senador, Bill Bradley cambió el poder de un cargo público por formas de influencia más indirectas. La muerte de personas próximas a él le hicieron pensar que tal vez no habría un mañana. Estaba frustrado por la ambigüedad de Washingtonspeak: «En el pasaje de la edad madura quise recapitular». Entonces escribió una autobiografía para clarificar sus ideas y, en el proceso, empezó a viajar por todo el país a fin de dar una nueva orientación al movimiento en favor de los derechos civiles. A los cincuenta años descubrió que se hallaba, según sus propias palabras, «en el momento educable».

Recordemos que en estudios realizados en distintas culturas, los hombres «auténticos» son los que dan más de lo que reciben, los que sirven o nutren a los demás. Las ideologías de la masculinidad madura siempre han incluido un criterio de generosidad desinteresada. A medida que los hijos de la explosión demográfica llegan a la cima y empiezan la segunda madurez, habiendo vivido en uno de los momentos históricos más ricos y prósperos, la mayor parte de ellos considerarán que han tenido un éxito considerable. «Para la mayoría, es una época cómoda de vivir», observa Lee C. Bollinger, rector de la Universidad de Michigan, una de las mejores de Estados Unidos. «Todo el mundo cree que es un buen momento para hacer dinero, ahorrar unos cuantos millones y no preocuparse de los pobres.» Pero los hombres que disfrutan de un gran bienestar a los cincuenta creen, cada vez más, que eso no basta.

Ted Turner asombró a los que se quejan de «fatiga de compasión». El gran magnate político y económico, fundador de la Cable News Network, anunció que donaría mil millones de dólares para los programas de la ONU. Su modelo de rol, dijo, es George Soros, el financiero internacional que, por ser judío, de adolescente sufrió la persecución de los nazis y que se ha convertido en uno de los mayores filántropos de Norteamérica. De inmediato, Soros donó otros quinientos millones al organismo internacional para convertirse en el primer filántropo de Rusia. De ese modo, Soros y Turner han creado una nueva posición, la de benefactor global, para hombres que ya se han demostrado a sí mismos que son ganadores en la «ronda de los ocho».

Pero donar millones de dólares a la causa favorita de uno no es la única manera de dar. Peter Drucker, gurú de la teoría de la gestión empresarial, sugiere otro tipo de diseño vital que puede dotar de significado la segunda madurez del hombre.

> Lo que más necesitamos son hombres que estén dispuestos a ser empresarios sociales, hombres que prueben nuevas estrategias locales en las crisis de la educación, de la salud

pública y en las relaciones entre las razas, innovadores sociales que descubran qué tienen que hacer los gobiernos y que luego los impulsen a hacerlo.

Bill Gates, el niño prodigio del mundo empresarial, es todavía lo bastante joven para creer que el cerebro humano y los ordenadores son equivalentes y que, a la larga, estos podrán imitar las emociones y los pensamientos humanos. Pero el CI y la inteligencia no son tan importantes como antes se creía. Es mucho más valioso saber tomar buenas decisiones. Eso es sabiduría. Si alguna vez la alcanzamos, será mediante años de experiencia, de fracasos transmutados en éxitos, y con la comprensión de que, más allá de uno mismo, hay un poder mayor. A menudo, este conocimiento y la ayuda del poder más alto que conlleva deben esperar hasta los influyentes sesenta. Pero, antes de pasar a esa fase, examinaremos la vida de algunos hombres que hoy en día están entre los cincuenta y los sesenta años, que han chocado con obstáculos habituales en el trabajo y el amor y que los han utilizado para su crecimiento personal.

7
Reorienta tu vida antes de que suene la campana

Casi todos los hombres siguen su «programa» y esperan ser recompensados cuando se acerquen a la cima; no piensan en reinventarse si no suena la campana o hasta que no lo hace. La campana no suena hasta que, a los cuarenta y tantos o los cincuenta años, el hombre descubre que «sobra» debido a una fusión empresarial o una reducción de plantilla, o es «abandonado» por una esposa que quiere encontrarse a sí misma, o sufre la primera crisis de salud.

Robin Holt, que dirige los servicios de asesoramiento profesional y empresarial de Alumnae Resources, en San Francisco, ha visto que el modelo masculino ha cambiado drásticamente en la última década. Con todos los trastornos del mundo laboral, los hombres afrontan ahora las mismas cuestiones que, históricamente, han afrontado las mujeres. «El modelo masculino subía la escalera, escalaba lugares en la jerarquía, cumplía las normas, hacía lo que se esperaba que hiciese, y subía lo más alto que podía en su camino hacia la cima. Entonces podía considerarse a salvo y con unos derechos ganados —dice Holt a modo de resumen—. Nuestro modelo de mujer cambiaba de empleo a menudo y dejaba el puesto de trabajo durante largas temporadas. Pensábamos que eso era un modelo femenino. Ahora, también los hombres cambian repentina y espectacularmente de trabajo y pueden pasarse largas temporadas en el paro o decidir quedarse en casa y cuidar de los hijos y del hogar.»

En las reestructuraciones empresariales que tuvieron lugar en Estados Unidos entre 1991 y 1995, siete millones de hombres perdieron su empleo, según cifras facilitadas por el Instituto de Estadística Laboral. Las reducciones de plantilla han tenido un impacto desproporcionado en los hombres de mediana edad. En el mercado laboral actual, impulsado por la revolución en las comunicaciones, hay una clara inclinación a favor de la juventud. Según una encuesta realizada por *The Economist*, el título de ingeniero informático queda obsoleto en unos cinco años. Como resultado, a las empresas les resulta más valioso, y ciertamente más barato, un joven que acabe de salir de la universidad que un hombre de cuarenta o cincuenta años. Muchos de los nuevos negocios que han nacido en Internet están dirigidos por hombres y mujeres de aproximadamente veinticinco años.

¡Hazte empresario!, dicen algunos asesores profesionales. Pero ese cambio no resulta fácil para los hombres acostumbrados a la estructura y el apoyo que reciben perteneciendo a una «familia» corporativa. De los cien mil trabajadores que han sido despedidos como consecuencia de una reducción de plantilla y que constan en los ficheros de Edward Molt, exdirector del Centro Empresarial de la Escuela de Comercio Wharton, sólo un 12,5 por ciento trabaja por cuenta propia. La mayoría lo hacen con contratos temporales y sólo un 3 por ciento se han convertido en empresarios con empleados a su cargo y expectativas de crecimiento.

Pero la pregunta más inquietante es: ¿Qué ha sido de los demás? Importantes empresas estadounidenses como la IBM y la Packard Bell siguen haciendo grandes reducciones de plantilla y luego vuelven a dar empleo con contratos temporales a muchos de los despedidos, con lo cual pierden todos los derechos adquiridos de cara al retiro. Ante la desaparición de esa red de seguridad que ofrecían las empresas, muchos hombres descubren que necesitan autofinanciarse la jubilación.

LA OSCURA NOCHE DE JOE O'DELL

«Me resulta muy difícil cambiar —me dijo Joe O'Dell—. Siempre hago las mismas cosas y de la misma manera, todos los días.»

Joe empezó como ayudante de laboratorio en una empresa alimentaria. Vivía en Chicago, tenía dieciocho años y los estudios medios terminados. Después de trabajar siete años en la misma empresa, llegó a ser técnico de laboratorio. Le gustaba la idea de seguir en la industria alimentaria toda la vida, pero sin un título universitario en aquella empresa no podría ascender más. Por eso, su mujer y él fueron a una biblioteca y abrieron un mapa de California en busca de poblaciones universitarias que fuesen acogedoras y baratas. Decidieron trasladarse a la zona de la bahía de San Francisco con sus dos hijos. Ese ha sido el cambio más audaz que Joe O'Dell ha hecho en toda su vida.

«Cuando eres joven y la vida todavía no te ha machacado, aún eres optimista y piensas que vas a hacer un millón de dólares antes de cumplir los treinta y cinco —explicó Joe—. En esa época tenía mucha más confianza que ahora.»

Hacia los cuarenta y cinco años, Joe O'Dell pensó que ya tenía la vida resuelta. Después del esfuerzo de estudiar nueve años en cursos nocturnos y trabajar de día, al menos había alcanzado una segura posición de ejecutivo. Había dejado atrás la vida de obrero con sus imprevisibles reveses; o eso creía. Después de obtener el título más prestigioso de técnico alimentario, empezó a trabajar en el departamento de control de calidad de un laboratorio. Si Dios se lo permitía, podría quedarse allí hasta los setenta años.

Los primeros signos de envejecimiento (tener que ponerse gafas, empezar a quedarse calvo, sufrir un tirón muscular después de un ejercicio físico no acostumbrado) no lo preocuparon especialmente. La verdadera conmoción llegó con el nacimiento de su primer nieto (*Eh, ya no soy un chaval*), pero quedó amortiguada por la felicidad que sentía al besar aquella cara inocente y dulce en la que veía lo mejor de sí mismo. Y entonces, cuando menos se lo esperaba, Joe sintió por primera vez el golpe de la mortalidad en la nuca. Una década antes de nuestra entrevista, su preciosa nieta se marchó de la vida con la misma rapidez que había llegado a ella. Una muerte repentina.

Aquel terrible accidente le cambió toda la perspectiva que tenía de la vida. Coincidió con su pasaje hacia la segunda madurez. «Cuando era más joven, el único objetivo era hacer mucho dinero —dijo Joe—. Conforme me acercaba a los cincuenta, cada vez tenía menos importancia.» Encontró un trabajo que lo hizo sentirse más valorado. Era en una empresa privada, pero se había informado acerca del propietario y parecía económicamente sólido. Joe tenía muchas ganas de pasar más tiempo con su esposa.

Cuatro años después de cambiar de trabajo, iban a irse de vacaciones a las montañas del lago Tahoe. Tenían previsto detenerse primero en la tumba de su nieta para dejar unas flores, y luego, para no recordar que sería el cumpleaños de la niña si viviera, Joe se perdería en la aventura de cruzar el puerto de montaña Donner en su Corvette de segunda mano.

Mientras hacían las maletas, sonó el teléfono. «No lo cojas —le dijo su mujer—. Puede ser algo del trabajo y yo lo que quiero es pasármelo bien.»

Como todas las mujeres, siempre previendo una crisis. Joe no había prestado demasiado atención a lo que se decía en los pasillos de la empresa. Corrían rumores de que esta no pagaba algunas facturas, pero él sabía que era indispensable. Su jefe y él eran los únicos con formación de técnicos que había en toda la empresa y Joe hacía el 99 por ciento del trabajo de laboratorio. A menudo trabajaba doce horas seguidas para probar un nuevo producto. No había hecho ni una semana entera de vacaciones en los cuatro años que llevaba en el puesto. Sólo iba a marcharse un fin de semana largo y su jefe ya lo buscaba. Fue a coger el teléfono.

—¿Joe?
—¿Sí?

Era su jefe, claro, y Joe se enfadó. Su primer día libre y allí estaba el jefe para preguntarle algo del laboratorio.

—¿Qué pasa? —preguntó Joe.
—Tengo que decirte algo.
—Pues dímelo, Douglas.
—Estás despedido. Tú y otras quince personas. Desde hoy.
—Supongo que estarás bromeando.
—No. —Una larga pausa—. ¿Estás bien?
—¡No! ¿Cómo quieres que esté bien?

Joe pensó en su segunda nieta: había sobrevivido y, para ayudarla, Joe le había inventado un trabajo en su casa. Pensó en la segunda hipoteca en la que se había embarcado para pagar la piscina.

—¿Y no se puede hacer nada? —preguntó Joe con voz estridente y desesperada.

—Nada. A mí me echarán dentro de unos cuatro meses.

—Pero ¿y cobrando menos?

—Eso no cambia las cosas.

—¿Y si renuncio a las primas?

—Se acabó. Los cheques están firmados y ya está.

Toda la transacción fue esencialmente masculina. Sea cual sea el mecanismo de defensa de los machos, a menudo los protege tanto que no ven un desastre potencial. Y otro hombre, el jefe de Joe, que probablemente se debatía con sus sentimientos de pérdida y traición, no sabía qué hacer para suavizar el golpe.

Cinco años más tarde, durante una entrevista, conocí al Joe O'Dell de cincuenta y tres años, residente en las afueras de San Francisco. Era un hombre de espaldas anchas, vestía como un joven con atuendo deportivo —pantalón de deporte y camiseta de manga corta— y tenía mucha carne fláccida sobre unos buenos bíceps, las mejillas muy chupadas y el pelo teñido de castaño con un baño de color protector. Pero debajo de aquel exterior de «macho», Joe O'Dell se había convertido en un hombre más sensible y conocedor de sí mismo.

«Estuve dieciocho meses en el paro —me dijo para empezar a describirse a sí mismo—. Quedarme sin trabajo fue quedarme sin nada, sin mi orgullo, sin mi virilidad. Casi acabó con mi matrimonio. Me perdí y me metí en una espiral descendente.

»Primero me quedé conmocionado, después me enojé. ¿Cómo podían hacerme aquello? Pero si ni siquiera me había tomado unas vacaciones... Dejé de ver a mis amigos. Yo siempre había sido deportista y bebía de vez en cuando, pero empecé a beber más. Dejé de hacer ejercicio y me entraron ansiedades. Salía con el coche y me compraba un par de hamburguesas, patatas fritas y un batido. Creo que comía porque estaba triste. Entonces bebía aún más. Estaba deprimido, con tanto tiempo libre en las manos... Lo único que hacía era dar vueltas por la casa y gemir.»

Vendió el Corvette, empezó a trabajar en el turno de noche de un supermercado por cinco dólares la hora, y cuando se presentó un tipo del banco con el embargo de la casa, tuvo una crisis y lloró. «Después del primer año, dejé de leer la sección de demandas del periódico. Mi mujer me decía que no me preocupara, que todo se arreglaría, pero, a medida que pasaba el tiempo, cada vez estaba más seguro de que ya no volvería a encontrar trabajo.»

LAS DEFENSAS DESTRUCTIVAS

Casi todos los hombres de más de 50 años que encontramos en el mundo laboral han sido condicionados a ser buenos ciudadanos, a no ir contra corriente, a ser camaleones, a elegir una pareja y construirse la vida en torno a unos valores externos y unos logros materiales. El hecho de quedarse repentinamente obsoletos se vive como una traición personal. Es natural sentirse aturdido durante un tiempo, negar lo que ha ocurrido. A menudo, ser víctima de una reducción de plantilla es tan inesperado como el golpe que deja al boxeador fuera de combate. Es un accidente de la vida, y como en casi todos los accidentes de la vida, pueden pasar dos años hasta que se asimila por completo y se puede seguir adelante.

Joe O'Dell utilizó muchas de las defensas destructivas clásicas a las que recurren los hombres en crisis. Primero, dejó de ver a sus amigos y se retiró a su «fortaleza». Cuanto más desconectado está un hombre de los demás, más lo está de sí mismo. El poder se le escapa y es sustituido por el terror. Como el terror es un estado inaguantable, empieza a anestesiarse para no sentir. En las relaciones que le quedan no pasa nada. El aislamiento social es un asesino del crecimiento.

Un hombre que recurre a la bebida para medicarse contra la ansiedad o la tristeza, como hizo Joe, atrae muchos efectos destructivos. El alcohol es, fundamentalmente, un depresivo, por lo que lo hunde cada vez más en la desesperación: *Ya no volveré a encontrar trabajo*, y, con el tiempo, deja de buscarlo.

Beber puede plantar las semillas de una enfermedad destructiva: el alcoholismo. Pero, por lo general, disuelve la última defensa que se tiene como hombre: el abuso del alcohol es un precursor del descenso prematuro de su potencia sexual. Cuando un hombre llega a ese punto, lo único que le hace estar a gusto es medicarse con comidas ricas en grasas, como las hamburguesas y los batidos, que estimulan secreciones de bienestar en el cerebro, pero sólo temporalmente, ya que luego dejan su sedimento graso en el sistema circulatorio. El aporte de sangre y oxígeno al corazón y a las gónadas se dificulta aún más, el metabolismo se vuelve más lento y, por eso, toda la actividad se reduce.

Probablemente, el bajón de Joe O'Dell no pueda calificarse de ejemplo clásico de depresión clínica. Su caso es una variedad más común de crisis de la edad madura, las que normalmente se producen en esta etapa de la vida tras una pérdida o un final. Estos bajones, si no se tratan, pueden degenerar en depresión crónica, y esto es lo que normalmente les ocurre a los hombres.

> Los hombres de más de cuarenta y cinco años son una nueva población de riesgo de depresiones y ansiedad graves.

La depresión se manifiesta de maneras distintas en los hombres y en las mujeres. Las mujeres demuestran más rápidamente sus sentimientos (llorando) y utilizan la comida para aislarse. Los hombres suelen esconder sus sentimientos con acciones destructivas, como el alcoholismo o las toxicomanías.

> La depresión disfrazada es una de las mayores vulnerabilidades de los hombres.

En mi opinión, las depresiones leves que sufren los hombres en la transición de la primera madurez a la segunda pueden deberse a su incapacidad para aceptar la muerte de su yo idealizado. O de su sueño no realizado. Pero si se los alienta a aceptar ese proceso de muerte, saldrán mucho más adelante en otro lado de este pasaje crítico.

EL REGRESO DE JOE O'DELL

La familia de Joe lo sacó finalmente de su aislamiento social. Su mujer buscó un trabajo por horas que hacía además de su jornada laboral completa. «Me quedé absolutamente impresionado —dijo Joe—. Era como si yo me hubiese rendido y ella no, y por eso no nos embargaron la casa.» Entonces le formulé una pregunta clave para los hombres maduros.

> ¿Nunca se te ocurrió pensar que no podías salir de aquello tú solo y que necesitabas abrirte y formar un equipo?

Admitió que nunca lo había pensado, pero que fue eso lo que ocurrió a su pesar. Su hijo adulto había visto que su padre sufría una depresión peligrosa y le había sugerido la idea de empezar un pequeño un negocio juntos oxigenando jardines.

—No tengo ambición ni fuerza para empezar de nuevo —protestó Joe.

—Podemos utilizar tu pequeño coche y yo alquilaré el oxigenador —dijo el hijo sin hacerle caso.

—Pero si soy una mierda de vendedor —replicó Joe—. No puedo ir de puerta en puerta.

—Ya lo haré yo.

Su hijo le recordó que había trabajado en una empresa de venta por catálogo hasta que lo habían despedido como a él. Le asignó a su padre la tarea de cargar con la maquinaria, una estrategia muy inteligente porque estimuló a Joe a disciplinar de nuevo su poderoso pero debilitado cuerpo. Tenía cincuenta años; por la noche le dolía todo el cuerpo, pero volvía a estar vivo.

«Al aire libre, bajo el sol, hablando con la gente, resultó terapéutico», valora ahora Joe. Al cabo de unos meses de salir de casa todas las mañanas con su hijo, de trabajar hombro con hombro frente al mundo, la relación entre ambos se transformó. «Vi un nuevo aspecto de él, un aspecto que no había visto nunca —intentó explicar Joe—. Mi hijo se ha convertido en mi mejor amigo.»

Con el elixir de la amistad y el amor de su esposa, el apoyo de un equipo y un trabajo físico con una remuneración decente al terminar la jornada, Joe volvió a recuperar la confianza en sí mismo y se puso en marcha. Contactó con antiguos compañeros de trabajo, amigos y clientes. Al cabo de poco tiempo tenía un trabajo mejor del que había perdido. «Mi mujer y yo nos acercamos porque yo me vi obligado a abrirme por la depresión. Necesitaba desesperadamente tener a alguien con quien hablar.»

Joe había cruzado una inquietante frontera entre su primera y su segunda madurez y había sobrevivido, pero todavía no era consciente de los cambios tan impresionantes que había realizado. Era consciente de la gran cantidad de dolor que había causado a los demás y a sí mismo, y sabía que buena parte de él hubiera podido evitarse. «Si hubiese leído el libro que estás escribiendo antes de que me sucediera todo esto, tal vez habría podido prever el cambio —dijo—. Al menos no me habría apartado de mis amigos ni habría construido un muro a mi alrededor en el que beber y deprimirme. Mi matrimonio con una mujer maravillosa estuvo a punto de irse a pique.»

A MÍ NUNCA ME DESPEDIRÁN

Hay hombres cultos, profesionales privilegiados de cierta edad que nos hablan de las barreras que se encuentran para conservar sus puestos y su dignidad. «Los mayores, que somos los que se supone que tenemos más experiencia, estamos especialmente castigados por las reducciones de plantilla —dijo un hombre que había sido ejecutivo en Digital Equipment Corporation—. Las empresas llaman «ventana abierta» a esa política. A los que pasamos de los cincuenta y salimos por una de esas ventanas abiertas nos parece una auténtica caída. Después de un año o dos cobrando el paro, te cuesta el doble que te concedan una entrevista para darte un empleo y muchísimo más que te surja una auténtica oportunidad. Sí, claro, puedes encontrar trabajo de vendedor de vídeos en unos grandes almacenes, pero ni sueñes con volver como ejecutivo.»

John Koten, editor de la revista *Worth*, entre cuyos lectores están los hombres más ricos de Estados Unidos, reconoce que el problema no se resuelve sólo con dinero. «Muchos hombres viven según un programa. Si llega alguien y les dice que cambien de programa, para ellos es una amenaza: si te metes con mi programa me estás amenazando.»

Derrick Davies* nos ofrece un ejemplo clásico de vacilación. Alto, delgado, franco, dinámico y casi en los cincuenta, creía que ocupaba un buen puesto, expresamente creado para él, como director de sucursal de una importante empresa de comunicaciones. Elise,* su segunda esposa, era asesora de publicidad en Nueva York. Vio la sombra en la pared antes de que sonara la campana.

«Der, ¿no crees que la empresa está pasando por un mal momento?», le insinuó. No obtuvo respuesta. Cuanto más se lo insinuaba, más seguro estaba él de que era indispensable. «La selección por la que tuve que pasar para obtener este puesto fue muy dura, y además, tengo mucha influencia en la prensa del sector», dijo. «Todo eso era exagerado. Elise, bueno, las mujeres en general funcionan a un nivel distinto de señales y vibraciones, pero yo no quería ver ni oír señales.»

Había cumplido los cincuenta hacía poco y eso lo había pillado absolutamente desprevenido. Invitó a unos amigos a cenar y estaba de buen humor. «Pensé que cumplir cuarenta me había sentado muy bien, por lo que cumplir cincuenta tampoco estaba tan mal. Entonces mis amigos me dieron una tarjeta de felicitación»:

* Es un seudónimo.

Para Derrick, 1941-1991

«Miré esas cifras... Parecía una lápida. No me recuperé del susto hasta pasados seis meses (según su esposa, ese doloroso período duró un año y medio). Derrick se sintió traicionado por el tiempo. Siempre había sido un hijo cumplidor con unos padres exigentes. Todavía estaba haciendo «lo que se debe hacer». Un nuevo diálogo interno empezó a tirar de él: *Mira cómo he estado perdiendo el tiempo. ¿Tendría que empezar de nuevo? ¿Y todos esos sueños que has pospuesto? ¿Dónde está el hombre del Renacimiento que se quedó en la universidad, el que se iba a comer el mundo en dos bocados, iba a dar conciertos de piano, a escribir novelas y a hacer el amor con mujeres peligrosas?*

Estaba casado por segunda vez. El noviazgo que precedió a la boda fue exuberante y maravilloso. Tal vez fue el intento de recrear el desbordamiento que había sentido con Elise lo que lo impulsó a empezar otra aventura amorosa —que, en esa ocasión, «fue desatinada e inapropiada»— durante su turbulento pasaje a los cincuenta años.

«Esa aventura fue como estar en una montaña rusa, acelerando en una montaña con una pendiente cada vez mayor —dijo—. En el momento en que aceleras, es el éxtasis, es la eternidad. La velocidad elimina la percepción del tiempo. Al cabo de poco, pierdes el contacto con todo, a excepción de lo que ocurre en el momento.» Perdió toda su racionalidad y responsabilidad. Pero Derrick intuyó que si algo no lo frenaba en aquel salto en picado, era hombre muerto.

Se lo contó todo a su esposa antes de destruir lo que verdaderamente valoraba. «Elise era lo único que tenía fuerza suficiente para sacarme de ello», advirtió. La mujer comprendió que «había perdido la cabeza» y dejó de lado lo herida que se sentía para ayudarlo a recuperar la estabilidad emocional.

«Una cosa es estar en contacto con el niño que llevas dentro —dijo Derrick sonriendo, al verlo en retrospectiva— y otra dejar que sea él quien conduzca el coche. Si lo haces, estás perdido.»

Como se había vuelto más dependiente de su mujer de lo que quería admitir, escondió la cabeza bajo el ala cuando esta le dijo que no veía seguro su puesto de trabajo y que debería tener algo pensado por si lo perdía. Estaban juntos en una cena anual de la organización cuando se anunció que el principal proyecto de la división de Derrick tendría que ser eliminado. En el coche, de vuelta a casa, tuvieron una encendida discusión.

«Deja de engañarte a ti mismo —dijo Elise, frustrada porque él no había tenido en cuenta lo que ella llevaba un año insinuándole—. Me temo que lo que van a eliminar dentro de seis meses es tu cargo en la empresa, lo cual significa que hay que actuar ya mismo.»

«Aquello me cabreó —admite Derrick—. Me resistía a aceptarlo porque significaba tener que cambiar.»

Cuanta mayor es la incertidumbre del hombre, con más rigidez le da la espalda al cambio. Es posible que no pueda hacer nada para eliminar el obstáculo externo que se alza ante él, pero sí trabajar para eliminar los obstáculos internos: la rigidez, el estilo de pensamiento «blanco o negro» que tanto dificulta la visión global de toda la situación desde otras perspectivas. El nivel de ansiedad también suele subir tanto que el hombre se queda paralizado por la pasividad o la apatía.

> Si cambio de vida, ¿qué pensará la gente de mí?
> Si dejo el trabajo, ¿no creerán todos que me han despedido?
> Si vuelvo a la universidad, ¿parecerá una regresión?

En realidad, los hombres que sobreviven a los inevitables «finales» de la edad madura y siguen adelante para crecer en la segunda madurez, suelen hacer alguna de estas cosas o todas ellas. Y cuando salen al otro lado del pasaje, los demás los envidian y se preguntan cómo demonios lo han hecho.

EL RENACIMIENTO

Seis meses después de la pelea con su esposa, Derrick se despertó en mitad de la noche y, tras despertarla, le dijo:

—¿Cuál es la diferencia entre un hombre de 55 años y un atún?

—¿Cuál es? —quiso saber ella.

—Ninguna. A ambos pueden meterlos en una lata.

Tenía la sensación de que estaba esperando que ocurriera un accidente. «Las mujeres son más reflexivas y ven la imagen completa —dijo—. Los hombres sólo buscan una carretera.» Tal como su mujer había predicho, el presidente y el vicepresidente de la empresa lo citaron a una reunión. Sólo tuvo que ver sus caras de falsa condolencia para saber que todo había terminado.

Sí, le dijeron que tenían que eliminar todo su departamento. Lo convencieron de que fuera a Chicago a «hacer limpieza». Después de haber despedido a todo su personal, lo despidieron a él. Pero Derrick se había preparado para ello. «Si todo esto hubiera ocurrido sin los seis meses que tuve para hacerme una composición de lugar, preparar un currículum, buscar contactos y aprender todo lo posible sobre la revolución digital, me habría quedado como desnudo. Habría sentido que nadie me conocía, que a nadie le preocupaba mi situación, que mis contactos durarían seis meses y que nunca más podría trabajar y ganarme la vida.»

Pese a su resentimiento por las «intromisiones» de su mujer, Derrick recurrió a una asesora laboral. Ella fue como una entrenadora que lo aconsejó y lo alentó. Primero, lo sorprendió con preguntas como estas: «¿Cuánto tiempo necesitas seguir el mismo camino? Hablemos de tus valores. ¿Qué te hace sentir bien? ¿Realmente quieres ser un relaciones públicas bien pagado el resto de tu vida? ¿O es lo que tus padres u otras personas querían que fueses?». Trabajó con él para ayudarlo a explorar caminos distintos y averiguar cuáles eran viables. También le preguntó cuánto tiempo dedicaba a estar con otras personas, cuántos amigos auténticos realmente tenía. Como casi todos los ejecutivos, tuvo que admitir que estaba solo. Su único amigo y confidente era su esposa.

«Expande tus relaciones —le instó a hacer la asesora—. Cada

vez que preveas un cambio de importancia en la compañía (una fusión, una reducción de plantilla), triplica la cantidad de tiempo que pasas con los demás. Es importante cultivar relaciones en el trabajo y profundizar en las personales.

«Exactamente lo mismo que decía mi mujer», admitió Derrick. Pero todavía no había hallado la respuesta a la pregunta más básica que afrontaba.

> ¿Quién le da permiso al hombre para cambiar?
> Es él mismo quien tiene que dárselo.

«Si Derrick hubiera seguido negando que lo iban a despedir —dice Elise—, lo habría pasado muchísimo peor.» Basándose en su propia experiencia profesional con hombres, sospecha que «habría caído en una depresión, como les ocurre a tantos que de pronto se ven en la calle. Eso durante seis meses. Luego necesitas otros seis para ponerte en marcha y otros seis para encontrar trabajo. Lo normal es que todo el proceso dure dieciocho meses..., a menos que hayas previsto de antemano la situación y hayas trazado un plan alternativo».

Derrick añadió una abogada laboralista a su equipo para protegerse de que le quitasen las primas. Durante esa transición, trabajó para fomentar la autoestima y dar rienda suelta a sus aspectos más creativos. Para hacerlo, consultó con una terapeuta. Elise y él se reían de aquel equipo «femenino» que había formado. Pero funcionaba, y Elise era muy optimista: «Veo el renacimiento de mi marido y sé que va a ser increíble».

Durante los juegos de luces y sombras que modularon sus estados de ánimo en los meses en los que se preparaba para desprenderse de su vieja identidad empresarial, Derrick volvió a tocar el piano, y no como aficionado, sino como estudiante serio. Buscó al profesor que le daba clases en sus días de universidad y se enteró de que estaba retirado, pero lo convenció de que le ayudara a llenar el horizonte vacío que tenía por delante con lo que, para él, más se parece a lo sagrado, la música de Bach y de Mozart. Desempolvó los manuscritos de dos novelas sin terminar de sus años de juventud y decidió empezar una novela nueva. Un horizonte vacío también es un espacio abierto.

«Lo que me ocurre ahora es que deseo recuperar esas cosas que quería hacer de joven», me dijo Derrick durante una cena. Sus ojos centelleaban. Una pajarita roja añadía un toque de despreocupación a su serio traje negro. Era uno de esos hombres que nunca había sido joven, que había tenido, según me contó, una madre inestable y un padre severo y exigente. Para él, la juventud había sido un breve preludio de una seria, trabajadora y responsable madurez. «Nunca me sentí lo bastante fuerte para perseguir mis sueños —advirtió—. Ahora, he llegado a un punto en el que puedo decir (gracias a Elise, a cierta terapia y al paso del tiempo) que tal vez nunca sea concertista de piano, pero que voy a tocarlo lo mejor que pueda. Y que, mientras pueda sujetar la pluma, escribiré.»

Derrick se había lanzado a aprender sobre Internet e ideó un negocio de servicios dentro de la Red. Al tiempo, metódicamente, establecía contactos, se concedía tiempo y espacio mental para las experiencias interiores que pudieran contribuir a su crecimiento espiritual. Cruzar ese pasaje de una manera consciente le había dado toda una perspectiva nueva de lo que es ser, hoy en día, un hombre.

«En este contexto y en este entorno, los hombres que triunfarán serán los que confíen en su intuición y sean lo bastante listos para escuchar a las mujeres que lo rodean. Las primeras sociedades fueron matriarcales», dijo. El mundo moderno deja muy claro que el patriarcado no está haciendo las cosas bien. Necesitamos un tipo distinto de hombre. Eso no significa que un tío tenga que ser menos tío, en términos sexuales o de fuerza, sino que su manera de relacionarse con el mundo será distinta.»

Le pedí a Derrick que me contestase con toda sinceridad. Si tuviera que pasar otra vez por todo ese pasaje, ¿aceptaría la intuición inicial de su mujer y actuaría de manera preventiva?

«No —respondió sin dudar ni un instante—. No, no habría sido capaz de asimilar la idea de cambio y de actuar en consecuencia, porque eso se oponía por completo a mi manera de pensar.»

LA VENTANA DE LA OPORTUNIDAD

«Para un ejecutivo de cincuenta años, las apuestas están en su contra en lo que se refiere a rivalizar por un cargo bien pagado —dice Robin Holt, director del centro de orientación profesional Alumnae Resources de San Francisco—. Lo más probable es que lo despidan o, al menos, le digan que cambie lo que hace. Eso abre una pequeña ventana, pero una gran oportunidad, para que descubra por qué estaba insatisfecho con su trabajo aunque era incapaz de admitirlo.»

Las agencias de colocación no convencionales, como Alumnae Resources, están llenas de hombres maduros que asisten a clases de autovaloración organizadas por el centro. Cuando los asesores les piden que se fijen en cómo han cambiado sus valores y en qué nuevas necesidades han surgido, ellos se quedan boquiabiertos: *¿Hablar de mis necesidades?* Como Derrick, muchos de ellos dicen que su valor principal en el trabajo es cobrar mucho dinero. Para su propia sorpresa, lo que sale de sus bocas reflejará otros valores distintos, unos valores más subjetivos:

- Quiero creer en lo que hago.
- Quiero contribuir.
- Quiero pasar más tiempo con la familia.
- Necesito desafíos.
- Necesito intimidad (unas relaciones más seguras y más llenas de confianza).
- Quiero tener la oportunidad de ser más creativo.
- Quiero la oportunidad de ver qué puedo hacer por mí mismo.
- Necesito reconocimiento, que otros vean que he hecho grandes cosas.

El énfasis en dominar las estrategias y el armamento de la guerra política o empresarial se sustituye entonces por el de aprender a utilizar el poder interior y las reacciones emocionales. Hay que tomar una importante decisión.

> ¿Estás dispuesto a comprometerte de forma consciente con el crecimiento personal y con nuevos aprendizajes?

Esta es una de las decisiones más cruciales que se toman en la vida. M. Scott Peck, el inspirado autor de *La nueva psicología del amor*, afirma que no hay pruebas de que esta decisión no se tome durante la infancia. En realidad, puede tomarse en cualquier momento de la vida. «He conocido a personas a las que el momento crítico de tomar esa decisión les ha llegado a los 30, los 40, los 50, los 60 e incluso dos meses antes de morir», escribe Peck. No se trata de la experiencia que tengas en la vida, sino de lo que aprendes de ella y de lo que haces con esos conocimientos. Antes de disponerte a cruzar el pasaje que lleva a la edad de la maestría, hazte las preguntas siguientes:

- ¿En qué clase de hombre debo convertirme para cruzar este pasaje?
- ¿Qué hay que cambiar?
- ¿Qué asesoramiento y apoyos necesito?

LAS REALIDADES ECONÓMICAS DE LA MEDIANA EDAD

Dado que es probable que tu trayectoria profesional vaya a verse interrumpida (involuntaria o voluntariamente), ¿cómo evitar el naufragio económico? John Jacobs, un exejecutivo de la Porsche que fue despedido sin ningún tipo de ceremonias, dice que no le volverá a ocurrir. «Asistí a unas clases, profundicé en ciertas técnicas y me construí un currículum nuevo, de modo que ahora puedo hacer trabajos distintos... No necesito que una empresa diga que puedo hacerlo.» Se ha reinventado a sí mismo como hombre proteico, dispuesto a seguir adelante antes de que una fusión o una reestructuración vuelvan a dejarlo en la calle.

La otra precaución que debe tomarse es pagar cualquier deuda, por pequeña que sea. Algunos de los hombres del grupo de Atlanta mencionaron lo liberador que era poner al día la tarjeta de crédito. «Cuando te liberas de las deudas y del hábito de deber, ganas mucho en independencia y poder —dice Jacobs—. Sabes que, por mal dadas que vengas las cosas, puedes vivir en la playa y alquilar tumbonas.»

Supón que siempre has querido ser escritor. Imagina que la semana próxima firmarás un contrato para escribir tu primer libro, con un anticipo de sólo 10.000 dólares. O que siempre has deseado ser pintor, pero que dejaste de lado ese sueño por un trabajo más práctico en el arte comercial. Imagina que te han encargado pintar un cuadro importante.

> ¿A qué cosas estás dispuesto a renunciar de tu vida material para que ese sueño se haga realidad?

Si te haces esta pregunta, te será más fácil valorar tus recursos. ¿Qué aderezos de tu vida anterior (trajes y corbatas, coches de lujo, cuotas de socio de un club de campo) ya no parecen esenciales? ¿Cómo simplificar? Entonces, proyéctate hacia delante: ¿Cómo tendrá que cambiar la estructura de tu vida para hacer sitio al compromiso de convertir tu sueño en realidad?

Muchos hombres tienen un miedo irracional a ocupar una posición social más baja. Temen perder a sus esposas si ya no tienen un cargo y un sueldo seguro. Les preocupa perder la adoración que les profesan los hijos o decepcionar a sus padres, si todavía están vivos. Temen perder prestigio en su círculo de amistades. La verdad, sin embargo, es que nadie se beneficia mucho de vivir con un hombre vacío que es un triunfador pero al que ni siquiera los ingredientes de una vida opulenta pueden estimular. Una esposa con un corazón comprensivo preferirá, sin duda, vivir con un hombre que se levante entusiasmado por la mañana. Los hijos adultos quieren ver que sus padres gozan de buena salud. Y a los padres de ese hombre maduro les anima ver que su hijo sigue creciendo: es un testimonio de su propio ejemplo.

Y lo más seguro es que tu vecino o tu compañero de golf esté afrontando los mismos miedos y contradicciones. A excepción de algunos privilegiados, nadie está solo.

¿QUÉ PODRÍA ASUSTAR A JOHN WAYNE?

Doce coroneles se encuentran sentados, muy erguidos, alrededor de la mesa en el comedor para personalidades del Pentágono. Después de acceder de buen grado a participar en mis entrevistas en grupo, llenan cada uno un cuestionario sobre su vida, y en estos momentos tal vez estén reconsiderando por qué han venido, dado que el tema de nuestra discusión es algo que no quieren afrontar: cumplir los 50 y llegar al retiro obligatorio.

Nuestro anfitrión, el coronel Mike Nelson-Palmer, describe cómo el ejército, en la década de los noventa, ha empezado a «quitar el rango» a algunos hombres y a librarse de muchos oficiales mayores. «El «tren de servicio» sigue moviéndose —dice—. O estás en él o no lo estás.» Para estos hombres, tener que renunciar al poder a causa de unos límites de edad arbitrarios es una realidad inminente.

«Después de dedicar toda la vida adulta al ejército, ¿no se sienten decepcionados?», les pregunto.

Un hombre alto, robusto y de cabello plateado, que es la mismísima imagen del comandante que puede resistir cualquier prueba, es el primero en responder. «Me encanta despertarme por la mañana y ponerme este uniforme. En toda mi vida no he pensado en otra cosa», dice entusiasmado el coronel (lo llamaré Wayne, como John Wayne, el militar más idealizado de las películas). Es un coronel en activo con 27 años de servicio y tiene una mentalidad militar. Si esta noche hubiera asistido a una cena oficial, su pecho estaría lleno de las medallas púrpura de la Legión de Honor. Pero él, como los demás, no llegó a general. «La idea de envejecer me da un miedo terrible —admite Wayne—. He sacrificado mucho tiempo de mi familia por mi carrera militar.» Ahora tiene que superar el vacío que existe en su intimidad.

Su mujer, que se sintió dejada de lado cuando él se fue a la Guerra del Golfo y estuvo realizando misiones en el extranjero durante dieciséis meses, lo recibió con una ducha de agua fría. En el último año, había experimentado dos finales comunes y desgarradores de la edad madura. Su padre había muerto, mudo hasta el final con respecto a sus sentimientos por los hijos. Pocos meses después de la muerte de su padre, Wayne llevó a su hija a la universidad. «Cuando se marchó y se alejó sin mirar atrás, el mundo se hundió bajo mis pies.»

Otros asienten, dando a entender que comprenden perfectamente la situación. «Veo este período que tengo por delante como uno de los más difíciles de mi vida, emocionalmente hablando —prosigue Wayne—. En el ejército existe un inmenso sistema de apoyo, no es sólo control. —Hace una mueca—. Bromeo sobre ello, pero creo que lo que me da miedo es salir ahí afuera y tener que ganarme la vida.»

¿Miedo? No es una palabra que los militares usen demasiado. Wayne ha estado cerca de la muerte varias veces (en Vietnam y en un campo de aviación de Arabia Saudí, cuando sus soldados y él no pudieron ponerse a cubierto y los alcanzó un misil Scud. El coronel Nelson-Palmer, que afronta el mismo futuro, dice una frase ante la cual los otros once coroneles asienten con la cabeza: «Wayne tiene más miedo de dejar el ejército que de morir bajo un misil».

RENUNCIA A SER UN «PEZ GORDO»

Supongamos que estás acostumbrado a ser un pez gordo, como el coronel. Una vez pierdes el cargo de importancia, tendrás que dejar de esperar que los demás acudan a ti. La mayor parte de los jóvenes con los que trabajas o de los alumnos a los que das clase no saben quién eres ni lo que has logrado en la vida. O, si lo saben, harán caso omiso de ello, considerándolo algo pasado, a fin de darse importancia a sí mismos. Por ello, tendrás que aprender un modus vivendí absolutamente nuevo: sincerarte y abrirte a los demás, empezar de nuevo, volver a ser un aprendiz, un principiante.

No es posible disfrutar de la liberación de ser otra vez un aprendiz, si el hombre se enmascara tras el gran jefe que lo tiene todo bajo control. Cuando unos hombres que han sido peces gordos se encuentran en el club, uno le dice al otro:

—Hola, Harry. ¿Cómo te va? Te veo de maravilla.

—Me va estupendamente —dice Harry—. La semana pasada en París, la semana que viene en Rusia, un safari en primavera...

Fred, que todavía trabaja sesenta horas a la semana, piensa: «Dios mío, Harry lo ha conseguido.» Entonces se encuentra con Jerry, un ejecutivo mayor al que le han dado la «ventana abierta» y le pregunta:

—Eh, Jerry, ¿cómo te sientes teniendo todo el tiempo para ti?

—Es fantástico —miente Jerry—. Deberías probarlo.

Estos hombres nunca se dicen la verdad. No quieren perder la fachada de que lo controlan todo, porque durante casi toda su vida de adultos han sido ellos quienes han tomado las decisiones. La idea de admitir ante otro hombre que «llegado a este punto, no estoy seguro de nada» es impensable. Si hablan con alguien, será con una terapeuta de sexo femenino o con una asesora laboral. En realidad, las mujeres están desarrollando todo un sector comercial nuevo y muy lucrativo como consejeras de hombres que intentan cruzar este pasaje.

«No puedes pasar de un lado al otro del estanque sin dar algunos pasos intermedios por las rocas», les dice a los peces gordos Anne Weinstock, una asesora profesional muy franca y efectiva de Wilton, Connecticut. Asesora a algunos de los poderosos que viven en Fiarfield County y trabajan en Nueva York y que se encuentran «entre dos aguas» profesionalmente hablando. Un gran porcentaje de estos grandes triunfadores va por su segundo matrimonio, y la segunda esposa es mucho más joven, muy atractiva, con frecuencia una «esposa trofeo». Weinstock piensa que a ese tipo de mujer le gustan las grandes casas de Greenwich, el club de campo y las limusinas para ir al aeropuerto. «Si ese estilo de vida no continúa, ellas no se quedan allí.»

A un hombre como Jerry, Weinstock le diría: «Bienvenido al mundo real. Vas a tener que hacer llamadas, decir tu nombre, y ellos dirán: "¿Quién? ¿En qué empresa trabaja?". Y no podrás responder: "Soy el vicepresidente de Humana"». Darse cuenta de eso es muy importante. Luego Weinstock le diría que se quitara de encima todas las limitaciones. «Olvídate de para qué estás equipado. Olvida el hecho de que has sido toda tu vida un financiero. Si quieres cantar ópera, si quieres ser veterinario, si quieres jugar al béisbol... No me importa si tienes capacidad o no para hacerlo, dime sólo qué te gustaría hacer realmente y dónde lo harías.»

La base está en desarrollar temas e intentar formular un nuevo sueño. A los hombres se les da un diario para que anoten sus fantasías. Los que hacen bien la transición, dice Weinstock, son los hombres sinceros consigo mismos y que mantienen con sus mujeres unas relaciones abiertas y en las que reina la confianza. Muchos de ellos no les cuentan a las mujeres lo que sienten. Y estas siguen comprándose ropa, planeando viajes y diciendo: «Lo único que sé es que ya estamos en febrero y que habíamos quedado en que este mes iríamos a Saint Bart. ¿Hay algún problema?».

Empezar de nuevo exige trabajo duro, humildad y sacrificio. Humildad, porque te convertirás de nuevo en principiante y no serás el experto durante un tiempo. Cometerás errores estúpidos y te sentirás idiota. Si vuelves a la universidad o a la escuela superior, no estarás acostumbrado al ritmo académico. Pero te estarás expandiendo al tiempo que desarrollas un nuevo yo, y esa es la recompensa más grande de todas.

FORMA UN EQUIPO

Primero, levanta en el cielo tu torre de los sueños, eso es lo más difícil. Luego puedes seguir con los cimientos para apoyarla, pero es posible que necesites ayuda. Los aliados profesionales, como un asesor profesional, un buen médico, un terapeuta o un gurú espiritual, te ayudarán a ver que no eres un pusilánime. Se está estableciendo una nueva ley de selección natural: los hombres viven más tiempo pero son sustituidos antes. Ha llegado el momento de que revises tus mapas y cartas de navegación. Hacerlo es muy saludable. No estás loco. No eres viejo. Y no eres un fracasado. No malgastes tu precioso tiempo deprimiéndote o contemplando fantasías de venganza. Lo mejor es que centres tus esfuerzos en redirigir tu vida, creando un nuevo equipo que supla al que has perdido, y que busques apoyo en la dimensión espiritual.

> Crea una red nueva de contactos

Sí —tal vez digas—, *eso está muy bien para los hombres que ya han conquistado el mundo, pero yo me siento desbordado. No sé por dónde empezar a pensar en un sueño nuevo. Pero si ni siquiera llego a tiempo de presentar la declaración de renta. Todo esto me hace sentir una mierda.*

Hazte las preguntas siguientes:

- ¿Hay aspectos en los que te estás limitando a ti mismo?
- ¿No crees que tienes más potencial del que reconoces?
- ¿Te preocupa el hecho de no haber triunfado más que tu padre? ¿O que tu hermano? ¿O que tu esposa?

El concepto del hombre proteico, descrito como un modelo saludable de identidad para los hombres de 40 años, se convierte en una coraza aún más efectiva a los 50 y después, cuando, en ciertos roles, hay que renunciar al dominio. El pasaje de la edad madura empieza de verdad cuando uno se pregunta: *¿Quién soy aparte de mi historia personal y de los roles que he desempeñado?* Si estás ya cultivando yoes múltiples o potenciales, habrás desarrollado una flexibilidad que te protegerá contra las inevitables heridas al yo que se producen cuando dejas de hacer lo que sabes para abandonarte a una pasión por lo que todavía no sabes.

Paul B. Baltes y Peter Graf, dos investigadores que participan en la red de Estudios de la Fundación MacArthur para el Desarrollo de la Mediana Edad (MIDMAC), han confirmado en estudios longitudinales la importancia de tener un «sistema completo de yoes» a fin de mantener la autoestima y un sentido de poder personal a medida que se envejece y se cambia.

Casi todos los humanos tienen distintas expectativas acerca de quiénes son, quiénes eran, quiénes les gustaría ser, quiénes más podrían ser y quiénes no serían en absoluto. Gracias a que tenemos un sistema de yoes, es posible que, cuando uno de ellos es desafiado por una lesión (un atleta, por ejemplo), haya otro yo (ser un amante de la música) para ocupar su lugar.

Un segundo principio importante a la hora de permanecer abierto a múltiples direcciones de renovación en la segunda madurez, es ser capaz de alterar los objetivos y de ajustar las aspiraciones. Si parece imposible convertirse en una estrella del rock o un concertista de piano a los 50, tal vez te compense reducir esas aspiraciones y trabajar con intérpretes jóvenes o crear una fundación para apoyar las artes en tu comunidad. Como señalan Baltes y Graf, los adultos mayores tienden a volverse más flexibles a la hora de adaptar sus objetivos a las circunstancias de la vida real, en vez de aferrarse tenazmente a objetivos irrealizables. Esta fortaleza permite al hombre maduro crear nuevos escenarios vitales.

El proceso de descubrimiento de los yoes múltiples que podrás utilizar en la segunda madurez es básico para cultivar la flexibilidad. Si superas este período crítico, tendrás un inmenso depósito de flexibilidad que te permitirá afrontar y dominar el próximo pasaje o un accidente vital.

ABRIR LA DIMENSIÓN ESPIRITUAL

A medida que los hombres pasan a la segunda mitad de la vida, los aguijonazos del alma los llevan a menudo a una búsqueda espiritual. La pregunta universal es: *¿Por qué estoy aquí?*

Los consejeros profesionales me dicen que los hombres de más de 50 años que han perdido su empleo suelen ser muy prácticos. «Guarda los consejos para alguien que los necesite más que yo —dicen—. Lo único que quiero es el bistec y las patatas fritas. ¿Crees que estoy obeso?»

Pero, incluso para un hombre que esté psicológicamente sano, los consejos suelen ser vitales para ayudarle a adquirir maestría en este pasaje. Siempre que un accidente vital destroce nuestro sentido del control, de una manera o de otra volverán a presentarse los traumas emocionales no resueltos. Por ejemplo: *Mi padre siempre me dijo que yo no llegaría a nada, por eso no me sorprende en absoluto que el jefe me haya despedido.*

Nuestra relación con un jefe se parece mucho, simbólicamente, a nuestras relaciones con las primeras figuras de autoridad, como los padres. Y ese tipo de bagaje histórico puede amplificar la crisis inmediata y hacer que parezca insuperable o merecida. Una buena terapia a corto plazo puede ayudar al hombre a vincular la manera en que vive la crisis actual con los antecedentes históricos de su vida, y a comprender por qué se siente tan mal. Una vez que haya visto la relación, dirá: *Oh, no es mi padre el que me hace esto, es la empresa X. Todavía siento dolor por lo que ocurrió en mi familia, pero ¿sabes una cosa?, ahora ya soy mayor y puedo seguir adelante y hacer las cosas de una manera distinta.*

Dee Soder, psicóloga de Nueva York, es una de las pioneras en el campo de la orientación profesional a ejecutivos. Creó su propia empresa, CEO Perspective Group, hace diez años, cuando los hombres empezaban a despertar a la realidad de que van a vivir más años y querrán o necesitarán seguir trabajando activamente hasta los setenta o más. Pero ¿cómo y en qué? Entre sus clientes hay miembros del congreso, ejecutivos, abogados y médicos.

Con frecuencia, los hombres llegan a su despacho conmocionados, afirmando que los han despedido sin previo aviso. Pero cuando exploran juntos, en retrospectiva, los acontecimientos dominantes, ella casi siempre encuentra señales que ellos tendrían que haber captado seis meses antes. «Pero lo más habitual es que hagan caso omiso de dichas señales. Siguen pensando que lo único que tienen que hacer es trabajar duro y no perciben otros indicadores más sutiles. Están demasiado ocupados en abrirse paso embistiendo y concentrados exclusivamente en los resultados.»

Los hombres no siempre tienen en cuenta otros factores subjetivos que están más allá de la capacidad. Una encuesta reciente ha llegado a la conclusión de que el 68 por ciento de los factores implicados a la hora de querer promocionarse en el trabajo o de querer conservarlo son subjetivos. Según la doctora Soder, los hombres, con más frecuencia que las mujeres ejecutivas, niegan que una reducción de plantilla o una reestructuración vaya a afectarlos a ellos. «Aquí es donde entran en juego las esposas, las compañeras, las novias, las compañeras de trabajo y, ocasionalmente, algunos de los amigos que están más en la onda. Todas estas personas pueden ser muy útiles a la hora de hacerle ver al hombre lo que es posible que ocurra.

«Eso fue lo que me dijo mi mujer» es una frase muy habitual entre los hombres que acuden a la consulta de la doctora Soder. Pero, a menudo, no aceptan las intuiciones de las esposas porque creen que estas no pueden ser objetivas. Y, además, tampoco quieren sentirse dependientes de una esposa-madre, del mismo modo que evitaron las advertencias protectoras de sus madres.

A veces, sin embargo, tenemos que confiar en lo que nos sugieren los demás, al menos hasta que nosotros mismos podamos sugerirnos algo. Una esposa también puede dar permiso al hombre para cambiar.

«Personalmente, la pérdida del trabajo me hizo valorar más, no amar más, sino valorar a la esposa con la que llevo veintidós años», dice Bob Graham. Primogénito de una familia obrera y católica, consiguió llegar a un puesto ejecutivo en una editorial y fue víctima no de una sino de dos reducciones de plantilla, la primera a los 42 años y la segunda a los 52. «Cada vez que he tenido una crisis en el trabajo, mi esposa ha sabido lo destrozado que estaba y me ha apoyado de una manera espléndida.» Un año y medio después de ser despedido por segunda vez, ya no le daba vergüenza mostrar sus heridas de guerra. A los 53, Graham proyectaba toda la afabilidad de un buen vendedor, pero se trataba de una afabilidad sazonada con las conclusiones a las que había llegado en sus diez años de consejero profesional, durante los cuales ha ayudado a otros hombres a superar el temible pasaje de la pérdida de empleo.

«Llámame Bob», dice cuando nos encontramos para tomar café. Se ha desplazado a Nueva York desde Westport, en Connecticut, donde tiene la agencia de asesor profesional. Pero lo más importante de todo es que, después de pasar veinte años sin practicar su religión, el tiempo que pasó en el bosque oscuro le llevó a un resurgimiento de la fe. Se inclina hacia delante sobre la mesa en la que vamos a comer, deseoso de contarlo.

«Una gran carrera a menudo nos vuelve caníbales y dejamos de ser quienes realmente somos. Los hombres tenemos tendencia a dividir nuestra vida en compartimentos: estudios, matrimonio, profesión... A menos que haya interferencias, no nos dedicamos a la introspección. Siempre pasamos a la acción.»

Durante el duro pasaje que atravesó tras ser despedido por segunda vez, encontró una enorme fuente de gratificación y sentido del valor haciéndose miembro fundador de la sede local de A Better Chance, una organización nacional con fines no lucrativos, que financia los estudios superiores a estudiantes dotados pertenecientes a las minorías étnicas. Al abrirse a la comunidad, se ha creado un nuevo círculo de amigos, y casi todos ellos acuden a la misma iglesia protestante. Bob fue a ver al pastor: «No he conocido a ningún miembro de su congregación que no me guste o al que no respete —le dijo—. Creo que esto es una señal. Me crié como católico, pero no quiero quedarme aislado el resto de mi vida. Creo que estoy abierto a la gracia de Dios». El pastor le invitó a acudir a la iglesia el domingo siguiente para que comprobara por sí mismo si estaba abierto o no a la gracia de Dios.

«Así que hacia allí me fui, de la mano de mi esposa judía, y ambos entramos en una iglesia protestante —cuenta Bob riendo, al recordar los nervios que pasó en aquel momento. Ahora va todos los domingos y sin la sensación de que hay que hacerlo por obligación—. Me estoy quitando de encima cosas pegajosas —dice—. Este tipo de descubrimiento sólo se da si estás abierto y receptivo.»

¿Recordáis al ejecutivo despedido de Digital que citamos antes y que decía: «A los que tenemos más de 50, tener que salir por una ventana abierta nos parece una auténtica caída»? Bob Graham fue capaz de ver la ventana abierta como una apertura que le permitía recuperar algunas partes perdidas de sí mismo, las mejores. «Ahora me siento mucho más completo —dice—, pero eso no sería así de no haber perdido el trabajo. Para poder disfrutar de esta perspectiva, tuvo que arrollarme un camión.» Dice que todavía le quedan algunas heridas, pero que le parece bien no ser presidente de una empresa, que otro hombre tenga una casa más grande, unos hijos más listos o una mujer más guapa. Bob es más sincero sobre las máscaras y posturas tras las que solía esconderse, y eso le ayuda a aconsejar a otros hombres que pasan por situaciones similares.

«Ha llegado el momento de ser más tolerante con los demás y de aceptarse más a uno mismo», les dice a sus clientes. Los alienta sobre todo a que se abran y hagan nuevos amigos. Los amigos son una parte vital del equipo que todo hombre necesita para afrontar un cambio de empleo. Aun cuando un hombre no sufra esos problemas laborales, en la madurez necesitará expandir su círculo de amistades.

DESCUBRE TU PASIÓN Y VE TRAS ELLA

El acontecimiento que haga despertar a los hombres de más de 50 años no tiene por qué ser la pérdida del empleo. Como antes se ha mencionado, después de esa edad se dan otros finales. Y si eres un hombre que te beneficias de tener muchos éxitos a la espalda, no necesitas esperar a que una pérdida o un revés te hagan reaccionar.

> Si eres realmente listo, precipitarás un cambio de dirección antes de chocar con una crisis.

De esa manera burlarás la cultura. Estarás en la vanguardia, porque, además de adaptarte a un nuevo ciclo de la vida adulta, hay otra razón que incita a los hombres a cambiar las reglas del juego:

los grandes cambios que se están dando en el paisaje económico y social de nuestra cultura.

La clave de una segunda madurez vital está en descubrir tu pasión y entregarte a ella en cuerpo y alma. Una vez que te hayas dado permiso para cambiar, ¿cómo buscar la pasión que estimulará la segunda parte de tu vida?

Dave Meltz, el profesor de derecho del grupo de Atlanta, lo vio claro cuando, ante la posibilidad de morir, tuvo que rendirse a la voluntad de un cirujano. Abandonó la competición de «publicar o morir» del ámbito universitario para volver a hacer lo que más le gusta, enseñar, y se creó un puesto en el que es indispensable como decano y como profesor en una nueva y flamante escuela de leyes. Ahora vive su primer amor: nutrir a sus alumnos.

Lee May, el periodista de Atlanta que se tomó una excedencia de un año para investigar en su pasado, descubrió que su pasión en la edad madura era cuidar del jardín y compartir su amor por las plantas y la comida con un leal círculo de lectores.

En anteriores estudios que he realizado con miles de profesionales masculinos que tenían una media de 52 años, procedentes de todo Estados Unidos, los que miraban atrás y reflexionaban sobre la primera mitad de su vida adulta, a menudo se veían recompensados con la sensación de «ser conscientes del progreso que se ha dado en las partes importantes de la vida». Hace una generación, estos mismos hombres, después de los 50, se habrían sentido de capa caída. Hoy, valoran el progreso que han hecho y que todavía están haciendo. Muchos de ellos dicen que ya no son tan agresivos, impulsivos y egoístas como cuando eran jóvenes. Y eso les facilita redescubrir qué enciende su pasión.

Tienes que comprender que no descubrirás cuál es tu pasión de la noche a la mañana. Los hombres están acostumbrados a obtener respuestas inmediatas. Pero, en esto, el problema no tiene nada que ver con lo rápido que se encuentre la respuesta. Haz el «test de cómo vuela el tiempo»: Piensa en cuando eras adolescente o más joven que ahora. ¿Qué hacías cuando tenías la sensación de que el tiempo pasaba volando y tú ni te enterabas? En esa actividad probablemente encontrarás la semilla de una idea que puede revitalizarte la vida. No te preocupes si al principio parece poco práctica. Intenta llegar a la esencia de por qué te gusta esa actividad. Entonces, piensa en ello, sueña con ello, discútelo con tu pareja e infórmate a través de tus amigos.

> El proceso de búsqueda es lo que mantiene viva la esperanza.

También estimulará tu sistema inmune. Los hombres que se quedan atascados pensando en el prestigio profesional que han perdido, tienden a desarrollar una depresión crónica leve y, a veces, ni siquiera se dan cuenta de ello. Unos estudios realizados sobre el sistema inmunitario concluyen que son las emociones las culpables de que nos volvamos propensos a enfermedades de ese tipo. En un fascinante estudio realizado por la doctora Margaret Kemeny, psicoinmunóloga de la UCLA, se descubrió que el efecto de los sentimientos intensos (la felicidad, la ira o incluso la tristeza activa) producía un aumento en el número y en la actividad de los glóbulos blancos, las células que ayudan a combatir la enfermedad. Y este aumento en el funcionamiento efectivo del sistema inmunitario se producía a los veinte minutos del cambio de estado de ánimo del individuo. Era la ausencia de emoción lo que deprimía el sistema inmune y predisponía a la persona a la enfermedad.

Ten paciencia. Este proceso de búsqueda puede durar un año o dos, o incluso diez, pero es algo en lo que necesitas empezar a pensar a medida que te acercas al final de la primera madurez. Cuando llegues a los 50, tendrás que convertir esa búsqueda en un objetivo diario, como lavarte los dientes o decidir si te pones gabardina o no.

> ¿Cuál es mi pasión?
> ¿Cómo encontrarla?
> ¿Cómo vivirla?

8

Amor y guerra con las esposas, los padres y los hijos

Cuando los hombres se hacen mayores, necesitan más alimento emocional. En fases anteriores, cuando el objetivo fundamental es lograr éxito y prestigio en sus profesiones, tal vez no sientan necesidad de cultivar sus relaciones con los demás. A partir de los cincuenta y hasta los sesenta y tantos, las cosas cambian. Los hombres se sorprenden a sí mismos al verse más tiernos y cariñosos, deseando unas relaciones más ricas y complejas con su mujer, sus hijos, sus amigos y unos cuantos miembros selectos de la familia.

—Ah, entonces lo que quieres es que los hombres sean más blandos, ¿no? —me preguntó en tono de burla Charlie Rose, en una entrevista para la televisión.

—No —respondí, quiero que todos, hombres y mujeres, seamos más completos.

Cuando un hombre empieza a disfrutar trabajando en el jardín de su casa, o toca un instrumento que de joven le había encantado, o se abre para reforzar unas relaciones que se habían debilitado y reflexiona sobre su vida y sus vínculos con la esfera espiritual, es obvio que está en marcha una trascendental reorganización de su personalidad. Los estudios antropológicos nos dicen que, al envejecer, el hombre sigue identificándose con su virilidad —no se vuelve afeminado o andrógino—, pero su necesidad anterior de demostrar lo que vale mediante el sexo y las conquistas sexuales cae en picado. También se siente más libre para expresarse creativamente, para experimentar sus emociones, para valorar su entorno desde el punto de vista estético y ser más artista, tierno y cariñoso.

En cambio, las teorías del desarrollo adulto, que como casi todas, han sido creadas por hombres (de Freud a Jung, pasando por Erikson y Levinson), se han concentrado en el logro de la individuación total del «yo», que se basa en la separación de otros. Estas teorías hacen hincapié en el poder y el control, mientras que otorgan muy poca importancia a la construcción de relaciones mutuas con la pareja, amigos de ambos sexos, colegas de trabajo, hijos adultos y miembros de la comunidad. Sólo en la fase final de la vida del hombre, Erikson y los estudiosos de su escuela aprueban la generatividad, un proceso mediante el cual el hombre se vuelve paternal y creativo en un sentido nuevo y experimenta una «obligación» voluntaria de guiar a las nuevas generaciones y ser el mentor de sus colegas más jóvenes.

Sin embargo, es su experiencia de la relación lo que puede hacer llorar a un hombre maduro (cuando su padre muere sin pronunciar las palabras «te quiero», cuando su mujer lo «abandona», cuando «entrega» a otro hombre en matrimonio a su hija tan querida). Igual que las mujeres, los hombres tienen la necesidad primaria de contacto humano. Ellos también fueron unos bebés cuya experiencia de fusión con la madre en una mutualidad sin límites de tiempo fue lo más cercano a la felicidad que sintieron. Pero las normas culturales exigen que los chicos realicen una ruptura emocionalmente violenta con la madre y, en el proceso, aprendan a desconectar de todo el mundo de los sentimientos que conllevan las relaciones.

DE COMPETIR A CONECTAR

Desde 1991, el psiquiatra Stephen Bergman y su esposa, Janet Surrey, que dirigen seminarios y realizan investigaciones en el Stoner Center del Wellesley College, en Massachusetts, han abierto una nueva línea de investigación en el desarrollo psicológico del hombre. Afirman que desconectar es aprender a no escuchar, no registrar los sentimientos propios o los que expresan los demás, a «apagar el interruptor» a fin de mantener el control e ir a lo práctico. En lugar de la vieja dicotomía «o esto o lo otro», hacen hincapié en «el poder curador de las relaciones mutuas, tanto con hombres como con mujeres». El objetivo del desarrollo no es aumentar el poder y el control solitario de uno, sino aumentar la capacidad de construir y expandir relaciones mutuamente potenciadoras. «A medida que aumenta la calidad de las relaciones, el individuo crece..., cuanto más conectado está, más poderoso es», escribe el doctor Bergman.

> El cambio importante que debe introducir en la vida un hombre maduro es dejar de competir para empezar a conectar.

Esta observación es el resultado del estudio de siete años de duración que realicé para *New Passages* (7.800 hombres y mujeres adultos respondieron a una encuesta sobre su vida. Además, realice unas 500 entrevistas personales y estudié a 800 hombres y mujeres de mediana edad, de entre los considerados «vanguardistas» de su generación). Conectar significa estar abierto tanto a dar como a recibir, de todo corazón, no sólo con la cabeza. Significa estar dispuesto a escuchar a la pareja y a empatizar con ella, y no intentar siempre arreglar lo que está mal; ser capaz de demostrarle a un amigo lo mucho que se le quiere y ser capaz de recibir el afecto que este le profesa; desarrollar un oído fino que capte los sentimientos que se expresan bajo las palabras que utiliza un adulto niño o un empleado para expresar sus necesidades o frustraciones. Conectar con la naturaleza, la música y la dimensión espiritual, así como sintonizar con las sutiles intuiciones de uno mismo, es para el hombre una manera de enriquecer su vida interior, profundizar en ella y volverse cada vez menos dependiente de la valoración externa.

Los hombres que permiten que se dé este cambio también se convierten en líderes o directores más valiosos. La tradicional practica empresarial de estilo militar y jerárquico funcionó muy bien para la generación de John Wayne, pero no es un estilo que aliente las redes de conexión necesarias para que las cosas funcionen bien en un mercado global, multicultural y orientado a los servicios. Los dirigentes empresariales de hoy en día tienen que ser maestros y asistentes, ser capaces de determinar qué tipo de personas, conocimientos y técnicas se requieren para realizar el siguiente proyecto, y de contratar, apoyar y, a la larga, sustituir a dichas personas por el siguiente equipo. Los mejores profesores también son asistentes, y se los valora no tanto por sus enseñanzas sino por su papel de consejeros profesionales prácticos y gurúes a los que sus alumnos puedan emular.

Los hombres del grupo de discusión de Atlanta, como los anteriormente descritos de los grupos de San Francisco y de Memphis, resaltaron la necesidad de implicarse más como padres, de estar más sintonizados con su pareja y de encontrar alguna manera de ser útiles a la sociedad y valorados por ella. En concreto, hablaron de la importancia de conectar en un nivel más profundo con sus esposas. Ray Brown, el futbolista profesional que más tarde montó una empresa, llegó a una conclusión que parece obvia pero que, para muchos hombres, no lo es. «Cuando estás atrapado en el mundo de los negocios, intentando salirte con la tuya, pierdes el rumbo. No le demuestras a tu esposa lo importante que es en tu vida.» Había oído sin querer la frase que la mujer de un amigo suyo le decía a este en tono de queja: *Ya no haces las cosas que hacías cuando éramos novios.*

«Eso me causó un gran impacto —dijo Ray—. Durante los últimos cinco años, he intentado hacer las cosillas que hacíamos cuando no teníamos hijos. Así consigo que mi mujer se sienta muy especial. Son nuestros mejores momentos. Supongo que, como los chicos están en la universidad, los echa de menos. Y yo tengo que compensar esa ausencia. Nos sienta bien.»

Pero conectar emocionalmente puede parecerle extraño, incluso aterrador, a un hombre al que le han enseñado a relacionar la masculinidad con ser un competidor fiero y solitario. Y cuando la mujer empieza valerse por sí misma, tal vez se sienta eclipsado.

LA DIVERGENCIA ENTRE LOS SEXOS: ¿CONSUELO O CRISIS?

Seis parejas tomaban un descafeinado después de una fiesta en Nueva York, una noche entre semana. Entre las mujeres, todas con más de cincuenta años, había una abogada, una decoradora, una administradora de fincas, una dibujante de tiras cómicas, una restauradora y una profesora de yoga. A las once y cuarto de la noche, las mujeres empezaron a moverse, nerviosas, al tiempo que miraban el reloj y murmuraban disculpas amables. «Mañana por la mañana tengo que volar a Washington para ver a un cliente.» «Tengo que terminar de leer el expediente antes de ir mañana a los juzgados.» Los hombres, de entre 45 y 65 años, estaban relajados y gozaban de una conversación estimulante. No tenían prisa. ¿Cuál es la diferencia?

Todas las mujeres trabajan a jornada completa y su carrera todavía está creciendo. Sus maridos empiezan a desarrollar menos actividades o están jubilados.

A menudo, los dos miembros de una pareja se encuentran en la misma fase de desarrollo pero no están sincronizados. Hoy en día, cuando las mujeres sanas y cultas llegan a los 50, suelen sentir una gran explosión de energía, lo que Margaret Mead, mi mentora, llamaba el «entusiasmo posmenopáusico». Es probable que digan: «Todavía tengo treinta o cuarenta años por delante. ¡Vamos!». Los hombres que afrontan el mismo pasaje, si lo consideran una pérdida de poder o de potencia, tienen miedo de que las mujeres los necesiten menos. Este desequilibrio ha dado lugar a uno de los pasajes más difíciles para los hombres y las mujeres casados de hoy en día: el cruce de los sexos.

Es un cataclismo que no ocurría cuando a los hombres se les recompensaba por su lealtad en la edad madura y se retiraban con una cómoda pensión, y se esperaba que la mujer posmenopáusica apagase sus motores mentales y dedicase la edad de oro a hacer de abuela y de enfermera de los familiares mayores.

La nueva realidad, como antes se ha mencionado, es esta: los hombres abandonan la fuerza de trabajo cada vez más pronto, mientras que las mujeres trabajan hasta una edad cada vez más avanzada. El cruce de los sexos queda evidenciado en las cifras aún sin publicar del Instituto de Estadística Laboral de Estados Unidos.

> Dos tercios de los hombres de entre 55 y 64 años realizan algún trabajo remunerado. Pero su participación en la fuerza de trabajo no ha aumentado en absoluto en los últimos diez años.

En cambio, la participación de las mujeres en la fuerza de trabajo durante la edad madura (de 55 a 64 años) ha aumentado constantemente y de manera considerable en el mismo período de tiempo.

> La mitad de las mujeres de entre 55 y 64 años realizan algún trabajo remunerado.

En 1996, cuando el mercado laboral inició una sólida expansión, los hombres de más de 55, a menudo retirados o medio retirados, empezaron a dar muestras de reingresar en la fuerza de trabajo. Pero, entre las mujeres de 55 años, el número de las trabajadoras aumentó el 50 por ciento más que el de los hombres del mismo grupo de edad.

Por eso, la esposa cincuentona está en una posición de despegue: poniendo en marcha un negocio propio, asistiendo a la escuela superior, o corriendo por medio mundo para ayudar a refugiados. Tal vez el marido haya decidido retirarse pronto, o le han dado una buena indemnización, o ve que su carrera se acaba. Entonces quiere que su mujer reduzca el paso para que le haga compañía, justo cuando ella volvía a revolucionar sus motores. Aunque no haya sido designio de nadie, en ese momento se produce un cambio en el equilibrio de poder de la relación y estalla el conflicto.

Pero si los dos abordan sinceramente esta divergencia natural y aprovechan al máximo su ampliado repertorio de conductas, las tensiones que produce aferrarse a las rígidas distinciones hombre-mujer se relajarán, y la relación entre ambos se volverá más dinámica. La divergencia entre los sexos llegará a provocar una crisis sólo si el hombre no se siente lo bastante fuerte o capaz, o si siempre ha creído en los mitos de la masculinidad que dictan que él ha de dominar en todas las esferas. En ese caso, le será difícil ver cómo su esposa va descubriendo sus propias habilidades y fortaleza. Aunque algunos detalles puedan ser distintos de los de tu experiencia, es probable que la historia del entrenador y la enfermera te resulte familiar.

ENTRENAR AL ENTRENADOR

A los 24 años, Coach* era un tipo duro. Prometedor boxeador de competición, se entrenaba todos los días mientras estudiaba en el instituto. Corría por su barrio de clase obrera, subía y bajaba colinas, levantaba pesas de fabricación casera. Su trabajo a tiempo parcial como ayudante del entrenador de fútbol del equipo de la escuela era algo para ir tirando, ya que lo que realmente él deseaba era entrar en el equipo olímpico de boxeo de Estados Unidos.

No lo logró, y entonces se sintió tan frustrado que dejó de entrenar y de correr, aunque siguió sometiéndose a una dieta para atletas de competición. Comía patatas y carne en abundancia porque decía que «lo hacía sentirse como un atleta de competición». Se casó con una enfermera diplomada, que enseguida le llamó la atención.

—Cuando dejas de entrenar, no quemas todas esas calorías.

—Eileen,* tú no comprendes la mentalidad del atleta —repuso él sin hacerle ni caso.

«No, claro, no lo comprendo. He sido del equipo femenino de tenis de mi universidad y no entiendo nada.»

---

* Es un seudónimo.

Pero, en esa época, Coach siempre tenía la última palabra. Era el sostén económico de la familia (su mujer había dejado de trabajar después del nacimiento del segundo hijo y él se dedicó en cuerpo y alma a convertirse en entrenador de fútbol. Siempre tuvo prisa: en ejercer, en pasar del nivel medio al nivel universitario, cosa que logró a los treinta y cinco años. También tenía prisa haciendo el amor. Coach se jactaba de ser tan rápido como un coche de carreras: de cero a cien en menos de un minuto. Su mujer no se lo tomaba a mal y decía: «Su amante es su trabajo, y a mí eso me parece bien».

Pero de pronto, se vio acercándose a la línea de las cincuenta yardas de su propia vida. Compitiendo con preparadores más jóvenes para incrementar su reputación, aspiraba a entrenar a un equipo profesional. Estaba a punto de conseguirlo, la gente lo aclamaba, cuando tuvo la primera crisis de salud: se desmayó en la banda del campo durante un tenso partido por el título regional. «Ahora será difícil que me contraten», pensó. Al ver que el sueño podía escapársele de las manos, no quiso afrontar la posibilidad de una enfermedad cardíaca. Sus hijos estaban internos en una escuela, y su mujer le llamó la atención: necesitaba que lo visitara un cardiólogo, y probablemente le haría más pruebas.

—Pues tendrás que ocuparte tú de concertarme las citas con los médicos —le dijo a su esposa.

—¡Pero si te han diagnosticado una enfermedad peligrosa! —le recordó ella.

—Ahora no tengo tiempo para esas cosas. Me han encargado la formación de un equipo y ponerlo a punto para cuando empiece la liga en enero.

Como era enfermera, Eileen sabía leer una angiografía. En el mapa del corazón de su marido, las arterias principales aparecían tan estrechas como caminos de tierra. Una buena tormenta y quedarían impracticables.

—Estoy asustada —le comentó.

—Pues tendrás que preocuparte tú por los dos, porque yo no tengo tiempo —insistió Coach.

Ella trató de decirle que aquello era una negativa por su parte y que las arterias de su corazón no eran un río egipcio. Pero Coach desconectó de su cuerpo, mientras que su mujer se tomó el problema como responsabilidad suya y se aseguró de pedirle hora para que le hicieran una angioplastia.

El día antes de la prueba, el director del equipo que iba a contratarlo como entrenador le dijo: «Realmente queríamos que trabajases con nosotros, pero el propietario del club no está seguro de que puedas hacerte cargo del equipo. Lo siento». Él fingió sorprenderse y acto seguido llamó a su médico para decirle que iba a verlo de inmediato para meterle una bronca.

—Mire, doctor, yo no estoy tan mal —protestó—. ¿No podría lavar un poco mi informe para que me dieran el empleo?

Después de hacerle un reconocimiento, el médico anunció:

—Voy a hospitalizarlo ahora mismo. Tiene la cabeza a punto de explotar.

—No.

El médico lo trató como si fuera un perturbado mental.

—Mire, tiene la presión sanguínea a veintidós de máxima y...

Coach se rebeló contra su propia muerte de forma instintiva, con ganas de desafiarla. Se levantó de la camilla de reconocimiento y se lanzó hacia la puerta, gritándole al médico lo que en aquel momento le pareció el peligro más claro e inminente:

—¡Todavía no me he acostado con una mujer Escorpión en una cama de agua!

Montó en el coche y, mientras cruzaba un puente, pensó en lo maravilloso que sería ir al campo y, una vez allí, echar a correr, correr con el ímpetu y la despreocupación de cuando tenía veinte años, correr tan deprisa que la sangre le reventara las arterias e inundara todo su cuerpo y le diera calor... *Dios mío, por favor, que tenga un ataque de corazón ahora mismo y termine todo de una vez*, pensó. Se imaginó tendido en la cama de un hospital, con las sábanas grisáceas e impersonales, los susurros y las lágrimas. Su mujer dejaría de criticarlo. Sus hijos lo valorarían. Sus jugadores le murmurarían: *¿Qué nos has hecho, Coach? Te necesitábamos tanto...* Sería un ataque cardíaco de exhibición, como un juego. Entonces, se levantaría de la cama y se marcharía, sano y salvo.

Su esposa se aseguró de que, al día siguiente, fuera al hospital.

Las arterias obstruidas del corazón habían vuelto a abrirse. Con el tiempo, su crisis de salud pasó, pero con ella la oportunidad de oro que habría supuesto para la pareja descubrir cómo trabajar juntos en una relación solidaria. Si Coach y su mujer hubiesen experimentado el poder curador de estar conectados durante la crisis, recuperando la salud al tiempo que accedían a un nuevo nivel de intimidad, no habrían tomado direcciones opuestas en la edad madura.

«Mis pensamientos se centraron en la supervivencia —admitió Eileen—. Yo sólo trabajaba por horas, dependía por completo de él y de sus ingresos, y si le ocurría algo, mis hijos y yo nos quedaríamos sin nada.» ¿Tendría que trabajar de nuevo toda la jornada? Debido a los valores tradicionales de la pareja, era una decisión tortuosa. Eileen trabajaba en la unidad de quemados de un hospital infantil. «Mi supervisor llevaba años intentando convencerme de que hiciera la jornada completa —recordó Eileen—. Le dije: "Mira, ahora creo que no podría aprender nada. Estoy demasiado nerviosa". No me daba cuenta de que a mi edad podía ponerme a estudiar para trabajar en la unidad de cuidados intensivos para niños. Para mí fue sorprendente ver que las mujeres podemos recuperar el tiempo perdido.»

Coach le dio su beneplácito y Eileen volvió a clase para poner al día sus conocimientos. Para su asombro, no era difícil sino estimulante. Se sacó el título que quería y empezó a ejercer de inmediato. Toda la familia estaba asombrada. Y cuando empezó a trabajar toda la jornada, todavía se sorprendió más: ganaba más dinero que su marido. Y todos los años le subían el sueldo. Como entrenador de un equipo universitario, el hombre tenía suerte si se lo subían cada dos años. Ninguno de los dos mencionó el importante cambio que se había producido en el equilibrio de poder de la relación. Un día, en un momento concreto, se hizo patente el abismo que había en la percepción que tenían el uno del otro.

Era domingo y el partido había terminado. Coach echaba de menos a su esposa. Ella llevaba dieciséis horas fuera de casa. Se acercó al hospital a llevarle un tentempié y a pedirle el talonario de cheques. «Su mujer está ocupada atendiendo a un niño que tiene quemaduras de tercer grado», le dijeron. Cuando vio a Eileen en acción, apenas pudo dar crédito a sus ojos. Estaba rodeada de un equipo de supervivencia de alta tecnología, inclinada sobre un niño de cinco años que tenía todo el cuerpo quemado. Mientras Eileen leía las cifras de un gran ventilador y un monitor de la función cardíaca, las alarmas y los pitidos formaban una terrible sinfonía de lucha entre la vida y la muerte.

Nunca había visto a su esposa como a una persona separada de él, como a una profesional por derecho propio, y no encontró palabras para decirle lo impresionado que estaba por el nivel de sus conocimientos y su competencia. En cambio, le salió una broma de cierto mal gusto.

—Qué bien —le dijo—. Veo que eres capaz de salvar una vida tú sola.

—¿Y qué crees que hago aquí? ¿Estar sentada meciendo niños?

Las cataplasmas de intimidad que suavizan los problemas matrimoniales también se habían secado. Eileen se sentía cada vez más estimulada, gracias a la posición que le permitía ocupar su tardía profesión. En cambio, Coach se veía más alicaído. Tenía que volver a la cumbre, así que se puso a trabajar por horas como agente inmobiliario y se convirtió de nuevo en el principal sostén económico de la familia. De ese modo, apenas tenían tiempo para hablar y mucho menos para la intimidad. Coach come y trabaja, come y trabaja. Cuando llega a casa hacia las ocho de la tarde, «está tan cansado que no se encuentra en condiciones de hacer deporte en la cama», se queja Eileen.

Ahora, Coach tiene 52 años y un sobrepeso de casi 40 kilos. Como está enfadado consigo mismo por no estar a la altura de su ideal de virilidad, se ha encerrado en unos hábitos machistas que se han vuelto autodestructivos. Pese al hecho de que racionalmente apoyase la vuelta al trabajo a jornada completa de su mujer, inconscientemente parece querer castigarla porque ya no es para ella el centro de su atención. La manera que tiene Coach de abordar esta divergencia entre los sexos es escudar su ira tras la grasa y negarle a su esposa la intimidad y el sexo.

ABSTENERSE DEL SEXO

Cuando los hijos se van de casa, la vida amorosa de la pareja suele revitalizarse si sus miembros no están inmersos en un conflicto de poder. Si el marido o la mujer están airados o resentidos, el alejamiento de los hijos agudiza más los problemas de la relación. Dado que las mujeres de mediana edad tienden a centrarse más en su crecimiento personal y sus objetivos, los hombres no deben esperar que sus mujeres sigan anteponiendo las necesidades y deseos del marido a los propios. Las mujeres también están entrando en un pasaje trascendental, con la menopausia como indicador imborrable. Así pues, avanzar hacia la Edad de la Maestría requiere que todo matrimonio pase por una fase de renegociación. Los dos necesitan más espacio para despojarse de las corazas de los roles limitadores que se les han quedado pequeños, a fin de seguir expandiéndose y crecer. El escenario donde suele realizarse esta renegociación no es el despacho de un abogado, sino el dormitorio. No es una cuestión de palabras, sino de sexo y de deseo.

Un hombre como Coach responde a lo que capta como ataques a su preponderancia masculina. A veces, estos sentimientos son expresados, pero lo normal es que no ocurra así. Se acumulan resentimientos. No querer sexo es el resultado natural de la ira y el resentimiento en una relación. A menudo también es una manera efectiva (aunque inconsciente) de esgrimir el poder por parte del cónyuge que se siente desbancado en la relación: un poder negativo de abstención.

Abstenerse del sexo solía ser la última arma a la que recurrían las mujeres que sentían que sus maridos no habían reparado en sus necesidades durante años. Los sexólogos actuales nos dicen que esta tendencia se ha invertido: «En mi consulta, el 95 por ciento de las quejas de pérdida del deseo sexual en una pareja proceden de los hombres —dice la doctora Bernie Zilbergeld, sexóloga con un cuarto de siglo de experiencia y autora del excelente libro *The New Male Sexuality*—. Pero los hombres consiguen apartar el sexo de su vida conyugal durante diez o veinte años, lo que ahora ha cambiado es que las esposas se quejan de eso».

Todo empieza con la ira sin resolver contra el cónyuge. ¿Qué mejor manera de vengarse que negarle la atención sexual o la intimidad, invalidando con ello el atractivo de la mujer?

> A menudo, la pérdida del deseo sexual es el resultado de los problemas o las luchas de poder en la relación de pareja.

En aproximadamente un tercio de las parejas cuyos dos miembros trabajan con dedicación completa, el salario de la mujer supera al del hombre. En la mediana edad, los hombres afroamericanos se quedan rezagados con respecto a las profesionales negras. Incluso las parejas mejor adaptadas de cualquier raza admiten que, cuando la mujer aporta el salario más alto, tienen que esforzarse más para que la relación mantenga su estabilidad.

Esta tendencia está aumentando. Incluso en una economía que se ha recuperado gradualmente de la recesión y que es tan sólida como la norteamericana, es posible que en las familias de clase media el hombre todavía no haya recuperado del todo su posición. Los ingresos medios de los trabajadores masculinos a jornada completa descendieron en 1996, pese al hecho de que la tasa de desempleo alcanzó las cifras más bajas del último cuarto de siglo.

La igualdad en los ingresos es incluso mayor en las parejas más ricas. El 5 por ciento de las mujeres que más ganan ha disfrutado de un aumento de un tercio en sus ingresos durante las últimas dos décadas. Los aumentos más considerables se han dado en las mujeres cultas casadas con hombres de salarios elevados. Estas mujeres, por lo general profesionales, siguen trabajando después de la mediana edad y cada vez tienen más prestigio y ganan más. ¿Cómo responden a la inestabilidad o al final prematuro de las carreras de sus maridos?

> - Los hombres profesionales de Estados Unidos ingresan 857 dólares semanales por término medio. Entre los hombres que se encuentran en la Edad de la Maestría (de 45 a 54 años), la mitad tiene unos ingresos superiores a la media de los de los profesionales que realizan jornada completa.
> - Las mujeres profesionales tienen unos ingresos medios semanales de 647 dólares. Entre las mujeres que están en la Edad de la Maestría (de 45 a 54 años), casi un tercio de ellas tiene unos ingresos superiores a la media de los de las profesionales que realizan jornada completa.
>
> *Fuente:* Datos no publicados del Instituto de Estadística Laboral de Estados Unidos.

LA ESPOSA COMO RED DE SEGURIDAD

Sería un error contar con el desinteresado apoyo de una esposa mientras el hombre avanza por el camino lleno de baches de la edad madura. También las mujeres entran en un pasaje nuevo de la vida. Hoy en día, una vez desatadas, las aspiraciones de una mujer de cincuenta años son prácticamente infinitas. Cuando dejan atrás el rol de cuidadoras primarias de los hijos, luchan con todas sus fuerzas para conservar esa libertad recién encontrada. El hecho de que la vida de los hombres esté cambiando en estos momentos, ya sea de manera voluntaria o por accidente, tiene unas profundas consecuencias para sus esposas.

«Antes me avergonzaba de que mi marido ya no fuese el pez gordo que había sido», confesó una psicoterapeuta extraordinariamente dotada de Nueva York—. Él era un trotamundos de las finanzas. Yo sólo una mediocre asistenta social que trabajó media jornada mientras los chicos se hacían mayores. Al llegar a los 50, el financiero se arruinó y la mediocre asistenta social se licenció en psicología y montó una consulta privada, dedicándose sobre todo a aconsejar a las víctimas de los altibajos económicos de las empresas (lo mismo que ha hecho gratis con su marido todos estos años). De repente, se convirtió en la estrella de la familia. Su trabajo era el más importante y el más lucrativo.

«Fue un gran cambio tanto en mi realidad como en la de él —me dijo la mujer—. Tal vez lo mitificaba, pero yo siempre lo había visto como a un gigante montado en un caballo blanco. Mi sentido de seguridad y mi nivel de vida dependían de la posición que él ocupara en su profesión. Muchas amistades se rompieron a raíz de nuestro descenso en el nivel de vida. Yo no podía aceptar tener que competir al viejo estilo, y realmente no quería hacerlo. Formamos parte de la primera oleada de víctimas de la recesión.»

Como hay tantos expeces gordos que en la edad madura se sienten perdidos, muchas esposas trabajadoras están experimentando un duro aterrizaje. En la misma fase en la que hay que pagar las matrículas de la universidad de los chicos, los padres a veces tienen los primeros problemas de salud. Si el marido que tenía un buen cargo está ahora en el paro o trabajando por horas, ¿quién tiene que mantener económicamente a la familia? La mujer se convierte en la red de seguridad. Aun cuando la mujer tenga buenos ingresos, a menudo se siente enfadada e incluso abandonada. Sea lo que sea lo que le haya ocurrido al marido, ¿se espera de ella que sea poderosa y protectora?

«Lo que digo tiene mucha validez porque no sólo ayudo a las personas a afrontar ese problema sino que también lo estoy viviendo —me explicó la psicoterapeuta, que admitió tener problemas intestinales así como trastornos emocionales en los que alternaba crisis de ansiedad y de ira—. Para mí y para las mujeres a las que aconsejo, la mayor dificultad es separar los mitos de la niña que llevamos dentro, la que creció creyendo que llegaría un príncipe azul, de la realidad de lo que está ocurriendo en la vida de nuestros maridos. Eso todavía le crea más problemas al hombre que tiene que afrontar esa situación. Sin embargo, es también muy normal y natural. Por más adaptables que seamos, cuando preguntas a las mujeres más listas y más triunfadoras cuáles son sus sentimientos más profundos, siguen creyendo que deberían tener un marido más emprendedor que ellas, en el que pudieran apoyarse para tener seguridad financiera y emocional.»

Aun cuando la mujer tenga unos ingresos considerables, si se cuenta con ella para pagar los recibos habrá cierto resentimiento. Casi todas las esposas profesionales a las que he entrevistado no ponen objeciones a pagar las vacaciones familiares, compartir los gastos escolares o comprar los regalos de Navidad. Pero la idea de tener que hacerse cargo de los gastos diarios o de la hipoteca de la casa nueva entra en contradicción con el rol que les han enseñado a desempeñar. Cuanto mayores sean los ingresos del marido, menores son las probabilidades de que este ayude en las tareas domésticas o en el cuidado de los hijos. Se siente con derecho a que, en casa, lo cuiden. Cuando deja de trabajar a jornada completa, ¿pierde ese derecho? ¿Y si ahora la esposa piensa que trabaja y gana más que él? Llega a casa después de pasarse el sábado por la mañana en la oficina y se encuentra con que el marido se ha ido a pescar y que no hay comida en casa. Como él experimenta cierta dependencia hostil de su esposa, ve como un desafío cualquier favor que ella le pide. En estas circunstancias se producirán fricciones. Cuando los roles se invierten, ¿quién es responsable de qué?

Según los profesionales de la salud mental, cada vez hay más hombres de todas las clases sociales a quienes les cuesta aceptar el éxito de sus mujeres. Las formas más obvias de venganza son los malos tratos físicos y psicológicos, pero muchos utilizan otras más sutiles: la bebida, comer en exceso o tener una aventura amorosa para desquitarse. Ron Levant, psicólogo de Boston y coautor del libro *Masculinity Reconstructed*, aconseja a hombres y mujeres que viven esas situaciones. Según Levant, si la carrera profesional de la mujer requiere algún sacrificio por parte del marido, ella dirá: «Te adoro. ¿Qué podemos hacer para compensar este sacrificio?». Ella también deberá reconocer, en privado y en público, que sin el apoyo de su marido nunca habría conseguido llegar donde está.

Pero el hombre que está en esa posición tal vez note que corre cierto peligro. Las mujeres que trabajan y que pueden mantener un nivel de vida razonablemente agradable, tienden cada vez más a soltar el lastre que para ellas supone un hombre mayor que ha perdido su posición, su motivación y su confianza masculina. Estadísticamente, la generación formada por las mujeres de entre 40 y 54 años es la que más ha engrosado las cifras de divorciadas. Una de las revoluciones de menor relevancia en las últimas dos décadas ha sido el aumento de mujeres profesionales para las que el divorcio es un trampolín y que deciden seguir solteras. Así pues, un hombre que pierde el empleo en la mediana edad y que tal vez nunca más volverá a tener un trabajo del mismo nivel o que no querrá ni intentarlo, corre también el riesgo de arruinar su matrimonio si la pareja no encuentra ayuda para superar esta transición. Esta pérdida suele resultar devastadora.

«En secreto, los hombres son muy dependientes y necesitan mucho de los demás —me dijo el psiquiatra y escritor John Munder Ross—. La separación les produce mucha más ansiedad de la que están dispuestos a reconocer.» La ansiedad por la separación alude a todas las figuras maternas y paternas del hombre, pero sobre todo a la materna. Munder Ross se refirió a los respetados estudios de Judith Wallerstein sobre el divorcio. «Ninguno de los hombres objeto de su estudio salieron del matrimonio sin una mujer que les esperase en la puerta trasera. Eso podría interpretarse como que el hombre busca a una joven y la utiliza para recuperar la virilidad y para romper el matrimonio. Pero la otra manera de verlo es que necesita una figura femenina maternal en la que apoyarse.»

Lo ideal sería que las parejas estuvieran preparadas para las divergencias que surgen en la edad madura. Cuando la posición del hombre en su trabajo cambia, se abre una pequeña ventana o una gran oportunidad para que averigüe qué necesidades y valores han cambiado. Quizá será necesario que pase un tiempo teniendo que depender de los ingresos de la mujer para iniciar un período de valoraciones y exploración.

En entrevistas realizadas para este libro y para *New Passages*, todos los hombres profesionales de más de 50 años dijeron que su esposa era su fuente primordial de intimidad y solaz. Todos ellos. En mis entrevistas, a menudo reconocen que «mi esposa me ha ayudado a descubrir partes de mí mismo que no sabía que tenía». Una divergencia natural entre hombres y mujeres puede convertirse en un patrón de evolución. Gracias a esa divergencia, los cónyuges pueden abrirse mutuamente y expandirse más allá de sus anteriores roles domésticos, y ser más interesantes el uno para el otro y también más valiosos para la sociedad.

TRANSFORMAR LAS DIVERGENCIAS EN CAMINOS COMPLEMENTARIOS

¿Recuerdas a Lee May, el periodista del grupo de Atlanta? Mientras Lee se debatía con su pasaje de la edad madura, puso en peligro su matrimonio. La reconciliación con su padre y el año que se tomó para escribir unas memorias liberaron su espíritu creativo y le llevaron a una nueva pasión: escribir sobre jardinería y gastronomía. Cuando se dio esa transición, llevaba un año sin trabajar. Lyn, su esposa, impulsada por las necesidades económicas, encontró más sentido a nivel profesional. Se convirtió en miembro del Comité Olímpico de su ciudad y trabajó a marchas forzadas durante cinco años. Esas divergencias, a la larga, reforzaron su matrimonio.

Marilyn Puder-York, doctora y psicóloga de Nueva York, se dedica a la terapia de parejas profesionales desde hace veinte años y afirma que es vital que las que pasan por estas divergencias tengan apoyo (de su congregación religiosa, de un terapeuta), o cuenten con la ayuda de sus amigos o de su familia. «Lo que realmente se necesita es una renovación espiritual práctica que se adecue a la propia filosofía de la vida», aconseja. Por ejemplo, repetirse a uno mismo: *Todo esto tiene una razón de ser; si sé descubrirla, aquí hay una importante lección.* «De ese modo te sientes menos víctima y más una persona con una misión —dice la doctora—. Hay que saber convertir en oportunidad de crecimiento lo que, a primera vista, se percibe como un desastre.»

Le conté el caso de una amiga mía, casada con un hombre cuyo padre triunfó en el mundo del mercado inmobiliario. Cuando este se retiró, vendió casi todas sus propiedades por 10 millones de dólares.

Aquello se convirtió en un hito para el hijo, que también se dedica a la compraventa de fincas. Tenía buenas propiedades, como su padre, pero convirtió su empresa en pública y fue presa de una hostil adquisición. De la noche a la mañana se encontró buscando trabajo, cualquier trabajo, para pagar la pensión de su primera esposa y conservar el respeto de la segunda. Pero con cualquier trabajo no podía pagar todas las facturas. Se debatió consigo mismo, preguntándose si no sería mejor tragarse el orgullo y pedirle un préstamo a su padre.

Su segunda mujer, una profesional, trabajó con una terapeuta hasta que se convenció de ofrecerle su ayuda. Ella pagaría las escuelas privadas de los niños y se haría cargo de la hipoteca de la casa. Prefería asumir temporalmente aquel rol y que él pudiera dejar ese «trabajo para salir del paso» y buscase una dirección profesional sólida de cara al futuro. Era la única oportunidad que podía brindarle para que se pusiera las pilas y volviera a asumir cuanto antes la responsabilidad de la economía doméstica. Y lo que era más importante, no tendría que ir a pedir dinero a sus padres como si fuese un joven. «Porque, de ese modo —presagió la mujer—, no crecerá.»

«Esa es una mujer sabia y evolucionada», dijo la doctora Puder-York. Y, de hecho, después de un año de búsqueda activa, su marido encontró un trabajo estimulante y con futuro. El matrimonio revivió. Sin embargo, hay otras historias más tristes en las que el marido nunca vuelve a alcanzar su nivel anterior, económico o social. Una de las lecciones más duras para la mujer es aceptar de manera realista el mercado de trabajo, que puede frenar a un hombre que tendría que ir por el carril rápido. Es posible que él haga todo lo que esté en sus manos y no encuentre nada. No es culpa suya, el mercado laboral ha cambiado.

LAS DIFERENCIAS CEREBRALES DE LOS SEXOS

Existe también una base fisiológica en lo que se ha descrito como la divergencia de los sexos en la madurez. Se trata de una realidad propia de la evolución mucho más fundamental que las tendencias culturales recientes: yo lo llamo el «diamante sexual». Durante los primeros diez años de su vida, los hombres y las mujeres somos más parecidos que distintos. En la pubertad nos hacemos radicalmente diferentes, y llegamos a la máxima oposición entre los 37 y los 43 aproximadamente; los dos polos opuestos más distantes del diamante sexual.

Pero después de los 50 y de los 60, los hombres y las mujeres vuelven a acercarse de nuevo y adquieren muchas de las características del sexo contrario. Mientras que los hombres muestran más interés en cuidar y ser cuidados, en expresarse artísticamente y valorar el entorno, en todas las culturas, las mujeres, al madurar, se marcan más objetivos y se vuelven más agresivas, emprendedoras y políticas.

Este cambio tal vez se note menos en las mujeres contemporáneas que entran en la Edad de la Maestría. Muchas de ellas han trabajado toda la vida, además de ser esposas y madres, y por ello nunca han vivido las divisiones de rol tan estrictas que habían imperado en anteriores generaciones. En un estudio reciente sobre las divergencias de identidad de los sexos, realizado por la doctora Margie Lachman, de la Universidad de Brandeis, para el MICMAC, los hombres mostraron un cambio de personalidad más acusado en la edad madura que el de las mujeres (todas las cuales trabajaban y eran amas de casa a la vez).

Ahora, la neurobiología nos apunta una intrigante evidencia de que la estructura física real del cerebro cambia en la edad madura y después. La doctora Marion Diamond, directora del Lawrence Hall de Ciencias de la Universidad de California en Berkeley, lleva unos quince años estudiando y midiendo estos cambios.

«Al estudiar en ratas los hemisferios derecho e izquierdo del cerebro, se observa que el macho, cuando es joven, tiene el hemisferio derecho significativamente más grande, pero a medida que envejece, el tamaño del cerebro derecho también disminuye y la estructura general del cerebro se parece más a la de la hembra.» La doctora Diamond propone una pregunta: «Estos cambios cerebrales, ¿pueden ser en parte responsables del declive de la agresividad en los machos mayores. También se sabe que el macho humano mayor tiene más cualidades domésticas.»

En la hembra, los dos hemisferios del cerebro tienen prácticamente el mismo tamaño desde el nacimiento hasta la madurez. «Para los científicos, esto tiene sentido —dice la doctora Diamond—, porque la función básica de la hembra es reproducirse y cuidar de la descendencia. Necesita transmitir muy deprisa informaciones e intuiciones acerca de los lados derecho e izquierdo del cerebro; ella es la que capta tanto el peligro físico como el peligro emocional.» Pero, cuando la mujer envejece, se produce en ella un cambio opuesto al que se da en los hombres: el cerebro derecho aumenta de tamaño y se convierte en el dominante. «Creo que esto explica por qué las mujeres se vuelven más afirmativas a medida que envejecen —sugiere la doctora Diamond—. Las mujeres pierden las fibras inhibidoras.»

LA SUAVIDAD EN LA MADUREZ

A medida que pasan los años, se produce, como mínimo, un cambio en la química cerebral que promueve una mayor armonía en las parejas: la rama del sistema nervioso que es la responsable de recuperar la calma (el sistema parasimpático) se vuelve menos efectiva, lo que explica que las personas mayores se adapten peor al estrés. Los que tienen un buen instinto de conservación empiezan, conscientemente, a «suavizarse». En los matrimonios que gozan de buena salud esto es un hecho evidente: los cónyuges no saltan tan deprisa y no hay tanta confrontación; cada uno desarrolla una mayor aceptación de las limitaciones del otro. La tolerancia y la ternura sustituyen la susceptibilidad y el sentimiento de competición que hayan podido caracterizar las divergencias anteriores.

Fuera del matrimonio, los hombres listos hacen un esfuerzo por simplificar su vida, perfeccionar la logística y, sobre todo, tachar de su agenda en la medida de lo posible a las personas que son una molestia, para pasar más tiempo con los buenos amigos, los familiares favoritos, los hijos y los nietos.

EL CORAZÓN VACÍO

Continuamente oigo frases cargadas de angustia de boca de hombres cuyos hijos se disponen a dejar el nido. Un programador de informática me dijo que estaba abrumado por unas emociones que no había sentido en su vida con tanta intensidad: «Es como si tuviera un agujero en el corazón».

El presidente Clinton expresó memorablemente esas emociones cuando, en otoño de 1997, Hillary y él vivieron con otros padres y madres de todo el país un rito de pasaje familiar: llevar a sus hijos a algún lugar distante para que comenzasen sus estudios universitarios. El hombre más poderoso del mundo admitió su sensación de completa impotencia como padre. «No puedo hacer nada al respecto», dijo, compungido, a los periodistas. Nada que no sea lo que todos los padres deben hacer: separarse de sus hijos. Para consolarse, el presidente se compró un perro.

El «síndrome del nido vacío» siempre se ha asociado a las madres, pero probablemente sea justo decir que los padres de la generación actual que están en la mediana edad nunca han pasado suficiente tiempo con sus hijos. Tenían demasiado trabajo compitiendo y puntuando. Cuando el padre está dispuesto a limpiar su agenda para hacer sitio a sus hijos en ella porque los necesita, estos suelen irse de casa (o intentan con tanta fuerza demostrarle que es irrelevante, que el hombre lo único que quiere es que se marchen). A veces, los hombres tienen la sensación de que la oportunidad ha pasado, pero nunca es demasiado tarde para conectar de nuevo con los hijos. Si no lo hace, lo lamentará el resto de su vida: los estudios realizados entre hombres de mediana edad demuestran que la visión que tienen de sí mismos se ve profundamente afectada por cómo perciben los éxitos o los fracasos de sus hijos adultos. Cualquier decepción la interpretan como falta de implicación por su parte o se sienten culpables de no haberles transmitido un modelo de rol positivo.

El doctor Ed Phillips es un padre que quiere recuperar el tiempo perdido. «Mi hijo de quince años dice que irá a Nueva Inglaterra a hacer el curso preparatorio para la universidad», contó durante la entrevista en grupo de Miami. Se trata de un atareado tocoginecólogo, y sus pacientes han disfrutado más que su hijo de su ternura y compasión. «Ahora voy a perder a mi compañero. ¿Quién verá conmigo los partidos que jueguen los Panthers en la Copa Stanley? Ser padre ha llegado a significar mucho para mí, me hace sentir que mido tres metros, y eso no quiero perderlo.»

El doctor Phillips también siente la pérdida de prestigio profesional y de la intimidad con sus pacientes. Cuando la mutua sanitaria para la que trabajaba llevó a cabo unos cambios radicales, decidió montar una consulta privada. «Tener una consulta privada es como ser médico de cabecera. Estamos condenados a la extinción.» A una edad en la que su familia empieza a romperse de manera natural, también está perdiendo pacientes a los que hacía quince años que conocía, familias que esperan a su tercer hijo pero que deben apartarse del doctor Phillips y aceptar al tocólogo que les ofrezca su compañía de seguros. Se siente prematuramente viejo.

Su mujer, que se acerca a la menopausia, también pasa por una crisis de confianza. El reto está, reconoce Phillips, en hacer sitio para acercarse a su esposa otra vez, en volver a compartir sus emociones. «A veces, el miedo a la intimidad es el miedo a profundizar demasiado en ti mismo. Es un espejo. Me da miedo mirar la imagen de ese viejo y pensar: "Pero si ya no estás tan bien"». Pero Phillips comenta, con cierto placer, que su esposa y él empiezan a mirarse con curiosidad otra vez. «Es excitante. Cuando los niños se vayan, habrá sitio en casa. Antes, las mujeres nos enseñaban qué era la sensibilidad. Ahora nos enseñan a envejecer con elegancia.»

EL SEÑOR MAMÁ

Si tienes alguna duda acerca de que los hombres están sufriendo una espectacular transformación, considera cuántos han expresado en este libro el deseo de «hacer de mamá» en la edad madura. Y entre las parejas divorciadas, hay una fuerte tendencia que se opone al cliché de los «papás gorrones».

> La estructura familiar que abunda cada vez más en Estados Unidos es la del entregado padre soltero.

Hace una generación, sólo el 1 por ciento de las familias con hijos menores de 18 años estaban encabezadas por padres solteros. Hoy en día, la cifra ha subido al 5 por ciento. Este cambio histórico fue presagiado en octubre de 1997 por nada menos que cinco nuevas comedias de situación protagonizadas por padres solteros. El hombre como cuidador primordial impone un respeto nuevo. También es posible que tenga unas considerables ventajas económicas sobre la madre soltera. Pero el dinero no siempre compensa el aislamiento social que experimentan algunos padres en solitario.

Roger,* un científico que vivió en las nubes hasta los 50 años y que se divorció, de repente notó el punzante y crónico dolor de estar separado de sus dos hijos. La justicia de Massachusetts le dio el derecho a exigir la custodia física conjunta, como ocurre ya en la mayoría de los estados. «Veía a mi exmujer como una centinela. Podía poner un candado en el corazón de mis hijos y tal vez yo no habría podido entrar más allí. Tenía pesadillas, soñaba que iba a recogerlos y que habían cambiado los candados.»

Tuvo fantasías de venganza. ¿Por qué no hacer una ruptura de clan, marcharse del ambiente más *establishment* de la Costa Este, establecerse en el sur de California y empezar otra vez? Comprarse una finca rústica, teñirse el pelo, buscarse una compañera joven y recibir a los niños de visita cuando le tocase. Sería mucho más limpio y

---

* Es un seudónimo.

más fácil, emocionalmente hablando. Y no tendría que afrontar el fracaso de su matrimonio delante de su descendencia.

Tras pensarlo mucho, finalmente decidió seguir implicándose en la vida de sus hijos. «Presentar una demanda de custodia conjunta significaba una dolorosa rendición —confesó Roger—. Renunciaba a mis derechos de cabeza de familia uniparental, pero me obligué a pensar a largo plazo. Pensé, sobre todo, en qué sería mejor para los niños.» Se refería a que siguiesen en el mismo barrio, de forma que pudiera verlos varias veces a la semana y ejercer de padre llevando a su hija al dentista, viendo los partidos de fútbol de su hijo o ayudándoles a hacer los deberes durante los fines de semana.

«Padres de fin de semana», se les podría llamar. No es lo ideal. Como Roger reconoció, «es muy duro entrar y salir continuamente de su vida y tenértelos que ganar cada vez. Es muy duro aprender a abrazarlos y ponerme en peligro, emocionalmente hablando. Pero, visto desde la perspectiva que ofrece el paso del tiempo, es consciente de que la necesidad de ejercer de padre se convirtió en la piedra de toque de su vida. «Me centró.» De otro modo, tal vez habría caído en hábitos autodestructivos para mitigar el dolor de su vacío emocional. Y después de siete años de estar coherentemente implicado en los detalles de la vida de sus hijos, dice con orgullo: «A ellos les encanta verme. Y sé que ahora nunca los perderé».

LA SED DE PADRE

Uno de los temas más recurrentes en las entrevistas en grupo fue la sed de padre que tenían los hombres. Todos echaban de menos al padre que ya no tenían. A veces, esta necesidad no se vuelve consciente hasta la madurez. «Lo que hacemos en las entrevistas como estas es buscar al padre que no hemos tenido», dijo uno de los participantes en el grupo de Minneapolis.

La sed de padre es especialmente notable en los hombres que han perdido el contacto con sus hijos como resultado del divorcio. A menudo, la relación con sus propios padres fue distante, mecánica o angustiosa. Y con sus hijos han reproducido en gran parte el mismo patrón. Cuanto más tiempo dejen que se enfríe la relación con los hijos, más difícil les será romper ese patrón, sentirse a gusto abrazándolos y riendo y llorando juntos.

Los hombres que están dispuestos a explorar de nuevo esa sed de padre, podrán saciarla conectando con un niño o varios. Y cuando eso ocurra, se convertirán en los beneficiarios de una recompensa que las mujeres dan por sentada: ser el objeto de amor incondicional a los ojos de un niño. ¿Significa eso que uno debe renunciar a las «cosas de hombres», como reparar el coche o ver deportes en la televisión el domingo por la tarde? No. Lo que realmente importa es la cantidad, e incluso la calidad, de tiempo. Un estudio reciente aparecido en el *Journal of American Medical Association*, muestra que la variable crucial en las relaciones entre un padre y sus hijos no es hacer muchas actividades juntos, sino el sentido de conexión que existe entre ellos. Yo puedo confirmar esta observación a partir de mis entrevistas con grupos de hombres. En un encuentro tras otro, los hombres que se consideraban más íntimamente implicados con sus hijos eran los que se sentían más masculinos, más indispensables y más emocionalmente centrados. Ese proceso de aprendizaje a menudo les permite ser más abiertos con su pareja, sus amigos y sus colegas masculinos.

> En realidad, los hombres aprenden a conectar sintiéndose unidos a sus hijos.

DEJAR MARCHAR A UN HIJO CRECIDO

Cuando un hombre siente la sombra de la edad madura cernirse sobre él, contempla con envidia el crecimiento de su hijo, que se convierte en adulto y que tiene por delante todas las grandes «primeras veces». El padre no puede evitar comparar sus posibilidades cada vez más limitadas de éxito con los grandes sueños y los riesgos temerarios que el hijo está dispuesto a correr. Y qué diferente e inescrutable es para el hombre mayor imaginar a su hijo mayor enamorándose, no de amigas a las que se ve de lejos y son objetos a los que perseguir, sino de mujeres con las que se empieza siendo compañero de clase, compañero de juego, hasta convertirse en pareja.

> Previsiblemente, el padre maduro empieza a actuar para mantener en su sitio a su hijo adolescente.

Walter Anderson, editor de la revista *Parade*, fue el hijo maltratado de un alcohólico violento. Pasó casi cinco años en Vietnam como sargento de los Marines. Hizo de periodista de sucesos en las calles de Nueva York. Muy duro. Su cupo de horror y tragedia estaba ya cubierto, y a partir de los treinta años creyó que de este mundo ya lo sabía todo. Ahora, visto retrospectivamente, dice que lo que creía que era sabiduría era sólo arrogancia.

Le pregunté si el pasaje a la edad madura le había resultado traumático. «No —respondió enseguida—, tal vez mi vida haya sido la excepción a la regla.» Empezamos a pasar revista a su vida en voz alta y, al cabo de unos veinte minutos, de repente se quedó callado.

«No me había dado cuenta hasta ahora —dijo tras una larga pausa—, pero, sí, sí hubo algo traumático. Es curioso cómo he reprimido este sentimiento hasta ahora. Fue poco antes de cumplir los 50, mis hijos habían empezado a convertirse en adultos. Dejar marchar a mi hijo, advertir que no era mío, que era una persona con vida propia, y ver a mi hija hacerse adulta fue mucho más traumático de lo que hasta ahora he pensado. —Su lisa frente se arrugó al recordarlo—. Fue muy doloroso.»

En su lucha por conservar el control sobre su hijo, Anderson le hablaba como si fuera un niño y le hacía preguntas a las que sabía que el muchacho no podía responder. Con eso, lo único que consiguió fue que se abriera un gran abismo entre ellos. Cuando el más pequeño de los chicos se fue de casa, Anderson descubrió que su rol como padre tendría que cambiar. Para el bienestar de un hombre, es esencial reconocer que se da ese cambio y reformular la visión que tiene de sí mismo en relación con el mundo transformado en que se encuentra. De esta manera, se abrirán también posibilidades para un nuevo tipo de amistad entre un hombre y sus hijos adultos. Pero en el pasaje de la edad madura hubo más cosas de las que Anderson había querido admitir. Al mismo tiempo que el hijo mayor se iba de casa, su padre «adoptivo» murió.

«Nunca le he contado esto a nadie —dijo—. Cuando era joven hubo tanto trauma en mi vida que la muerte de mi padre natural fue un alivio. Pero tenía un amigo, el que durante años fue mi amigo más íntimo y querido. Íbamos a pescar juntos. Era mucho mayor que yo... —A Anderson se le quebró la voz—. No quiero ponerme sentimental hablando de esto, pero la verdad es que no me había dado cuenta nunca de lo unidos que estábamos. Hablábamos de todo. Nos divertíamos tanto... Justo antes de que yo cumpliera 50 años, le diagnosticaron un cáncer de páncreas y en dos meses murió. Era Nochebuena.»

Durante tres años, un aficionado tan ávido a la pesca como Anderson fue incapaz de ir a pescar. No podía hablar de la muerte de su amigo. Ni siquiera se lo mencionó a su esposa. Pero, en privado, siguió hablando con su amigo durante tres años, para mantenerlo vivo.

«Cuando murió mi padre natural, entre los dos no quedaba ningún cabo suelto —continuó—. Cuando Bill murió, yo tenía casi 50 años y no quería admitir que mi amigo había muerto. En cierto sentido, fingía que no había muerto. No me daba cuenta de lo traumático que era. —Hizo una pausa y el sudor le brillaba en la frente—. Esa fue la muerte de mi padre.» De repente, su rostro se destensó y suspiró aliviado.

Le indiqué que, al mismo tiempo, estaba pasando por la dolorosa fase de dejar marchar a su hijo. Le pregunté si no le parecía recíproco.

«Sí —asintió Anderson—. Un amigo mío, Irwing Wallace, que después se hizo escritor, decía algo muy sabio: "Un hombre no puede hacerse hombre hasta que su padre muere, ya sea literal o simbólicamente". Ahora lo comprendo perfectamente.»

Como casi todos los hombres, Walter Anderson reaccionó con fuerza al reto de ver crecer a un hijo. Pero un hombre de mediana edad que, al mismo tiempo, pierde a su padre, es muy probable que todavía tenga más dudas acerca de su potencia. El escritor John Munder Ross nos dice: «Si no ha conseguido establecer su sentido de «paternidad» y no ha equilibrado las fuerzas de feminidad y de violencia de su interior, es posible que se lance a una batalla que, a menudo, tiene consecuencias desastrosas: tiranía, incesto, ataques cardíacos, aventuras amorosas inapropiadas y mucho más. Si es un hombre maduro, saborea el poder de sus hijos y de sus hijas y se revitaliza indirectamente mediante la aceptación de su juventud».

A la edad de 52 años, Walter Anderson se llevó a su hijo de 26 a Florida, a pescar. Y por primera vez, estando en la playa hombro con hombro con su viril hijo, disfrutando con las chanzas de los otros pescadores, pudo hablarle de su amigo Bill. El muro de tristeza se rompió, y Anderson se sintió transportado a otro pasaje de su vida.

«En este último año, he descubierto que mi hijo sabe cosas que ignoro y que puedo aprender de él. En muchos sentidos, ahora estoy más implicado que nunca en la vida de mi hijo porque nos hemos hecho amigos. Si hace cuatro o cinco años me hubieran preguntado si este cambio sería posible, habría dicho que no.»

¿CON CUÁNTOS AMIGOS PUEDES CONTAR?

Otra poderosa fuente de sustento emocional son los hombres que se abren para intimar con otros hombres. Las mujeres llevan asociándose con mujeres desde hace unos treinta años y el efecto ha sido completamente revolucionario. Ahora ha llegado el momento de que los hombres se unan.

Un oficial del ejército del grupo que entrevisté en el Pentágono intentaba prepararse para el retiro obligatorio. «Dios es mi ancla —dijo—. A continuación está mi esposa. Pero los amigos íntimos son verdaderamente esenciales.» El oficial había rellenado el cuestionario, pero la pregunta siguiente lo sorprendió:

> ¿Con cuántos amigos íntimos puedes contar prácticamente para todo?

«Me ha dejado pasmado advertir que, desde la universidad, no he hecho ningún amigo a ese nivel», admitió.

«Mis mejores amigos son mujeres —dijo Bob Graham, de 53 años, el ejecutivo despedido antes mencionado y que después fundó su propia empresa—. Con mis amigas no tengo que competir, ni fanfarronear, ni fingir... Puedo ser yo mismo.» Pero, al igual que el coronel y la inmensa mayoría de los hombres, no ha hecho ningún esfuerzo por cultivar nuevas amistades masculinas desde la universidad. Y advertía que le faltaban hombres que lo conocieran y lo quisieran lo suficiente para respaldarlo en sus esfuerzos por cambiar.

«Cuando eres joven tienes a tu padre, al entrenador, al jefe de los *scouts*, al sacerdote o al pastor. Entonces llegas a los 45 o los 55 y todos caen como moscas. Tradicionalmente, de entre el padre y la madre, el padre es el primero que se va. Tus mentores en los negocios, si están vivos, viven en Florida. Los chicos se van de casa. ¿A quién puedes recurrir?» Graham insta a los hombres a abrirse y a buscar, conscientemente, nuevas amistades masculinas.

> Si haces un amigo nuevo después de los 45 años, consérvalo. ¡Es un hallazgo raro!

La sed que tienen los hombres de relacionarse con otros hombres ha aumentado exponencialmente durante la década de los noventa, en que se han plantado las semillas de muchos grupos informales de hombres en toda Norteamérica. Algunos de ellos son grupos de apoyo instituidos por las empresas. Otros han surgido entre los hombres más avanzados de las grandes ciudades y, por lo general, sus miembros tienen entre cuarenta y sesenta años. Estos grupos informales se reúnen en cafeterías, bares, sótanos de iglesias o casas particulares (donde los hombres les dicen a sus mujeres que se marchen y demuestran que pueden preparar solos unos espaguetis).

El doctor Robert Schuller, el líder cristiano que predica desde la Catedral de Cristal del sur de California, famosa en el mundo entero, y cuyo programa semanal de televisión, *The Hour of Power*, llega a dos millones de personas, realiza un ministerio cada vez más activo entre los hombres. Varias veces al año, invita a hombres de todo el país a reunirse con el fin de asociarse. Por una vez, se saltaron la regla de «sólo para hombres» y me permitieron asistir a una de esas Conferencias de Hombres Cristianos en mayo de 1996. Quedé profundamente impresionada de lo que allí vi y oí.

A diferencia de los hombres ostentosos que asisten a los clubes de fumadores de cigarros puros, estos son más tradicionales. Se reunieron unos trescientos, que acudieron a una conferencia de tres días, cargados con sus penas, para escuchar sermones inspiradores, obtener permiso para ser humanos, contar sus historias, abrazar a desconocidos y entablar amistad con otros hombres. Casi todos los asistentes son profesionales de raza blanca. La mitad rondaba los 40 y la otra mitad, con los cabellos plateados, sentados en la soleada serenidad de la catedral, tomando notas en una libreta que apoyaban en sus pantalones bermudas, eran hombres que se encontraban en una fase de la vida en la que uno no puede permitirse cometer ningún otro error grave.

¿Qué penas han traído consigo?, le pregunté a uno de los anfitriones voluntarios. «Rupturas en las relaciones. Anteponer el trabajo a la esposa y los hijos. Hijos que apenas los conocen como padres —respondió el voluntario, un afroamericano—. Los hombres concentran su identidad en quiénes son sus conocidos, las credenciales que tienen y los trofeos que han ganado. Y en su interior, están vacíos.» El tema de la conferencia era «Liderazgo desde dentro hacia fuera». Durante el almuerzo, me senté en una mesa con diez hombres y les pregunté qué mensajes les habían llegado con más fuerza de las charlas de la mañana.

«El estar dispuestos a derribar las propias barreras —dijo David Stricker, un atractivo hombre de 64 años, activista de su comunidad en Minnetonka, Minnesota—. Sobre todo para nosotros, los maduros, los que estamos en la segunda mitad de la vida, bajar la guardia y admitir que en la vida hay muchas más cosas de las que hasta ahora nos han tenido encerrados, es sorprendentemente liberador.» Los ojos castaños de David tienen un brillo especial y se le ve muy viril con su atuendo deportivo.

Los hombres hablaron de lo que habían sentido abrazando por primera vez a otros hombres, personas desconocidas.

«Mi familia es muy cariñosa, nos abrazamos mucho, y tengo cuatro hijos —dijo David—. Pero abrazar a otro hombre nunca me había gustado, hasta hoy.»

«Para Earl y para mí todavía ha sido más extraño, porque él es mi suegro», admitió un hombre de 36 años llamado Andrew Vasile.

«Sí, he descubierto que mi yerno es algo más que un extraordinario semental italiano», replicó Earl Ellsworth. Todo el mundo se echó a reír. Earl era un tipo de 60 años, con aspecto de hombre viril y sólido. Tenía unas grandes bolsas bajo los ojos. «Hace un año perdí a mi hijo por culpa del sida. Creo que eso me ha ayudado a ordenar mi vida y a reflexionar sobre mi propia mortalidad. Como les he contado a estos hombres, descubrí que tenía unas pequeñas hendiduras en el culo, y ahora sé que Dios llevaba tiempo dándome patadas y que yo no lo he notado hasta hace poco.»

Los demás hombres dijeron sus nombres y hablaron de por qué habían asistido a esa conferencia masculina. De repente, se me ocurrió que llevaban hablando media hora y que ninguno había mencionado cómo se ganaba la vida.

«No estamos aquí para competir —dijo Andrew Vasile—. No se trata de ver quién será el campeón, por eso no importa si soy el conserje o el presidente de una gran empresa. Estoy aquí por las mismas razones que todos los demás: por camaradería. —La madre de Andrew estaba agonizando—. Ver a mi madre pasar de ser una persona completa a ser una mujer que se consume en la cama de un hospital, me ha hecho pensar en mi propia vida. Las reuniones de este tipo me enseñan a reaccionar de una forma distinta y a no descargar mi ira sobre mi esposa y mis hijos.»

«Para mí es como cargar las baterías —sugirió Ellsworth—. Necesitamos recargarlas, independientemente de lo mucho o lo poco que estemos comprometidos con Dios. Esto nos aporta un entorno absolutamente abierto, en el que no se juzga a nadie. Básicamente, venimos desnudos. Y nadie va a criticarnos durante tres días.»

«Al contrario —interviene Walt Smith, un católico practicante de 60 años—. Cuando no tienes que adoptar la actitud de macho, descubres que puedes hablar con otros hombres del mismo modo que hablas con las mujeres. En otras palabras, puedes ser sincero y hablar sobre tus problemas, tus esperanzas y tus sueños.»

EL NIDO ESTÁ VACÍO: ¿ESTÁS PREPARADO PARA HACER EL AMOR POR LA MAÑANA?

¿Recuerdas al entrenador antes descrito, que negaba tener problemas cardíacos y se sentía tan eclipsado por su mujer (que acabó sus estudios de enfermera) que había aceptado un segundo empleo y se pasaba la vida trabajado y comiendo? Cuando entrevisté a su esposa, Eileen, una mujer pequeña, de ascendencia irlandesa, y con el cabello teñido de un elegante color fresa, esta parecía tranquila pero resignada. Rondaba los 50 y estaba pasando por la menopausia, pero, en su opinión, ese no era el problema: se encontraba bien y no tenía ningún síntoma.

«Me siento de maravilla —dijo—. A excepción de eso, bueno, de eso que ocurre en las parejas»

—¿Anhelas tener intimidad emocional con tu marido? —le pregunté.

—A veces sí.

—¿Y tener intimidad sexual?

—Creo que he aparcado esa cuestión. En estos momentos no

me parece posible. —Eileen agachó la cabeza y calló unos instantes—. La verdad es que no sé qué decir. Puedo cargar con la culpa de todo, pero no creo que el problema sea sólo mío.

Varias enfermeras de su departamento se han divorciado a su edad. En la mayoría de los casos, el marido las ha dejado por una mujer más joven. Para mitigar su dolor y su ira, las enfermeras suelen bromear: «Debe de estar pasando la menopausia masculina», dicen. Eileen se pregunta si es eso lo que le ocurre a Coach.

Le pregunté si la potencia sexual de su marido había cambiado entre los 40 y los 50 años.

—Es probable. Sí, creo que sí —respondió—. Cuando teníamos 25 iba muy deprisa, al llegar a los 40 empezó a buscar excusas o a dar largas al asunto, y a los 50 nuestra relación sexual ha dejado de existir.

Le pregunté si creía que eso le preocupaba.

—Es probable, pero nunca dice nada al respecto. No parece tener ninguna intención de querer solucionarlo. Lo que no puedo hacer es decirle que no hacemos el amor porque está demasiado gordo. No quiero herirlo ni faltarle al respeto.

Sus sentimientos son empáticos, pero también está paralizada.

Le pregunté cuánta importancia creía que tenía la potencia sexual para un hombre.

—No lo sé —admitió—. Nunca he vivido en el cuerpo de un hombre. —Entonces, Eileen expresó un deseo que he oído en boca de muchas mujeres en la segunda madurez—. Espero con ganas el momento en que nuestros hijos ya no vivan en casa. Cuando podamos ir desnudos si nos apetece y hacer el amor sin interrupciones. Tengo ganas de viajar, de disfrutar de mi marido y de su cuerpo, sea cual sea el tamaño de este. Mi única esperanza es que cambie y que dure el tiempo suficiente para poder disfrutar.

El cambio tendría que empezar con el reconocimiento de que existen problemas en la relación, pero, más allá de la lucha con las divergencias de los sexos en esa fase de la vida, es indudable que hay obstáculos físicos que se interponen en los sueños de intimidad de Eileen con su marido cuando los hijos se vayan de casa. Pese a ser una profesional de la salud, Eileen no sabía que los niveles de testosterona de los hombres descienden con la edad y que esos niveles pueden medirse haciendo un análisis de sangre. Le sorprendió oír que la obesidad y el colesterol están vinculados con la función sexual. Para ella fue una revelación saber que una gran parte de las disfunciones sexuales de los hombres maduros pueden prevenirse o corregirse con unos cambios y una nueva disciplina en el estilo de vida. Y que, aparte de eso, hay unos tratamientos nuevos muy efectivos.

Los hombres que están preparados, no asustados, podrán proteger su salud y prolongar su potencia indefinidamente. En el capítulo siguiente, hablaremos con algunos de ellos.

PARTE IV

¿QUIÉN TEME LA MENOPAUSIA MASCULINA?

*Te levantarás por la noche,
te acercarás al espejo y preguntarás:
¿Quién está ahí?*

*Te volverás, te pondrás de rodillas
y mirarás caer la nieve, inocente,
en el aire nocturno.*

*Gritarás:
¡Cielos, mira hacia abajo!
¿Ves?, ahí no hay nadie.*

*Te quitarás la ropa y dirás:
Mi carne es una tumba sin nada en su interior.*

*Te apoyarás en el espejo:
Tú, ese de ahí, despiértame,
dime que nada de lo que he dicho es verdad.*

MARK STRAND, «ABOUT A MAN»,
DE *THE LATE HOUR*

9

El ciclo de la vida sexual del varón

—Bien, seré el primero en utilizar la palabra sexo —se ofreció Danny valerosamente, en el grupo de discusión masculino de Memphis—. La capacidad sexual..., ¿en qué momento empieza a decaer?

Hubo carraspeos y medias sonrisas.

—¿Puedo comentar la cuestión sexual? —El que hablaba era Tad, que hacía poco, a sus 42 años, había sido padre por tercera vez—. Recuerdo que un día estaba en un avión y, de golpe, me di cuenta de que el sexo había dejado de ser una obsesión para mí. ¿Es cosa de la edad? ¿De las hormonas masculinas? ¿Se debe a tener en casa a un niño de dos años?

Los demás participantes desviaron la mirada. Todos declaraban estar casados con mujeres a las que querían y que los habían excitado y complacido en el pasado. Sin embargo, las relaciones sexuales con sus esposas habían perdido la espontaneidad y se mantenían «por cumplir», con la regularidad semanal de los suplementos dominicales.

—Tal vez es cosa de los años pasados juntos —apunta otro de los presentes.

—El tiempo mata la pasión, es cierto —dijo Tad con un gesto de asentimiento—. Pero mi esposa y yo siempre habíamos tenido una relación muy apasionada, incluso cuando yo trabajaba noventa o noventa y cinco horas a la semana. Aprecio a mi mujer y la valoro —aseguró—. Pero, aunque detesto reconocerlo, no siento el mismo deseo, el mismo ardor, todos los días. Hoy es ella la que se lamenta.

¿Alguno de los reunidos había hablado de aquel extraño cambio en el ardor sexual con su esposa, con un médico, con los compañeros o con quien fuera? Las cabezas se movieron en gesto de negativa. Eso provocó una sorprendente confesión por parte de Rick, el yuppie venido a menos cuya esposa ganaba cinco veces más que él en sus primeros esfuerzos como empresario:

—Creo que ha habido una reducción del deseo sexual por ambas partes. Solemos comentar las cosas entre nosotros, pero nunca hemos tocado ese tema. Está ahí, en la mesilla del salón, y damos un rodeo para no tocarlo.

EXPECTATIVAS FABULOSAS

El espectro de la «menopausia masculina» se ha convertido en la principal y más novedosa causa de ansiedad entre la generación de la explosión demográfica, que hoy afronta la madurez, y entre gente más joven. La crisis de la potencia viril en la madurez es hoy una preocupación que cubre varios pasajes. Se inicia antes de lo que se había creído. Una de las pioneras en este campo de estudio, la psiquiatra Domeena Renshaw, que ha dirigido una clínica para disfunciones sexuales en la zona de Chicago durante veinticuatro años, confirma las pruebas de mis estudios y entrevistas:

> El principal cambio en los últimos cinco años ha sido que los hombres que acuden al médico alegando sufrir de impotencia son cada vez más jóvenes.

En las entrevistas en grupo, muchísimos hombres casados que rondaban los cuarenta reconocían que su vida sexual resultaba profundamente anémica. Como la de los hombres de Memphis. En los cuestionarios confidenciales eran aún más francos: ¡la frecuencia habitual de relaciones sexuales de aquellos hombres robustos y exitosos era de un par de veces al mes! ¿Es eso la menopausia masculina? Difícilmente. Pero tampoco es una gran sorpresa.

> La queja más corriente entre las parejas casadas de hoy es la falta de deseo sexual.

Esta observación, del psicólogo y autor de San Francisco Lonnie Barbach, de la Escuela de Medicina de la Universidad de California, es corroborada por profesionales de todo el país. En torno a los 40 años, la pérdida de deseo sexual arranca muy a menudo de problemas en la relación: una cólera no resuelta o luchas de poder entre los dos miembros de la pareja, un exceso de estrés, la sensación de uno de los componentes de la pareja de ser menospreciado o desoído repetidamente, miedo a la intimidad, a la distracción y al cansancio como consecuencia de anteponer cualquier otra cosa a la intimidad.

Pero bajo la aparente falta de deseo puede haber un desmoronamiento de la confianza sexual y un agujero negro de ignorancia. Muchos de los hombres que he entrevistado reconocen que apenas saben nada respecto a cómo funciona «ese colgajo» de ahí abajo. Esperan que funcione con la misma fiabilidad que una perforadora petrolera. Y la causa de la impotencia tiene mucho que ver con lo de «esperar». También existe un problema emocional frecuente en esa generación: muchos hombres que rondan los 40, minuciosamente atentos a su actuación o rendimiento sexual y obsesionados con mantenerse jóvenes, ya están reaccionando en exceso ante cambios normales, relacionados con la edad. Pueden verse tiranizados por fábulas de proezas sexuales hercúleas. Wilt Chamberlain, el gigante del baloncesto del Los Angeles Lakers, decía haber tenido relaciones sexuales con 20.000 mujeres a lo largo de su carrera deportiva. ¿Seis o siete mujeres cada día de su vida? ¿Es humanamente posible tal cosa?

«Es una cosa de machismo —dice el doctor Peter Bruno, un internista de Park Avenue que se ocupa de los jugadores del New York Knicks—. El lenguaje de los vestuarios, incluso los de equipos profesionales, es como volver al instituto. Cuando se habla de proezas sexuales, las exageraciones se disparan.»

Las revistas dedicadas a los hombres pueden aumentar sus dudas respecto a sí mismos con titulares como «Sea mejor que el último amante de su pareja». El ideal de imagen corporal se ha situado ahora a una altura imposible para el hombre, igual que la fantasía de la muñeca Barbie frustró antes a tantas mujeres: músculos abdominales duros como rocas, brazos con venas hinchadas, pecho desarrollado, bronceado todo el año, flexibilidad de junco, energía incansable y virilidad perpetua. ¡Casi nada! ¿Qué va a pensar, pues, un pobre tipo si sólo ha tenido relaciones con veinte mujeres (una milésima parte de las que Wilt decía) y ahora es un hombre casado, un trabajador siempre apurado de tiempo al que ya no excita ni la caída de un sujetador?

> El problema de estos hombres que llegan
> a la madurez son las expectativas desmesuradas.

El poder, el mito, el prestigio conseguido entre otros hombres por quien es capaz de labrarse una imagen convincente de sí mismo como amante desaforado, son tan importantes que lo último que mencionará un hombre es: «¿Sabes qué me sucedió anoche? No se me levantó». Realizar tal confesión en presencia de otros hombres sería tan impensable como que un puñado de programadores espaciales de Houston hablasen de los cohetes que no son capaces de lanzar.

Una profesora de antropología de la UCLA, Anna Simons, dedicó un año y medio a observar y escuchar a componentes de los Boinas Verdes para descubrir cómo estos soldados profesionales desarrollan sus vínculos y la mutua confianza. Para empezar, no llegaban a conocerse íntimamente (nada de discusiones sobre política o religión hasta entrada la noche), debido a que, quizá de forma subconsciente, percibían que poner de manifiesto diferencias profundas no haría sino separarlos. Los Boinas Verdes no podían presumir de la inteligencia con la que llevaban a cabo sus tareas o de su fuerza física, porque con tales alardes sólo conseguían que sus compañeros les tomaran la medida día a día. De lo único que podían enorgullecerse sin exponerse a que alguien los acusara de jactancia era de sus proezas sexuales: «Anoche conocí a una chica, la llevé a casa y lo hicimos cinco veces».

«Para los soldados, hablar de sexo es la mejor manera de demostrar que pueden competir», es la conclusión de la profesora Simons. (Pero si hay mujeres cerca, callan.)

Entre los hombres de esa edad, entre los cuarenta y los sesenta años, a quienes inquieta conservar su dominio de «machos de primera» ante unas mujeres cada vez más «quisquillosas», las expectativas son más acuciantes que nunca: la virilidad perpetua al mismo nivel de cuando tenían veinticinco años. «El número de hombres que tienen cambios normales relacionados con la edad ante los cuales ellos o sus esposas reaccionan en exceso es superior en la actualidad, lo que les crea un problema de potencia aún más significativo», dice el doctor Michael Perelman, psicólogo y codirector ejecutivo del Programa de Sexualidad Humana en el Hospital de Nueva York-Escuela de Medicina Cornell. El doctor, que se refiere a sí mismo como un «detective del sexo», describe un cuadro clásico que, según su experiencia, resulta de lo más frecuente:

> Eres un hombre de 45 años. Has salido por quinta vez con una mujer muy atractiva y tienes muchas expectativas de disfrutar de unas relaciones íntimas placenteras. Tras una cena espléndida, termináis en la cama juntos, pero tú estás agotado del trabajo. Quizás has bebido tres o cuatro copas de vino, en lugar de una. Os desnudáis con impaciencia y no sucede nada. Ella hace una mueca de preocupación y tú piensas: «¡Oh, mierda, a ver si al final no va a suceder nada!».

> Si eres un hombre de 45 años, lo más probable es que lo tuyo no sea ningún problema.

«Es la combinación de los cambios relacionados con la edad, la fatiga y un poco de alcohol de más —dice el doctor Perelman—. Pero, aunque los dos sean lo bastante inteligentes como para dejar el asunto en un «probemos de nuevo por la mañana», si el hombre sigue preocupado por su fracaso de la noche anterior en lugar de entender que se trata de un cambio perfectamente normal relacionado con la edad, del cual no debería sentirse preocupado en absoluto, fracasará otra vez. Y esto puede poner en marcha un ciclo que conduzca a la impotencia.»

Como fundadora de la Clínica Loyola de Terapia Sexual, en las afueras de Chicago, una de las más antiguas y respetadas del país, la doctora Renshaw comenta con sorpresa que su institución atrae actualmente a parejas de yuppies de cuarenta y pocos años y cada vez más jóvenes. Muchas parejas tienen un «doble trastorno de deseo»: a él ya no le apetecen las relaciones sexuales y a ella tampoco. ¿Por qué?

«Por lo general, los problemas de erección en los hombres de menos de cincuenta son una reacción a un problema psicológico o interpersonal (pérdida de empleo, fatiga, divorcio), y eso no es la menopausia masculina —dice la doctora Renshaw—. La pareja media tiene demasiadas cosas entre manos; el sexo está en el lugar veinticuatro de la lista de cosas para hacer. Incluso en los años noventa, la ignorancia es uno de los mayores factores de riesgo de impotencia.»

Antes de dirigir la atención a la menopausia masculina, será de utilidad tener una perspectiva del ciclo normal de la vida sexual del hombre.

EL CICLO DE LA VIDA SEXUAL DEL VARÓN

EL SEXO DE COCHE DE CARRERAS
Entre 15 y 30 años

Los jóvenes tienen prisa. Por lo general, se toman el acto sexual como si estuvieran compitiendo en las 500 Millas de Indianápolis («¡Mira cómo paso de cero a ciento cincuenta por hora en treinta

El ciclo sexual masculino

Edad 20	30	40	50	60	70
El sexo de coche de carreras	El sexo cumplidor	El sexo de campeonato	El sexo de surfista		El sexo de caricias

segundos!»), y cuando llegan a la meta pisan el freno con un chirrido, dejan el coche completamente agotado y se quedan dormidos. Es una gratificación breve y un encuentro rápido. Es narcisista. Puede resultar muy excitante para el hombre, pero es insatisfactorio para su pareja. A las mujeres les lleva más tiempo excitarse y, normalmente, más que sentirse impresionadas por el coche de carreras, les complace la ternura, el contacto y el afecto en una intimidad sexual prolongada.

El mayor problema entre los jóvenes es contener su respuesta al deseo sexual para tener un poco más de control sobre él. En este grupo de edad, la causa principal de cualquier problema de impotencia es la tensión psicológica.

EL SEXO CUMPLIDOR
Entre 30 y 40 años

Hoy en día, la década de los treinta es una edad muy comprometida. Muchas de las actividades en las que se andaba metido a los veintipocos han quedado atrás y, pasados los treinta, quedan a una distancia increíble. Por lo general, la atención del hombre se centra en la competencia profesional, al mismo tiempo que el impulso de encontrar compañero y establecerse se hace importantísimo entre las mujeres. El sexo queda fuertemente vinculado a la procreación.

A menudo, el hombre se siente desplazado por el primogénito de la familia. Si su esposa y él tienen algún problema para concebir según su propia planificación y se someten a tratamientos de fecundidad, el sexo puede convertirse en un régimen, más que en una pasión. En una era en la que la tecnología moderna invade el hogar a todas horas, transmitiendo las tensiones del lugar de trabajo, apenas hay refugio para la verdadera intimidad. Las parejas con hijos en las que trabajan ambos tienen la carga añadida de compartir y ocuparse del cuidado de estos. Y los hijos son omnívoros: devoran tiempo y energías físicas y emocionales. En vista de todas estas demandas simultáneas y agotadoras, no es de extrañar que en los treinta la sensualidad quede a menudo enterrada bajo la necesidad de eficacia y las ganas de dormir toda la noche.

EL SEXO DE CAMPEONATO
Entre 40 y 55 años

Los cuarenta suelen ser la época de virtuosismo en el ciclo de la vida sexual del hombre. Es cierto que el máximo nivel de hormonas y de energía se alcanza a los treinta años, pero hasta los cuarenta sus respuestas sexuales no se hacen lo bastante lentas como para controlarlas, coreografiarlas, prolongarlas y saborear cada encuentro erótico. Mientras se mantenga sano y en forma, el hombre entre los 40 y los 55 años tiene un amplio repertorio de movimientos que puede hacer de él un verdadero maestro en el juego sexual.

En anteriores encuestas a hombres en la segunda madurez, he preguntado cuánto tiempo pasaban pensando o participando en actividades sexuales cuando tenían veintitantos. Normalmente, esos hombres recuerdan que en esa época se dedicaban al sexo o fantaseaban con él entre doce y veinticuatro horas al día. «Y después de los 45, ¿con qué frecuencia le sucede tal cosa?» La respuesta normal es una hora al día. Si este cambio se entiende como normal, no conlleva ningún trauma psíquico en especial.

Es cierto que empiezan a producirse cambios físicos. Los niveles de testosterona empiezan a descender de forma gradual, a un ritmo que normalmente ronda el 1 por ciento al año a partir de los 40. Una proteína llamada globulina de enlace de la hormona sexual (GEHS) empieza a unir más testosterona de la disponible. El pene empieza a volverse perezoso: el denso tejido conectivo empieza a obstruir los cuerpos esponjosos que se llenan de sangre para producir la erección. Las arterias que actúan como mangueras y bombean sangre a la zona para producir la erección también comienzan a estrecharse. Sin embargo, unas modificaciones en la dieta y un ejercicio disciplinado pueden contrarrestar estos cambios naturales relacionados con la edad.

Los hombres de esa franja de edad que presentan problemas menores de potencia no padecen, por lo general, ninguna enfermedad manifiesta, según los urólogos. Sencillamente, no son tan «buenos» como cuando tenían veinte años. Con todo, aquellos a quienes se ha diagnosticado una enfermedad cardíaca pueden mostrar signos de impotencia moderada. Fumar, beber alcohol en abundancia, la hipertensión y la diabetes provocan problemas de potencia más prematuros y más graves. La depresión puede llevar a una impotencia total. El 5 por ciento de los hombres son completamente impotentes a los cuarenta y tantos.

EL SEXO DE SURFISTA
Entre 55 y 70 años

En los hombres mayores, el impulso sexual depende más de la fantasía, de la salud general, de la energía y de la sensación de bienestar. Los hombres casados y sus esposas suelen disfrutar de un resurgir del deseo cuando los hijos se van de casa (junto con la libertad de hacer el amor por la tarde, en la cocina, en cualquier momento y en cualquier lugar).

Es normal que, cumplidos los cincuenta, un hombre tenga de vez en cuando una erección parcial. Se prolonga perceptiblemente el período entre un acto sexual y la excitación suficiente para repetirlo. Si el hombre sólo se compara en cuanto a rapidez y potencia con las que tenía cuando era más joven y retozón, el «pene potente» acabará por fallarle. Las caricias previas (con estimulación directa del pene) pueden reafirmarlo y proporcionarle una mejor erección, pero, si no sabe que las erecciones parciales son parte de la vida más allá de los cincuenta, puede sentir pánico y alejarse de su pareja.

Un hombre sensato se educará a sí mismo para pasar gradualmente del «sexo de coche de carreras» adolescente al «sexo de surfista». El surfista no agota toda su energía sexual en un esfuerzo frenético por alcanzar una erección completa y un orgasmo medido con un cronógrafo. Al contrario, cabalga las olas del amor erótico, se desliza con las oleadas de placer cuando la energía sexual sube y baja con flujos y reflujos de intensidad, cuando se puede disfrutar de las caricias y de la intimidad. Tras una breve prueba, el hombre y su pareja remontan la siguiente oleada de placer y bajan luego en el ciclo de descanso, cuando se limitan a permanecer tendidos, abrazados y cuchicheando arrullos amorosos hasta que sienten que la siguiente oleada de energía sexual empieza a elevarlos de nuevo hacia Eros. El hombre aprende cómo le gusta a su pareja recibir placer, con las manos o con la lengua, cuando no lo acoge dentro de sí. Y a él le gustará recibir placer del contacto con su pareja. Con este cambio de técnica, un hombre de esa edad puede ser el auténtico capitán de la experiencia sexual, que prolonga el acto hasta el punto en que su cuerpo y el de su pareja están tan sintonizados y tan saturados de energía sexual que pueden experimentar un torrente de orgasmo.

Dos grandes estudios sobre la incidencia de la impotencia sugieren que el gran salto se produce en torno a los sesenta años. Sin embargo, según un estudio académico, el *Janus Report 1993*, casi el 40 por ciento de los hombres de más de 65 años funcionan bien y disfrutan del sexo varias veces por semana. Con todo, un 15 por ciento, es completamente impotente al cumplir los 70.

EL SEXO DE CARICIAS
Más de 70 años

Aunque la preocupación por el declive de la potencia se concentra en los hombres de entre 45 y 60, he observado que hoy, en las clínicas sexuales más serias de Chicago, Dallas, San Francisco y Nueva York, hombres de 70, 80 e incluso 90 años se presentan por su cuenta para declarar que su vida sexual no es la que debería y que querrían una ayuda.

«El abanico de edades está ampliándose», observa el doctor J. Francois Eid, profesor ayudante de urología en el Hospital de Nueva York-Centro Médico Cornell, que visita a diario a casi ochenta pacientes con disfunción eréctil. El doctor Eid apunta que los más jóvenes (por debajo de 40) suelen presentar más bien un problema psicológico, mientras que en el caso de los que superan los 55 la causa suele ser física.

La enfermedad inhibe el interés sexual. Si un hombre o su pareja no se sienten bien, el contacto sexual suele reducirse. Sin embargo, cuando más importantes son el contacto físico y la ternura es durante los períodos de mala salud o cuando se siguen tratamientos agresivos como la cirugía, la quimioterapia o la radiación. Acariciar siempre es posible. Las parejas más imaginativas pueden aprender técnicas de masaje, reflexología o manipulación terapéutica, que producen bienestar y tienen efectos beneficiosos, científicamente demostrados, sobre la salud y el ánimo, además de facilitar el sueño.

EL PASAJE INNOMBRABLE

¿Cuándo se produce la menopausia masculina?

«El interés de antes empieza a perderse a los cincuenta y tantos; de eso no hay ninguna duda —masculló mi amigo Fitzgerald—. A esa edad, los hombres correrán tras otra mujer, pero el asunto es que cada vez se pone en marcha el mismo ciclo.»

¿Hablamos sólo de hacerse mayor? Sí, pero también de un desafío más amplio a la vitalidad y virilidad de un hombre, un fenómeno identificable que empieza en muchos de ellos a los cincuenta o sesenta y tantos. Es un proceso normal sin un nombre concreto («menopausia» se refiere a una pausa en la producción de hormonas de la fecundidad en las mujeres, y con el tiempo a su desaparición, y, por tanto, no puede aplicarse a los hombres; con todo, se ha popularizado el término «menopausia masculina» para referirse a tal proceso). En los hombres, el asunto no tiene nada que ver con la fecundidad. Una buena proporción de hombres continúa produciendo suficientes espermatozoides vigorosos y de gran movilidad, y engendra hijos a edades avanzadas. Sin embargo, la mayoría de los hombres maduros experimentan algún lapso en la virilidad y en la vitalidad.

Podría llamarse a esto «la pausa de la madurez masculina»: un período de entre cinco y doce años durante el cual los hombres atraviesan fluctuaciones hormonales unidas a cambios físicos y psicológicos acelerados. El doctor Tom Lue, investigador de renombre internacional y profesor del Departamento de Urología de la Universidad de California en San Francisco, denomina al síndrome «el cambio de velocidad de la madurez masculina». El doctor Lue apunta que casi todas las partes del cuerpo del hombre, así como su metabolismo, ralentizan su actividad en el período de edad comprendido entre los cincuenta y tantos y los casi sesenta (un declive acelerado), para luego estabilizarse y reanudar un índice de desgaste normal. La consulta privada del doctor Lue se ha visto desbordada en los últimos años por más de tres mil hombres que buscaban ayuda para resolver sus problemas de impotencia en la madurez y en fases de la vida más avanzadas.

La «menopausia masculina» es más gradual y menos detectable que la femenina. Síntomas corrientes son la irritabilidad, la sensación de indolencia y los cambios de humor entre leves y moderados. El efecto psicológico más familiar es un desplome de la sensación general de bienestar. En el aspecto físico, el hombre puede advertir una reducción en la masa y la potencia musculares. En el hormonal no notará nada, a menos que vaya a un urólogo y le pida una medición de los niveles de testosterona. Sorprendentemente, son muchos los hombres instruidos en muchos campos que no saben que tienen hormonas («eso es cosa de las mujeres, ¿no?»). Así que, ¿cómo van a tener algo equivalente a la menopausia?

Pero el mayor temor, el suceso fóbico que puede convertirse en causa de sí mismo, es la presencia de problemas intermitentes en conseguir y mantener una erección. ¿A cuántos hombres, en la población general, les afecta eso?

Según el estudio sobre sexualidad masculina más amplio desde el Informe Kinsey, el Estudio de Salud Masculina de Massachusetts, recientemente se ha descubierto que la impotencia moderada está mucho más extendida y es un problema mucho menos benigno de lo que se había pensado hasta ahora. Esta encuesta, de base territorial, sobre envejecimiento y sexo se llevó a cabo entre 1987 y

1989 con una población normal de hombres sanos y produjo resultados sorprendentes. Según una proyección de ese estudio:

> Un 52 por ciento de norteamericanos sanos, de edades comprendidas entre los 40 y los 70 años, pueden experimentar cierto grado de impotencia.

Un cálculo aproximado del Instituto Nacional de la Salud de Estados Unidos (INS) indica que unos 20 millones de norteamericanos sufren cierto grado de impotencia, aunque el doctor Leroy Nyberg, Jr., director de los programas de urología del INS, considera que esto es sólo la punta del iceberg. Cuando no se tiene en cuenta o se niega su existencia, esta frialdad sexual penetra en todos los aspectos de la vida del hombre y lo hace más profundamente de lo que se había creído hasta ahora. «La impotencia es un problema de salud que tiene un profundo impacto en la calidad de vida de muchos hombres», concluyen el doctor John McKinlay y los investigadores de Massachusetts. Y puede ser la causa subyacente de la depresión, el divorcio e incluso el suicidio.

El factor más indicativo es la edad. Algunas hormonas importantes —no sólo la testosterona, sino también la hormona del crecimiento humano y la DHEA (dehidroepiandrosterona)— experimentan un declive gradual en proporción directa con la edad. El doctor Richard Sparks, endocrino de la Escuela Médica de Harvard, describe otros cambios que aparecen con la edad: «La sangre fluye con menos rapidez a los genitales, y los nervios que portan las señales que desencadenan las erecciones aminoran la velocidad. Mientras tanto, el sistema hormonal se ralentiza a un ritmo adecuado, si no ideal». El efecto combinado de los dos retrasos simultáneos es lo que produce una respuesta sexual más vacilante. Pero la edad por sí sola no presupone un descenso en el interés o en la virilidad. Insistiré aquí en un dato importante:

> El 40 por ciento de los hombres sanos y normales, a los 70 siguen conservando toda su potencia sexual.

Bajo todo ese síndrome de la «menopausia masculina» puede haber un hombre que percibe que está perdiendo el control. Cuanto más inseguro se siente con relación al control de su vida, más impacto tendrá en él esa ralentización masculina de la madurez. Perder el empleo o no ser considerado para un ascenso esperado en la madurez de la vida, por ejemplo, equivale a caer de la cúspide jerárquica para un chimpancé. La evidencia empírica, tanto entre animales como entre humanos, demuestra que la derrota reduce la testosterona. Por lo tanto, una pérdida brusca de autoestima o de posición dominante reduce las hormonas sexuales masculinas, lo cual puede deprimir todavía más el impulso sexual del varón.

Bob Graham, el consejero mencionado antes, me dijo que muchos de los hombres que acudían a su consulta después de haber sido postergados en el trabajo le confiaban que andaban flojos de libido. «Y cuando intentan mantener relaciones sexuales, están tan tensos que les sobreviene la impotencia —añadió—. La mitad, al menos, de los hombres que me han consultado, se tomaron vacaciones de sexo mientras estuvieron sin trabajo.»

Así pues, la crisis de potencia masculina en la edad madura tiene una serie de causas (la edad, los niveles hormonales, la disposición psicológica), pero cada vez existe un mayor reconocimiento de que está condicionada, o exagerada, por el estado físico de la persona. Básicamente, todo lo que entumezca los nervios, debilite los músculos o impida el flujo de sangre y oxígeno al pene es un enemigo natural del *Homo erectus*.

«Entre el 50 y el 58 por ciento de los pacientes presentan una causa física real de sus dificultades sexuales», afirma el doctor Myron Murdock, director del Instituto Americano para la Impotencia de Maryland y profesor de urología en la Escuela Médica de la Universidad George Washington. Otros expertos estiman exagerado tal cálculo, pero incluso él reconoce que «en cualquier hombre con dificultades sexuales se producirá, por supuesto, un efecto psicológico secundario; ambas cosas van de la mano».

La idea de un equivalente masculino de la menopausia saltó a la conciencia pública en la primavera de 1996 gracias a un episodio de *Coach*, entonces una de las diez comedias televisivas más vistas en Estados Unidos. Un entrenador maduro, llamado Hayden Fox, aparece sumido en un estado de ánimo fatal y, peor aún, desinteresado en el sexo con su esposa. Ni siquiera el ramillete de jóvenes y hermosas animadoras que lo rodea es capaz de despertar su interés. Su esposa apunta que quizás está pasando por algo parecido a una menopausia masculina. El entrenador da un respingo. El término lo horroriza: la menopausia es cosa de mujeres. Finalmente, su esposa lo convence de que acuda a un endocrino, un especialista en hormonas, que diagnostica que el entrenador tiene unos niveles bajos de testosterona y le recomienda un parche de esta hormona. Cuando vuelve a casa, mortificado, su esposa le dice que es realmente fantástico, que ha marcado un hito. Es un pionero. Y al entrenador, lo único que se le ocurre pensar es: «¡Oh, Dios mío, van a empezar a llamarlo la enfermedad de Hayden Fox!».

De hecho, «menopausia masculina» es el nombre contemporáneo de un temor tan viejo como la Biblia. En la historia del rey David, llegó un momento en que ni los encantos familiares de Betsabé ni los de sus muchas otras esposas e incontables concubinas conseguían excitarlo. Su pueblo, como hoy en día, equiparaba la potencia sexual con el poder. Sus consejeros le presentaron a una joven virgen para reavivar su ardor. La joven acarició al rey, nos dice la Biblia, «pero el rey no tuvo intimidad con ella». Así, el rey David (que no sabía nada de parches de testosterona) sufrió un ignominioso derrocamiento a manos de unos súbditos que lo veían como un líder débil, impotente.

Como las comedias de televisión, la mayoría de los médicos e investigadores se concentran en la patología sexual y enfocan todo el asunto desde el punto de vista de la impotencia. Esta palabra es tan repugnante que ni siquiera está aceptada en el léxico de insultos que un hombre utiliza contra otro (nadie dice: «Tu padre es impotente»). El término preferido en la actualidad es el de «disfunción eréctil».

Sin embargo, el carácter casi universal de la experiencia de la madurez masculina no tiene por qué verse limitado por el secreto, la vergüenza y la negación. Hay hombres más jóvenes que parecen impacientes por aprender algo al respecto, e incluso algunos hombres maduros estaban dispuestos a hablar de ello conmigo.

LOS HOMBRES QUE SE COMPORTAN CON INTELIGENCIA

En junio de 1996, en un intento de iniciar un diálogo serio, se celebró en la Universidad Rockefeller de Nueva York un coloquio extraordinario sobre «Sexo, salud y madurez en el varón». Médicos, antropólogos y sociólogos trataron cuestiones básicas de las que todavía se desconocen las respuestas: ¿Sufren los hombres un declive inevitable en el deseo sexual pasados los 50? ¿Cuál es el nivel de testosterona «normal» en un hombre maduro?

Un panel de celebridades, hombres a los que yo denomino «héroes civiles», se presentaron voluntarios para desempeñar el papel de hombre medio de más de 45 años y describieron la clase de cambios de actitud y de conducta que se experimentan en esta etapa de la vida. Como moderadora, empecé por preguntar a los expertos cómo creían que habían sido las cosas para sus padres en ese período de la vida. ¿De qué esperaban disfrutar, en el terreno de la vitalidad sexual?

Michael Lafavore, director ejecutivo de la revista *Men's Health* desde su celebrado lanzamiento en 1988, habló de una especie de misterio en su propia familia: «Mi padre pasó por este pasaje hecho una furia. Se planteaba muchas de las cuestiones de la vida que todos afrontamos y, desde luego, no había nadie con quien pudiera hablar. No tenía amigos, y no iba a comentar el asunto con mi madre, de modo que la cuestión lo consumió durante un tiempo. Pasó diez años presa de una rabia terrible y, luego, todo ese fuego se apagó. Se convirtió en un viejecito encantador. No tengo ni idea de qué sucedió. Me resulta muy desconcertante».

Así eran las cosas antes para muchas mujeres, cuyas madres solían estar a oscuras respecto a la salud y a los efectos de la menopausia y que, por tanto, rara vez hablaban del tema con sus hijas.

Len Berman, conocido locutor deportivo de la WNBC-TV, reflexionaba sobre la ligereza con que suele cortarse cualquier referencia al tema entre los hombres: «No estoy seguro de que en casa de mis padres se pensara ni se hablara nunca de tales temas (sobre el sexo). El único signo de que se hacía mayor fue, probablemente, que adelantaba poco a poco la primera visita matutina al baño. Y a eso lo podemos llamar el pasaje de las seis de la madrugada».

Terry Anderson, excorresponsal de la AP, que estuvo retenido en Beirut como rehén durante casi siete años y que sobrevivió para escribir y dar conferencias sobre su experiencia, tenía una perspectiva muy diferente: «Mi padre es un caso típico, que pasó por esa zona de la que hablamos entre los 45 y los 50. Era camionero y sufría de enfisema. Cuando le concedieron la invalidez, a los 62 años, empezó a florecer. Mi madre había muerto y él salía con mujeres. Por desgracia, murió cuando tenía setenta y dos, pero en esos últimos diez años disfrutó de la vida. Se saltó completamente la edad madura y volvió a la juventud.»

Anderson tenía la insólita perspectiva de un hombre cuya vida se había detenido a los 38 años y quedado en suspenso durante siete. A su regreso, empezó conscientemente una segunda madurez, afrontando nuevos riesgos para exprimir otra vez sus jugos. Le pregunté si creía que era frecuente que los cuarentones reintrodujeran en su vida el riesgo y el desafío de forma consciente, para acallar comentarios sobre su rendimiento sexual.

«Creo que muchos lo hacen —fue su respuesta—. Pero parece que las mujeres son capaces de cambiar de rol con más facilidad que los hombres. Creo que alcanzas un punto en el que, tanto si triunfas como si no, te dices: "¿Y eso es todo lo que hay?"».

El doctor Robert Goldman, presidente de la Academia Nacional de Medicina del Deporte, describió el ciclo que puede dispararse en los hombres que se encuentran en el callejón sin salida psicológico que relataba Terry. «Eso hace que se depriman. Intentan romper el círculo dedicándose a los juguetes grandes, como barcos y coches deportivos, que son casi una extensión sexual del hombre, o a perseguir mujeres inapropiadas. Se trata de una sublimación, porque ya no segregan las hormonas adecuadas. No se sienten bien debido a que su cuerpo no produce lo de antes. Es muy frecuente. Se produce un pico a los 40, porque el número 40 incomoda a muchos hombres, y vuelve a producirse otro a los 50. Si sobreviven a este pasaje, se mantienen bien durante un tiempo.

El señor Anderson dijo entonces algo muy importante y acertado que a menudo se escapa cuando se habla de la actividad sexual del hombre en la madurez:

> Puede que vayas un poco más lento, pero eres incomparablemente mejor. Cooperas más.

Finalmente, pregunté al grupo de celebridades: «En el transcurso de un reconocimiento físico normal, ¿con qué frecuencia se interesa tu médico por tu salud sexual o por tu funcionamiento en este campo?».

Sr. Anderson: «Nunca».
Sr. Berman: «Nunca».
Sr. Lafavore: «Nunca».
Dr. Goldman: «Me temo que la mayoría de los médicos se sienten tan incómodos hablando de este tema como la mayoría de sus pacientes varones».

En una encuesta Gallup difundida en la conferencia, menos de un 43 por ciento de los médicos declaraba haber preguntado a sus pacientes si padecían algún problema sexual. Y sólo uno de cada veinte hombres afectados de problemas de potencia o de falta de deseo sexual busca ayuda médica. Cuando llevé a cabo una encuesta nacional entre más de mil hombres de clase trabajadora y sus esposas (miembros de un panel de lectores seleccionados por la revista *Family Circle* para que formaran una muestra nacional suficientemente representativa), observé que el 85 por ciento de las mujeres creen que los hombres atraviesan un pasaje menopáusico en la madurez. ¡Y el 50 por ciento de los hombres están de acuerdo! Pero ¿acaso se sientan los hombres en torno a una copa en la taberna del barrio o en el cuartel de bomberos a conversar del tema con otros hombres? ¡No, que horror! No lo comentan ni con su médico. ¿Por qué iban a hacerlo, cuando es tan común la respuesta que me dio un hombre de Texas?

Este tejano, piloto de líneas aéreas jubilado, que normalmente era un hombre duro y corajudo, reunió finalmente el valor necesario para revelarle a su médico que su libido se había desmoronado: «Podría dejarme en una sala con cien bailarinas desnudas y no sucedería nada». A ello, el doctor respondió: «¿Y qué espera? Tiene usted cincuenta y cinco años. Eso no dura siempre».

Se trata de una respuesta tan cargada de ignorancia y, por desgracia, tan extendida como la que dan muchos médicos a las mujeres que declaran tener sensaciones extrañas que consideran señales de que se acerca la menopausia: «¡Oh, no! Es demasiado joven...». Las mujeres sólo se han educado en temas de salud y de calidad de vida relacionados con la menopausia en los últimos años, y han arrastrado a sus médicos al siglo XXI para estudiarla y tratarla. Ahora, los hombres tienen que hacer lo mismo.

LA MENTE POR ENCIMA DE LA VIRILIDAD

Hasta hace muy poco, la profesión médica norteamericana pasaba por alto en gran medida el síndrome de la menopausia masculina y sus importantes consecuencias para la salud física y mental de los hombres mayores, así como para sus esposas y demás familia. Debido a ello, existe una grave carencia de datos actuales sobre lo que es normal, y sobre qué clase de impulso y rendimiento sexual debe esperar un hombre después de los 40. A falta de un enfoque holista, las clínicas especializadas en trastornos masculinos que aparecen y desaparecen a una velocidad de vértigo, anuncian explícitamente «tratamientos avanzados» que suenan a magia: «Rápido, seguro y garantizado en prácticamente todos los casos».

Muchos urólogos se refieren entre ellos al problema como «una simple cuestión de volver a sacarle un poco de punta al lápiz». Los urólogos de la escuela «sacarle punta al lápiz», casi todos varones, les dicen a sus pacientes que sus problemas de potencia pueden resolverse con unas cuantas visitas a la consulta, una inyección y, últimamente, con una pastilla.

El doctor Irwin Goldstein, que dirige una renombrada clínica urológica en el Centro Médico de la Universidad de Boston, insiste: «En realidad, todo es cuestión de hidráulica». La hidráulica es lo que hace subir y bajar los ascensores. La confianza de un hombre en su potencia es un asunto un poco más complejo que el de subir a un piso veintidós.

La medicina basada en la tecnología y dominada por el varón, con frecuencia se niega a reconocer la conexión que existe entre mente y cuerpo. «Podemos provocar erecciones entre esos hombres —declara el doctor Kenneth Goldberg, urólogo pionero que dirige el Instituto de Salud Masculina del Centro Médico Baylor, en Dallas—. Pero en la mayor parte de los casos eso no marca ninguna diferencia a la hora de devolverles la confianza para que puedan mantener una actividad sexual por sí mismos. La gran mayoría de esos hombres es incapaz de aceptar que es su disposición mental la que se lo provoca. Buscan la solución rápida.»

Es mucho más sencillo prevenir la impotencia menopáusica masculina que corregirla. La primera fase de las vacilaciones en la potencia puede resultar nociva en el aspecto psicológico, si no se tiene en cuenta. Según los urólogos, cuanto más espera un hombre antes de buscar tratamiento o cuanto más tarda en introducir cambios saludables en su estilo de vida, más difícil resulta ayudarlo a recuperar la vitalidad sexual. Y una vez desarrollado el «hábito de la impotencia», este resulta sumamente difícil de romper.

Pero, hoy día, el hombre que está dispuesto a modificar su disposición mental y a llevar a cabo el acondicionamiento físico fundamental para mantener el impulso y el rendimiento de su motor sexual, puede esperar que su potencia se prolongue hasta una edad muy avanzada. El siguiente capítulo explica la manera de hacerlo.

10

Los secretos de la virilidad perpetua

Resulta irónico: la imagen de macho del «hombre de Marlboro» convirtió al fumador en sinónimo de amante incansable. De hecho, cuando alcanzara la madurez, el hombre de Marlboro sería afortunado si podía «meter una», como diría Groucho Marx. Fumar es devastador para la potencia. Probablemente, es la primera causa de disfunción sexual masculina, según los expertos que estudian o tratan esta afección día a día. Cabalgar mucho en silla de montar tampoco es nada bueno para las gónadas. Y sabemos, por los modelos masculinos de la vida real que siguen el estilo del hombre de Marlboro, que el precio de esta pose de seudomacho es, a menudo, el cáncer de pulmón y la muerte prematura. Todo lo que cause constricción de los vasos sanguíneos y, con ello, reduzca el suministro de oxígeno y de sangre, hará muy difícil que un hombre conserve la potencia sexual

> El deseo y la actividad sexual son el barómetro
> de la salud general de un hombre.

En los últimos años ha aumentado el interés por conservar una virilidad perpetua. Y toda una nueva industria de la impotencia galopa al rescate. Una vez convencidos de que existen modos efectivos de retrasar o invertir la menopausia masculina, se espera que millones de hombres que la padecen en silencio salgan del armario en busca de ayuda para ese pasaje innombrable.

¿PREFIERES UN BISTEC Y UN CIGARRILLO QUE SER UN ATLETA SEXUAL?

La mayoría de los hombres no tiene ni idea de los muchos factores de la salud física que pueden perjudicar su actuación sexual atlética de la juventud. La tendencia actual es medicalizar la menopausia masculina y reducir el sexo a un problema mecánico de incrementar el flujo sanguíneo. Dejando aparte las tendencias, los estudios han demostrado que ciertos estados psicológicos frecuentes en hombres de edad madura están profundamente vinculados, también, a problemas de potencia. He aquí una lista de los principales factores de riesgo para un funcionamiento sexual defectuoso en la madurez y en épocas posteriores de la vida.

FUMAR

Fumar causa daños en los finos capilares del pene que obligan a este a agrandarse para aceptar la sustancial entrada de sangre en el curso de la erección.

DIETA/ENFERMEDADES CARDÍACAS/COLESTEROL ELEVADO

El estudio de Massachusetts ofreció la primera evidencia firme de que el nivel de colesterol está relacionado con la función sexual. Los niveles elevados de LAD (el colesterol «bueno») estaban asociados significativamente con un riesgo menor de impotencia.

«No es sólo que el corazón tenga más flujo de sangre cuando se realiza un cambio serio y positivo en la dieta», apunta el doctor Dean Ornish, el famoso médico de San Francisco cuyos libros y cursos sobre tratamientos naturales han revolucionado el enfoque de las enfermedades cardíacas. La reducción de la ingestión de grasas y de colesterol, afirma, contrarresta muchos factores de riesgo de la menopausia masculina. «El aporte sanguíneo al pene se ve comprometido conforme el hombre envejece, por la misma razón que corre riesgos el corazón (por oclusión arterial).»

MEDICAMENTOS

Tomar medicamentos para combatir las enfermedades cardíacas dobla el riesgo de impotencia. Un hombre puede tener que probar cuatro o cinco medicinas diferentes hasta encontrar la que controla la presión sanguínea sin influir en su capacidad para tener erecciones. La mayoría de los antidepresivos también reducen la eficacia sexual.

Los pacientes cardíacos que toman betabloqueadores se cuentan entre los hombres más aletargados, deprimidos e impotentes, según el doctor Ornish. «El mero hecho de suprimir alguno de estos medicamentos y realizar un cambio de dieta —dice el doctor Ornish— suele mejorar la libido y la función sexual.» Con todo, no cree que esta mejoría sea duradera a menos que también se estudien los componentes emocional y espiritual del caracterísitico «aflojar el paso» de la madurez del hombre.

ALCOHOL

Es cierto que un par de copas relaja los músculos, reduce la ansiedad y suele proporcionar una mejor erección, pero el uso crónico del alcohol puede acabar con la potencia. «Al observar el tejido de los pacientes con alcoholismo crónico, se ve que el nervio interior del pene está inutilizado —dice el doctor Lue—. Resulta casi imposible recuperarlo. Normalmente, son precisos entre diez y quince años de consumo crónico de alcoholes de alta graduación para inutilizar el nervio.»

COCAÍNA

Como el alcohol, en pequeñas dosis, la cocaína puede estimular la erección. Pero, utilizada de modo habitual, es la más perjudicial de todas las drogas para la potencia masculina.

DIABETES

Hasta un 60 por ciento de diabéticos puede tener problemas de erección en un momento dado.

ESTRÉS ELEVADO/DEPRESIÓN/CÓLERA

El estrés suele ser la gota que colma el vaso. Las señales de envejecimiento y el advenimiento de la «menopausia masculina» ya son, por sí solos, sucesos estresantes. «El estrés se produce en cualquier situación que requiera un ajuste importante de la conducta propia —explica el padre de la «respuesta relajación», el doctor Herbert Benson, miembro directivo del Instituto Médico Mente/Cuerpo de la Escuela Médica de Harvard—. La «menopausia masculina» es una marca de ajuste de conducta y, por tanto, un suceso que produce estrés. En el aspecto psicológico, se producen tres cambios: aumento de la depresión, de la cólera y de la hostilidad.»

Entre el 50 y el 90 por ciento de los hombres con depresión experimentan una reducción del interés por el sexo, como han documentado de forma fehaciente las encuestas clínicas. Los hombres que pierden su posición de dominio en la madurez, o que perciben que la pierden, tendrán un declive paralelo en el nivel de testosterona. Esto suele conducir a la hostilidad y a expresiones de cólera. Y esta, sea expresada hacia el exterior o dirigida al interior, está estrechamente relacionada con la impotencia.

> Se puede experimentar una enorme mejora en la vitalidad sexual en la edad madura y más adelante, realizando cambios en un estilo de vida poco saludable y aplicando un enfoque psicológico más positivo al hecho de envejecer.

Si un hombre deja de fumar, reduce la ingestión de grasas y tiene la disciplina necesaria para realizar una actividad aeróbica regular que lo ayude a mejorar el sistema vascular, casi con toda certeza recuperará la potencia en el mismo nivel en que se hallaba. Con caminar a buen paso durante media hora seguida, seis días a la semana, suele haber suficiente. Y la mejoría obrará maravillas en su bienestar general (véase los capítulos anteriores, donde se trata en profundidad cómo afrontar la pérdida de poder o de posición y cómo detectar la depresión disimulada).

LAS PÍLDORAS MÁGICAS

La venta de la virilidad perpetua en una ampolla o en una píldora ya es un gran negocio en Estados Unidos, donde en 1996 se registró un mercado de 700 millones de dólares. Hemos recorrido un largo camino desde las glándulas de mono, los baños de hielo, las bombas mecánicas y los implantes quirúrgicos. Desde 1995, para atender a las legiones de hijos de la explosión demográfica que entran en la edad de la menopausia masculina, las compañías farmacéuticas han iniciado nuevas investigaciones a fin de ofrecer tratamientos más variados y eficaces, que ya funcionan en hasta un 70 por ciento de los casos. Pero los casos existentes no son tantos, ya que los hombres no quieren revelar un problema para el cual creían que no había solución.

Las grandes expectativas se centran en una nueva «píldora de la potencia», que se comercializa con grandes recursos como un medio sencillo y socialmente aceptable de permitir a los hombres actuar sexualmente a voluntad. Según prometen los presentadores del producto, sólo hay que tomarse una píldora veinte minutos antes del momento de pasión previsto y esperar a que el hormigueo se convierta en una erección duradera. Las promesas, casi seguro, superan la realidad. Pero el mercado que se abre es tan tentador que tres compañías farmacéuticas han competido para presentar su producto en el mercado en 1998.

Lleva la delantera el de los laboratorios Pfizer, cuya aprobación por la FDA tuvo lugar en la primavera y cuyo lanzamiento se produjo en verano. El nombre de la píldora en cuestión es Viagra. Funciona directamente sobre el tejido del pene, bloqueando la enzima que habitualmente neutraliza la erección. Potenciando el efecto relajación, permite que la sangre fluya al pene con más facilidad y permanezca atrapada en una erección que puede durar hasta varias horas. Pero, afortunadamente, a diferencia de las inyecciones, el Viagra no produce excitación si no se da la estimulación sexual.

El mejor testimonio de los efectos del Viagra es el relato de su descubrimiento, que fue accidental. El producto estaba siendo probado en pacientes coronarios en Inglaterra. Cuando los investigadores preguntaron a estos si notaban alguna mejoría en su estado cardíaco, la respuesta fue que no. Entonces, los investigadores les pidieron que devolvieran los frascos con las píldoras restantes, pero los pacientes se negaron a ello. «Si no se sienten mejor del corazón, ¿por qué no quieren devolver la medicina?», les preguntaron. A lo que la mayoría respondió que «les funcionaba de maravilla para su vida sexual».

Pfizer, que ha efectuado una veintena de ensayos clínicos sobre el Viagra en los que han participado 4.500 hombres, está desarrollando actualmente otros ensayos en los que participan muchos urólogos de todo Estados Unidos, lo cual asegura a su producto una amplia utilización y aceptación. La investigación de la Pfizer todavía no ha pasado por la inspección de un comité de expertos. Entre los efectos secundarios que se han apuntado en los ensayos están el dolor de cabeza, los sofocos, la indigestión, la congestión nasal, las infecciones del tracto respiratorio y el síndrome de la gripe, pero portavoces de la empresa aseguran que ninguno de ellos tiene una importancia estadística. Según el doctor Lue, que fue uno de los investigadores, alguno de los hombres que habían tomado Viagra presentaba visión borrosa durante un breve período. Ya imagino la broma de Jay Leno: «Probé esa nueva píldora para la potencia y la bandera ondeó en el asta toda la noche. Esta mañana, al despertar, no veía nada. Supongo que es cierto: el amor es ciego». Los que comercializan el Viagra no lo son, desde luego. Pfizer calcula que, sólo en Estados Unidos, 30 millones de hombres presentan una disfunción eréctil de mayor o menor importancia y la mayor parte de ellos no siguen ningún tratamiento.

De ser así, existe mucho mercado para los competidores del Viagra. El Vasomax, nombre comercial de otro medicamento por vía oral para la potencia, está siendo probado por Zonagen, una pequeña firma de Texas. Este también relaja la musculatura lisa, pero quizá tenga menos efectos secundarios. Tap Pharmaceuticals, una subsidiaria de Abbot Laboratories, está probando también una píldora para la potencia basada en la apomorfina química, que actúa principalmente en el cerebro.

La «píldora para la potencia» es una bendición a medias. Anuncia un nuevo mundo de machismo químico que puede incrementar la confianza del hombre y hacer más atractivo el proceso de hacerse mayor. También permitirá que muchos hombres se decidan a ocuparse más de su salud. Los hombres no van al médico con tanta frecuencia como las mujeres y, cuando lo hacen, rara vez formulan preguntas. Y, como hemos visto antes, tampoco se les pregunta de forma habitual acerca de su salud sexual. Uno de los beneficios del cambio gradual de ritmo en la madurez masculina es que puede motivar al hombre a mantenerse en una buena forma física. Pero si acude a la consulta de ciertos médicos o a clínicas de existencia efímera y pide una «píldora para la potencia», quizá no descubra nunca que su impotencia es consecuencia de la depresión, del alto nivel de colesterol, de la diabetes, de la hipertensión, o síntoma del cáncer de próstata, una dolencia fácil de curar si se detecta en una fase precoz.

Y las expectativas, inevitablemente, no se corresponderán con la realidad. «Tengo que creer que la píldora no funcionará en hombres que tengan el tejido peneano lesionado a consecuencia del consumo de tabaco, del alto nivel de colesterol o de serias dificultades en el flujo sanguíneo debidas a la ateroesclerosis, la diabetes o el tabaquismo», declara un escéptico doctor Goldberg. Con independencia de las píldoras mágicas que intenten vender las compañías farmacéuticas, los doctores Goldberg, Lue y Ornish insisten vehementemente en la prevención. Esa es la verdadera magia.

> La prevención (a través del ejercicio físico, de la buena nutrición y de otros hábitos saludables, así como de cultivar la intimidad con una pareja y con más amigos) es la clave para minimizar los efectos adversos del estrés y del paso de los años en la potencia del hombre.

CUANDO SE PREFIERE EL PARTIDO DE FÚTBOL DEL DOMINGO POR LA TARDE AL SEXO

Los hombres que poseen una libido adecuada pero tienen dificultades en el funcionamiento sexual son los que más se quejan, puesto que tienen el deseo pero no pueden satisfacerlo. Cuando uno prefiere seguir el partido de fútbol del domingo por la tarde que fantasear sobre una cita con Cindy Crawford, debe hacerse algunas preguntas.

> Primera pregunta: ¿Realmente padece impotencia?

La vieja expresión de Masters y Johnson, «usarlo o perderlo», se aplica tanto a las mujeres posmenopáusicas como a los hombres. La actividad sexual regular mantiene en circulación la testosterona, además de enviar nuevos aportes de sangre y de oxígeno a las baterías sexuales. ¿Quién esperaría que arrancara a la primera su coche deportivo después de tenerlo parado durante más de un año? «Usarlo» también mantiene la confianza sexual, que es especialmente importante para cualquiera que haya pasado por una experiencia desoladora, relacionada con el divorcio o con la viudez.

La impotencia del viudo suele estar causada por una combinación de bloqueos psicológicos («Me sentiría fatal, como si traicionara el recuerdo de mi esposa»), deterioro físico y falta de uso. Un hombre que sufra este tipo de impotencia debería intentar construir una relación con una mujer nueva, en lugar de probar el sexo. «Si está oxidado —apunta la doctora Renshaw—, le digo que empiece a recuperar la confianza mediante la masturbación.»

La prueba de la erección matutina: Si el hombre intenta hacer el amor con su esposa o compañera y fracasa, pero cuando está solo se masturba al despertar y alcanza el orgasmo, no es impotente.

> Segunda pregunta: ¿Puede ser un déficit hormonal?

¿El cabello o la barba crecen menos? ¿Nota cambios de humor? ¿Está más irritable de lo habitual cuando le dicen que saque la basura? En un estudio realizado en 1995 en la Universidad de California en Los Ángeles, los hombres con niveles de testosterona anormalmente bajos declaraban sentirse más irritables y malhumorados. Una vez recuperados los niveles hormonales normales, su estado de ánimo y su carácter mejoró considerablemente.

La mejor prueba: Haga que le midan los niveles hormonales de testosterona, testosterona libre y DHEA. Son análisis de sangre relativamente sencillos que puede realizar cualquier laboratorio, aunque los resultados no proporcionan más información que la que nos ofrezca el médico que los interpreta.

Pero sólo una pequeña proporción de los problemas de impotencia se debe únicamente a la falta de testosterona; los expertos divergen tremendamente en sus cálculos, desde un 2 hasta un 30 por ciento.

¡TESTOSTERONA LIBRE!

La mayoría de nosotros creemos saberlo todo acerca de la testosterona: es esa hormona sexual que hace que los hombres sean velludos, lujuriosos y agresivos, y se obstinen en no pedir ayuda jamás. Sus altibajos son sumamente sensibles a los éxitos o fracasos de un hombre cuando compite con otros hombres. Las consecuencias de la conducta agresiva de un hombre afectan a sus niveles de testosterona, y el aumento o la disminución de los niveles de testosterona afectan, a su vez, a lo agresivo o conciliador que se muestre en el siguiente encuentro.

Este proceso circular se pone en movimiento en la pubertad, según se describe en una revisión de estudios actuales que aparece en el libro *The Psychobiology of Aggression*. Cuando la sangre de un chico se llena de testosterona durante la pubertad, este combustible inflamable interactúa con cualquier pauta que ya haya establecido para responder a situaciones provocadoras. Y si rehuye una pelea, si es dejado de lado o si afronta la provocación, el resultado afectará a sus niveles de testosterona en el futuro. Es probable que la entrada en la pubertad de un muchacho muy agresivo no sólo potencie la beligerancia de este con una descarga de testosterona sino que, si su actitud agresiva tiene éxito, ello provoque un nuevo aumento de la testosterona. Tal cosa potenciará el sentimiento de autoestima del muchacho y le hará aún más dispuesto a desafiar a otros en batallas por la posición social y por el liderazgo.

En pocas palabras, la victoria incrementa el nivel de testosterona; la derrota lo reduce. El autor del libro, John Archer, profesor de psicología en la Universidad de Central Lancashire, en Inglaterra, apunta que la correlación entre testosterona y agresión puede haber surgido, al menos en parte, porque los hombres que tienen éxito en los encuentros agresivos disfrutan, como resultado de ello, de niveles de testosterona elevados y de un refuerzo para su conducta que los lleva a estar aún más dispuestos a actuar de forma agresiva en futuros encuentros competitivos.

Por fortuna para el mundo, la evidencia científica apunta que, entre los hombres, con la edad se produce un declive tanto de la testosterona como de la agresividad. Por ejemplo, en un estudio de profesionales de mediana edad, los niveles inferiores de testosterona estaban relacionados con una satisfacción marital superior y con unas mejores relaciones con los hijos adolescentes.

Sabemos que la testosterona es la hormona del deseo sexual, tanto en los hombres como en las mujeres. Cabría preguntarse si el descenso de la testosterona en los hombres relacionado con la edad es un motivo para intervenir y aplicar terapias hormonales, igual que se trata el de las mujeres. Es un tema controvertido, y es lógico que lo sea. La reposición de hormonas sexuales masculinas sólo es efectivo en un pequeño porcentaje de hombres y plantea más peligros que administrar hormonas sexuales femeninas a las mujeres.

¿Cuánta testosterona es la «normal» para un hombre de 45, de 60 o de 75 años? Nadie lo sabe con certeza. La única cifra en la que están de acuerdo los expertos es que menos de 350 nanogramos por decilitro (un nanogramo es la milmillonésima parte de un gramo) se considera un nivel bajo (el amplio abanico de lo «normal» va de 350 a 1.200 nanogramos). Con la edad, la verdadera culpable es una proteína de unión que agrega cada vez más testosterona. Los jóvenes tienen el doble de testosterona útil que los hombres de más edad. Por ello es importante medir el nivel de testosterona libre.

La disfunción eréctil no tiene que ver solamente con una disminución de la testosterona. De hecho, el estudio de Massachusetts sobre hombres normales y sanos de cierta edad no encontró ninguna correlación entre impotencia y testosterona (sea libre, agregada o total). Otros estudios calculan que entre los pacientes con problemas de impotencia que siguen un tratamiento sólo con testosterona, apenas un 9 por ciento consigue mejorar la erección. Una prueba destacada de ello se produjo en un imaginativo estudio realizado en Escocia con hombres que eran dolorosamente conscientes de que no producían la suficiente testosterona para conseguir la menor erección: la evidencia estaba muy a la vista en sus testículos, anormalmente pequeños. El doctor John Bancroft comprobó primero que sus sujetos tenían el impulso sexual de un gato ahogado y que ni siquiera de noche se animaban. Pero al proyectarles películas eróticas o de porno ligero a aquellos mismos hombres vencidos, ¡zas!, respondían con una erección, aunque el efecto no duraba mucho.

«Siempre hemos sabido que la testosterona no es esencial para la erección», dice el doctor Lue. Además de la fantasía, la salud general y la energía, el impulso sexual en los hombres depende del «músculo» que tengan dentro de su virilidad. ¿Alguna vez ha pensado en el pene como en un músculo?

De hecho, la clave para que se produzca la erección es la capacidad del músculo de la virilidad para relajarse por completo. «Cuando el músculo está relajado, la sangre puede bombearse al pene como si fuera el aire que hincha un globo —dice el doctor Lue—. Pero si el músculo está débil, no permitirá que entre suficiente sangre o dejará que salga demasiada como para llenarse y producir una erección decente.»

DHEA: LA HORMONA MAESTRA DEL HOMBRE

Una hormona maestra conocida como DHEA se ha ganado el respeto de los científicos por ser, posiblemente, la sustancia natural del cuerpo más útil para potenciar la resistencia al envejecimiento físico y al declive sexual. La DHEA es segregada de forma natural por las glándulas suprarrenales y, en períodos de rápido crecimiento (infancia y pubertad), inunda el cuerpo en grandes cantidades. Pero también decae con el paso de los años en el hombre.

El doctor Samuel Yen, endocrino de fama mundial de la Universidad de California en San Diego, en sus respetados estudios sobre la DHEA, ha dicho que la hormona, utilizada en dosis de reposición, activa el sistema inmunitario. También aumenta de forma sostenida la fuerza muscular y la movilidad física en la mayoría de los hombres, y los adelgaza. Yen subraya especialmente el hecho de que los mayores beneficios son, normalmente, de tipo psicológico y muy sutiles. La mayoría de los que la utilizan experimentan un aumento en su sensación general de bienestar. El doctor Yen, un hombre robusto de 68 años, la utiliza personalmente para mantener su sentido de autoridad... y su nivel como tenista.

Algunos médicos que la han usado comentan en privado que tuvo un efecto potenciador de su libido, pero ninguno quiere decir abiertamente que mejora la libido porque apenas se sabe cómo funciona. Nadie sabe cuál es la dosis de mantenimiento adecuada, pero incluso cantidades muy pequeñas pueden tener efectos sorprendentes. Es menos arriesgado que reponer testosterona, pero aporta la principal hormona del crecimiento que decae junto con la testosterona.

EL MACHISMO QUÍMICO

Mientras se escribe este libro, están en preparación importantes novedades en el tratamiento de la menopausia masculina y/o de la disfunción eréctil. Mientras tanto, algunos de los viejos métodos pueden mostrarse más efectivos, aunque también más desagradables e inconvenientes (véase Apéndice B, sobre recursos de terapia sexual).

LA TESTOSTERONA

Los parches de testosterona han mejorado en comodidad y eficacia desde su introducción, a mediados de los noventa. A corto plazo, la terapia de testosterona potencia la energía y la libido del hombre, y lo motiva a introducir cambios en su sistema de vida que mejoren su salud y su potencia. También lo ayuda a sacar su problema del armario y, así, poder hablar de él. Sin embargo, a largo plazo la terapia de testosterona es pura charlatanería, a menos que el hombre tenga un déficit mensurable de la hormona. «Ningún médico puede decir si la falta de deseo se debe a una inhibición psicológica o a un déficit hormonal», fueron las taxativas palabras de Helen Singer Kaplan, la difunta psiquiatra e investigadora sexual que identificó, en 1979, el síndrome del bajo deseo sexual.

También existe un elemento significativo de peligro en el parche de testosterona. Los estudios han demostrado que alrededor de un tercio de los hombres de más de 50 años, cuando son examinados con detenimiento, presentan una evidencia microscópica de cáncer de próstata. Así pues, la terapia de reposición de hormonas en los hombres puede hacer que unas células cancerosas inactivas se vuelvan malignas.

Cualquier hombre que siga una terapia de reposición hormonal debería someterse a exámenes rectales frecuentes y regulares, así como a pruebas sanguíneas de andrógeno específico de la próstata (AEP) cada seis meses o un año. Este es un gran beneficio de por sí, ya que cualquier anormalidad prostática o cualquier aumento del índice de AEP alertará al médico y lo llevará a hacer un sonograma y/o una biopsia para descartar la existencia de un tumor de próstata, o para descubrirlo en su fase precoz. Dado que el cáncer de próstata crece muy despacio, la detección precoz es la mejor defensa y casi asegura la curación.

LA INYECCIÓN

«Póngame una inyección, doctor.» Esta es la solución rápida que habitualmente busca el hombre que responde a un anuncio acerca de la impotencia. Ese hombre no desea hablar del asunto. Entra en la consulta del médico y pregunta a voz en grito: «¿Dónde dice que va a clavarme la aguja?».

El doctor J. Francois Eid, el afable urólogo que dirige el intenso tráfico de hombres en el Centro de la Función Sexual del Hospital de Nueva York, ha puesto inyecciones en la base del pene a más de ocho mil pacientes. «Personalmente, no he visto que ni uno solo de ellos, ni siquiera el que padece una impotencia total, lo pase bien.» Aunque la aguja es muy fina, el hombre medio presenta una fobia psicológica a la aguja que hace improbable que sea capaz de ponerse las inyecciones él mismo, en casa. «Realmente, hay que estar motivado para hacer esto por el apuro de ser impotente y por la agonía de no ser capaz de satisfacer a tu pareja. Y aun así —continúa el doctor Eid—, más del 50 por ciento de los hombres impotentes que responden muy bien a la inyección peneana y tienen una erección normal gracias a ella, renuncian a continuar.»

La terapia más eficaz hasta la fecha es una inyección de alprostadil, una sustancia que se produce de forma natural en el tejido del pene. El alprostadil dilata los vasos sanguíneos y proporciona una erección muy natural y de alta calidad. El nombre comercial de esta sustancia es Caverject. Se puede administrar en casa y cuenta con la aprobación para su administración en inyecciones peneanas. Tanto el doctor Goldberg como el doctor Lue afirman que este método da resultado en un 80 por ciento de los pacientes (técnicamente), pero que la resistencia psicológica es muy alta.

Un problema es que esa terapia de inyecciones deja el pene erecto temporalmente, tanto si el hombre está excitado como si no. Otras objeciones son la falta de espontaneidad (el hombre tiene que inyectarse veinte minutos antes del coito) y el coste (entre 10 y 24 dólares la dosis). Otra terapia de inyecciones más nueva y barata es la llamada Edex.

EL SUPOSITORIO

En 1996 se presentó un concepto absolutamente nuevo en el tratamiento: una pequeña píldora llena de alprostadil que se introduce, como un supositorio, por la punta del pene diez minutos antes del coito. La acción del alprostadil consiste en expandir los vasos sanguíneos del interior del pene para incrementar el flujo sanguíneo, y es la misma sustancia segura que se utiliza en las inyecciones.

Alrededor del 98 por ciento de los pacientes del doctor Goldberg acepta el tratamiento, cuyo nombre comercial es MUSE (siglas en inglés de Sistema de Medicación Uretral para la Erección). Es sencillo, indoloro y discreto. «Pero no es la poción mágica que todo el mundo pensaba que sería», afirma el doctor Goldberg. No funciona más que en un 30 o un 40 por ciento de los hombres con disfunción eréctil y suele producir una erección no muy espectacular. El MUSE resulta más efectivo si el hombre permanece de pie o caminando unos diez minutos después de la inserción, para incrementar la absorción del fármaco y mejorar la calidad de la erección. El tratamiento cuesta 25 dólares por aplicación en Estados Unidos. Se puede utilizar dos veces al día.

LA BOMBA DE VACÍO

Este método, el menos agresivo de todos, puesto que no requiere de agujas ni de cirugía, es un tratamiento que aceptan mejor los hombres de más edad. Es un aparato que consta de un tubo y un anillo de goma, y su efecto es el de «hinchar» el pene. Pero sólo un tercio de los hombres que compran este engorroso aparato llega a utilizarlo. Cuesta entre 400 y 500 dólares en Estados Unidos.

La virilidad por vía química no es una solución duradera. Ser «míster Seguro» en lugar de «míster Discúlpame un Momento Mientras me Inyecto» requiere esfuerzo, tanto para informarse como para cambiar unas costumbres que, con el tiempo, pueden arruinar la madurez. Aunque uno no pueda ser el «Schwarzenegger Perpetuo», puede mejorar su potencia sexual con un poco de información, una gran atención a la prevención, quizás cierta ayuda química, y una pareja comprensiva y que lo apoye.

EL TRABAJO EN PAREJA

El otro elemento crucial que el enfoque «píldora para la potencia» pasa por alto es la relación del hombre con su pareja. La esposa de un hombre impotente padece una agonía muy especial. No sabe cómo hablar del tema con su marido sin deshinchar aún más su ego. Tampoco desea comentarlo con personas que conocen al marido porque este se sentiría avergonzado si lo hiciera. Esa mujer puede sentirse poco femenina, sin atractivo y rechazada. «Debe de ser culpa mía —piensa—. Ya no soy atractiva. Supongo que estoy haciéndome vieja.» Y, naturalmente, sospecha que debe de haber alguien más.

Las esposas me hablan de estos miedos y frustraciones. No saben cómo ayudar a su pareja. Dicen cosas como: «No soporto perderlo. No puedo aceptar la idea de a los cincuenta ser una vieja. Anhelo que me toquen y me acaricien». En un seminario en Carolina del Sur, una atractiva mujer que salía con un divorciado cincuentón me preguntó:

> ¿Cómo se expulsa del dormitorio a un gorila de 300 kilos?

Nadie puede recuperar la libido como quien saca monedas de una hucha. Muchos hombres que sufren una disminución de la libido (una falta de deseo sexual) no se lamentan de ello. Y su pareja tiene que reconocer que ha habido un cambio en ese deseo sexual y no dar por sentado que es culpa suya. Expertos terapeutas sexuales subrayan este aspecto:

> La terapia sexual más eficaz se practica en casa.

La doctora Lenore Tiefer, veterana psicóloga clínica y terapeuta sexual, rechaza vehementemente la medicalización de la sexualidad masculina. Los urólogos varones, según ella, saben que los hombres no se someterán a terapia ni hablarán de sus relaciones; por eso les dicen que padecen de impotencia menopáusica masculina: «Usted no tiene ningún problema de relación. Lo que tiene es un problema médico en el pene. Y eso se puede arreglar». Pero la doctora Tiefer ha aprendido que las cosas no son tan sencillas; este enfoque deja fuera a la pareja.

De los cientos de policías, bomberos, empleados de la limpieza y otros trabajadores manuales con más de 50 años que ha entrevistado en el Centro Médico Montefiore, en el Bronx, la mayoría todavía espera tener una erección con sólo hojear un *Playboy*. Cuando el sexólogo sugiere que a esa edad el hombre suele necesitar una estimulación física, se resisten a aceptarlo: «¡Vamos, doctora, hacer que una mujer te la empine no es de hombres!». Sus esposas suelen reafirmar este rígido código: «Tiene que excitarse él». Si su marido lleva algún tiempo sin tomar la iniciativa sexual, la mujer de clase obrera suele aceptar la situación. Y una vez resignadas a una vida sin relaciones íntimas, si el marido empieza a pedir sexo otra vez, piensan que tiene alguna amiga. Pero, según la experiencia de la doctora Tiefer y de otros expertos, «esos hombres pierden el interés tanto por la esposa como por la amiga. Y entonces se quedan absolutamente abrumados».

Un episodio esporádico de impotencia, sea con una pareja de toda la vida o en un primer encuentro, suele tener poco que ver con lo que siente el hombre respecto a la persona que está junto a él en la cama. «Quizás esté preocupado por algo que se olvidó hacer en el despacho, o distraído por cualquier otra causa», dice la doctora Renshaw. «Tranquilícese —aconseja—. La erección es un acto reflejo. El hombre no la puede provocar a voluntad, y cuanto más nervioso se pone, menos probable será que se produzca.»

Si un hombre parece decidido a continuar haciendo el amor una vez que la erección pasa, la doctora Renshaw recomienda probar algún juego previo relajado, no genital, como ducharse juntos o darle un masaje. Pero no se sorprenda ni se moleste si su ardor desaparece a la vez que la erección. Puede estar tan avergonzado que no quiera colaborar. Déjelo así. Si el frío se convierte en congelación repetitiva, suele ser cosa de la mujer suscitar el tema. Puede empezar diciendo: «Parece que tenemos algunos problemas con la intimidad y el sexo. ¿Tú a qué crees que se debe?». Ayuda mucho que la mujer exponga primero lo que siente, dice la psicóloga Sandra A. Davis, terapeuta sexual diplomada y consejera del Centro de Diagnóstico para Hombres de Pittsburgh. «La mujer puede decir: Creo que me siento rechazada, que soy incapaz de satisfacerte.» Su pareja —continua la doctora Davis— probablemente responderá: "No, no es culpa tuya", y la conversación seguirá a partir de ahí.

Una «píldora de la potencia» puede ser una solución que refuerce la confianza del hombre temporalmente, pero es casi inevitable que las parejas que se han distanciado necesiten consejo para superar la ansiedad y recuperar la confianza. La revelación más chocante y enriquecedora que surgió del estudio Loyola con 151 hombres impotentes, fue el desinterés del marido por las necesidades sexuales de la esposa. Ninguno de los encuestados le daba besos, caricias o estimulación manual u oral alguna. Una de las cosas que excitan a muchos hombres es ver cómo lo hace su pareja. Pero, al parecer, estos hombres habían dejado que sus problemas llegaran tan lejos y estaban tan envueltos en su propio dolor, vergüenza o sentimiento de culpabilidad, que parecían incapaces de disfrutar de cualquier clase de placer sexual, aunque fuera indirecto, cooperando en la excitación y el clímax de su pareja.

> ¿De quién es la menopausia, al fin y al cabo?

Con frecuencia, un miembro de la pareja echa la culpa de su incomunicación y falta de relaciones íntimas a la menopausia de la otra:

El problema es mi esposa; está tan menopáusica que se le nublan las gafas cuando estamos a la mesa.

El problema es mi marido; desde que le denegaron la subvención, se ha vuelto impotente.

Alrededor de un tercio de las mujeres experimenta una pérdida de deseo sexual durante la menopausia o la perimenopausia. La testosterona, la hormona del deseo sexual tanto en los hombres como en las mujeres, disminuye con la edad también en ambos casos. Y, en las mujeres, el estrógeno también es necesario para activar los receptores que les permiten utilizar la testosterona que las excita. ¿Quién pensaba que el sexo es sencillo? Las mujeres que utilizan una terapia de reposición de hormonas se suministran el estrógeno que puede revivir su deseo sexual y evitar que sus órganos sexuales se atrofien. Algunas mujeres, sobre todo si se han sometido a una histerectomía y presentan un súbito déficit de estrógenos, añaden un poco de testosterona a su régimen de reposición de hormonas. Unos estudios realizados por la doctora Barbara Sherwin y la Universidad de Toronto han demostrado que la reposición de testosterona en mujeres menopáusicas es muy efectiva para recuperar el impulso sexual, lo cual hace mucho más sencilla la vida con una pareja masculina menopáusica.

Otra causa de problemas cuando ambos miembros de la pareja están en los años menopáusicos es que el hombre esté perdiendo el control en la lucha de poder con su pareja. El hombre está lleno de cólera o de dependencia hostil (posiblemente porque ya no es tan importante o porque ahora es ella la que aporta más ingresos a la casa) y la pareja ya no sabe cómo resolver los conflictos. Así pues, él se toma una píldora de la felicidad y su impulso sexual, ya vacilante, queda desconectado por completo. El Prozac es un conocido depresor de la libido, al igual que la mayoría de los antidepresivos. La cólera también es un enemigo natural de la potencia. Y hay muchas razones por las que los hombres pueden sentir ira en esta etapa:

> Durante todos esos años, ella estaba tan preocupada por el control de la natalidad que me andaba con mucho cuidado. ¡Y ahora que está menopáusica y no tenemos que preocuparnos, no soy capaz de funcionar!

O... no esperaba tener un ataque cardíaco. Desde que ha empezado a medicarse contra la hipertensión, su impulso sexual ha quedado neutralizado. Y se reprocha todas las oportunidades de sexo apasionado que cree perdidas para siempre. (Aunque no es cierto. Véase el apartado sobre tratamientos en la página 283.)

Como antes se ha mencionado, los expertos saben que, conforme se hace mayor, un hombre necesita más estimulación directa en el pene para producir una erección completa. «Para algunos hombres resulta difícil de aceptar —dice Robert Perotti, trabajador social de psiquiatría que tiene una consulta de terapia sexual en Chicago—. Están condicionados a llevar la iniciativa y a tomar el control.» Así pues, Perotti los ayuda a devolverle a la cuestión su proporción real. Los tranquiliza, les asegura que existe un cambio natural en la conducta sexual de la madurez que pueden conocer a fondo, coreografiar y utilizar en su provecho. Pero primero tienen que aprender a recibir, además de a llevar la iniciativa. El miedo del hombre es:

> Si le cedo el control aquí, ¿me dominará luego en todo lo demás?

Perotti cree que modular la necesidad del hombre de tener el control es una de las claves para superar los problemas de potencia en la edad madura. Y pone deberes para hacer en casa a las parejas: Turnarse en ser el iniciador del juego sexual. Puede ser la primera vez que un hombre tiene la oportunidad de ser el miembro pasivo. Cuando cede el control y se permite recibir de la mujer, dice Perotti, suele ser una revelación. Pero se trata de una batalla cuesta arriba, porque los hombres pueden negarse a dejar el control aunque sea para obtener placer o para recuperar potencia.

Como hombre que está en esa edad, Perotti reconoce la resistencia y el rechazo que observa en la mayoría de los hombres: «Experimentan un cambio de vida en su cuerpo, como las mujeres, y este cambio los zarandea». El terapeuta intenta que sus pacientes varones expresen en palabras los miedos que ocultan; para ello, expone los suyos: «A veces tengo miedo. Me avergüenzo de los cambios que se producen en mi cuerpo. Pero durante todo el ciclo de la vida se dan cambios constantes y no tienen nada de malo. La vida es un proceso.»

LA MUJER TESTIMONIAL

El nivel de autoestima cambia constantemente en la vida. Todos conocemos recursos destructivos con los que las personas intentan restaurar su maltrecha autoestima: culpar a otros o criticar a la pareja, por ejemplo. En ese nivel, los hombres suelen demostrarse su potencia a sí mismos buscando una relación con una «mujer testimonial», normalmente más joven y desde luego sensual, que sea un testimonio de su virilidad.

> ¿Una compañera nueva le devolverá la potencia?

Un atractivo empresario que vendió su negocio y se sentía desocupado a sus cincuenta y tantos años, me contó que se había cansado de ver vídeos pornográficos y que ya no le excitaba la madre de sus hijos, aunque seguía siendo hermosa y la quería. Siguió los consejos de sus amigos casados que se dedicaban a las altas finanzas, a las leyes o a las artes. El único modo de recuperar la chispa, le dijeron, era encontrar a una mujer que fuese distinta, exótica. Y la primera vez, en efecto, se sintió al nivel de su antiguo funcionamiento de atleta, ¡vaya si se sintió! En encuentros posteriores fue más como las sesiones de entrenamiento de pretemporada: mucho trabajo y pocos goles. «Al cabo de un tiempo —comentaba el empresario—, la mayoría de mis amigos y yo habíamos decidido que era mejor ir a jugar a golf.»

Además de amenazar el matrimonio, estos accesos no siempre son curativos y pueden llevar a un hombre a refugiarse aún más en la abstinencia sexual, por vergüenza. En un estudio realizado con 151 hombres casados que solicitaban tratamiento para la impotencia en la Clínica de Disfunciones Sexuales de la Universidad Loyola, el período en que habían soportado en silencio este autosacrificio era increíble: ¡De dos a diez años! ¿Habían intentado «echar una cana al aire»? Un tercio de ellos había intentado iniciar una relación, en muchos casos más de una, incluidas prostitutas, pero la mayoría había fracasado también, ignominiosamente, en estas aventuras. Los dos tercios restantes de los maridos confesaron que ellos también estaban demasiado llenos de ansiedad respecto a su rendimiento como para intentar siquiera una relación sexual con nadie más.

FORMAR EQUIPO PARA ENCONTRAR EL TRATAMIENTO ADECUADO

El hecho de que un hombre deje el sexo de lado puede exacerbar una lucha de poder entre los miembros de una pareja. «Si no mejoramos en la cama, voy a dejarte», da a entender la mujer. Un ultimátum es un obstáculo más, y probablemente sólo hará que empeorar las cosas. Si se logra que la mujer comprenda que este congelamiento sexual no es una reacción provocada por ella y que, probablemente, resulta reversible, en la mayoría de los casos ella y su pareja pueden encontrar alivio mediante el trabajo con un especialista o en una clínica para la disfunción sexual

> La mayoría de los varones acuden a clínicas para disfunciones sexuales a instancias de sus esposas

Normalmente, es la esposa la que tiene que buscar al terapeuta sexual adecuado o estudiar la disponibilidad y los resultados de doctores o clínicas especializados en la salud sexual masculina. Si la mujer y su marido acuden a un buen terapeuta sexual o un médico sensato que les plantee el tema a los dos juntos, el hecho mismo de que se haya identificado al gorila de trescientos kilos significa una mejoría del 50 por ciento de inmediato. Si ambos miembros de la pareja se comprometen a realizar el tratamiento, tienen bastantes posibilidades de corregir el problema y de salvar el matrimonio. El apéndice a este capítulo (véase página 349) ofrece una serie de preguntas y sugerencias que hay que tener en cuenta cuando se busca al profesional de la salud indicado.

En muchos casos, el muro que levantan los hombres contra el «tratamiento» equivale a la resistencia del alcohólico que insiste en que «yo no tengo ningún problema de bebida». La falta de información y de entendimiento de este complejo fenómeno puede privar a los hombres de una vida más plena que incluya la intimidad sexual, el amor, la confianza y la capacidad para hacer feliz a su pareja.

El proceso es circular: en el cuidado o el descuido que muestra un hombre hacia su condición física influye su disposición de ánimo. Y cuanto mayor sea el cuidado que uno demuestre hacia sí mismo, más fuerte será la resistencia frente a los cambios que ralentice su avance temporalmente. Da igual las píldoras mágicas que intenten vender los laboratorios farmacéuticos; la auténtica magia procede de encontrar un nuevo nivel de intimidad con la pareja. Si los hombres presionan a los médicos para tratar esta época de la vida con un enfoque más holista, tanto la mente como el cuerpo se verán liberados de un gran peso.

> En un futuro inmediato, la mayoría de los hombres debería estar en condiciones de tratar la crisis de potencia masculina en la madurez con el mismo éxito con el que las mujeres han aprendido a afrontar la menopausia.

PARTE V

LA INFLUENCIA DE LOS SESENTA

Qué aburrido es hacer una pausa, llegar a un final, oxidarse deslustrado, no brillar por el uso.

¡Como si respirar fuese vida!

No es demasiado tarde para buscar un mundo más nuevo.

Luchar, buscar, encontrar y no rendirse.

DE «ULISES», DE ALFRED TENNYSON

11

El pasaje a la edad de la integridad

Los sesenta suelen marcar el principio de un lento declive hacia la jubilación, los pasatiempos y un creciente sentimiento de inutilidad. Pero, en la actualidad, la buena noticia para un norteamericano que llega a los 65 años ahora, tras haber pasado la principal zona de riesgo de ataques cardíacos, es que la esperanza de vida es de 81. Así, se introduce hoy una nueva etapa entre la madurez y la vejez, una etapa que dura unos quince años. ¿Quién puede dar su propio sentido a esta etapa? Quince años es demasiado tiempo para dedicarlo a rebajar unos cuantos golpes tu *handicap* de golf. Para algunos, el sentido se deriva de aprender a amar y a jugar otra vez después de un período en el que uno «se ha oxidado y deslustrado».

El cirujano había empezado a sentirse anciano al dejar atrás los cincuenta. La muerte de su esposa lo había dejado vacío de pasión. Se había aficionado al golf porque, según decía, «es lo que hacen los viejos». Sin embargo, sólo estaba representando el papel que atribuyen las convenciones a la tercera edad.

Cuando cumplió sesenta años, alguien le regaló una bicicleta. Qué extraño e incongruente se veía aquel artefacto de la infancia en el garaje, junto a su serio coche negro de médico. «¿Sabré montar todavía?», se preguntaba.

A falta de algo mejor que hacer, empezó a montar en bicicleta los fines de semana. Le gustó. La pesadez de la edad que antes le hundía los hombros empezó a aliviarse. Un día de primavera, en el campo de golf, conoció a una mujer entusiasta de la bicicleta y del golf. Empezaron a descubrir juntos las carreteras secundarias de la zona. Para otoño, ella los inscribió a ambos para dar una vuelta a Italia en bicicleta.

«¡Pasé las tres semanas más fantásticas de mi vida! —exclamó el cirujano momentos después de que nos conociéramos. Los ojos le danzaban al contármelo—: Mientras recorríamos la Toscana, avanzando entre olivares a nuestro ritmo, no dejaba de pensar: "¡Caramba!, esto es lo más cercano al control total sobre mi vida que tendré jamás. Soy mi propio medio de transporte, mis músculos hacen girar las ruedas, el sol me calienta la espalda y los viñedos complacen mis sentidos, el tiempo está en suspenso, pero sé que en algún momento me detendré a tomar un almuerzo delicioso con mi nueva compañera y nos dedicaremos a hacer el amor. ¿Puede haber una vida mejor?"».

A continuación, salió de su ensueño y ofreció un testimonio: «Este pasaje a los sesenta es el mejor. Jamás lo hubiera imaginado».

LOS SECRETOS DEL BIENESTAR A LOS SESENTA Y PICO

«Quiero contar», declaraba un exejecutivo de una gran empresa cuando se encontró con más de sesenta años. El asunto estaba muy claro: no podía basar durante mucho tiempo más el valor de su vida en la posición de poder que ocupaba en la empresa, ni tampoco en casa (sus hijos toleraban sus consejos y poco más). Si quería contar para algo una vez cumplidos los sesenta, tendría que hacer oír su voz de una manera más sutil, a través de la influencia.

Sería estupendo que los hombres pudieran pasar de posiciones de poder a otras de influencia en una transición suave. Pero quienes han vivido en una lucha heroica, construyendo un historial de logros por los que han obtenido reconocimiento, suelen convertirse en leyendas para sí mismos. Cuando se hacen mayores, es habitual que algo pinche el globo de ese mito. Pierden una elección, una empresa o una esposa, o son relegados ante un rival más joven en la carrera por determinado puesto profesional, y se encuentran ante un retroceso devastador que no han sabido predecir o prevenir. Aquí es donde los hombres se diferencian del Hombre Proteico. Este ha acumulado una cantidad crítica de elasticidad para afrontar las pruebas del último tercio de la vida.

La elasticidad es la capacidad de encajar los golpes amoldándose a ellos; es la fe, incluso en las ocasiones más sombrías y solitarias, en que uno puede ser más fuerte que las adversidades de la vida. ¿Quién la tiene? Aquellos que han afrontado y asimilado la mayoría de los pasajes y de las crisis predecibles de la existencia son, por definición, elásticos. Avanzada la madurez, tales hombres tienen que haber acumulado los recursos internos necesarios para sobrevivir a los reveses una y otra vez, y son más fuertes de lo que posiblemente ellos mismos creen.

Un impresionante estudio de las fuentes de bienestar con exalumnos de Harvard de 65 años reveló que, a esa edad, la salud emocional no se basaba en una infancia feliz, en premios o en otros testimonios de una carrera de éxito. Los más capaces de disfrutar de la «tercera edad» eran aquellos que habían desarrollado la elasticidad necesaria para absorber los golpes y conflictos de la vida, sin pasividad, culpabilidad, amargura o conducta autodestructiva. Según el Estudio Grant realizado con esos 173 exalumnos de Harvard, a los que el psiquiatra George E. Vaillant efectuó un seguimiento en intervalos de cinco años, el valor más importante que habían adquirido durante la Edad de la Maestría era el conocimiento de cómo controlar el primer impulso. En lugar de dejarse llevar por la cólera o de buscar a otros a quienes echar la culpa, o de retraerse y deprimirse cuando se enfrentaban a una crisis emocional, habían aprendido a consultar con la almohada antes de tomar decisiones importantes y a esperar hasta estar en condiciones de responder de forma tranquila y mesurada. La elasticidad, sin embargo, no es un acto solitario. La capacidad de un hombre para encajar los golpes amoldándose a ellos mejora enormemente si reúne y renueva de forma constante un grupo de personas que puedan ofrecerle estímulo y apoyo emocional.

Pero es muy natural que, en los últimos años de su vida, a un hombre de esa edad le inquiete no haber conseguido todo lo que deseaba. ¿Queda tiempo todavía para crear un legado, para marcar una diferencia?

Una de las leyendas literarias vivas más famosas de Estados Unidos, John Updike, reflexionaba no hace mucho sobre el legado que ya ha creado: cuarenta libros, todos protegidos con una cubierta polícroma y colocados en fila, como soldados, frente a la mesa en la que escribía. «En algún lugar de esos varios millones de palabras reflexionadas, corregidas, sometidas a revisión tipográfica e impresas, debo de haber dado lo mejor de mí mismo, de haber cantado mi canción, de haber tenido la última palabra en las cosas —escribió Updike en el *New Yorker*—. Pero mi conciencia, cegada por el pánico conforme se acerca la fecha trascendental de los 65 años y la jubilación, me lleva a fijarme en todo lo que falta en ellas. De repente, parece que casi todo. Mundos enteros están ausentes en ellas. Ante esta vacuidad surge el terrible impulso de… ¿qué más?».

Cuando nos hacemos mayores, nuestro mayor miedo quizá sea el de nuestra irrelevancia. Así, las preocupaciones más importantes de los sesentones son:

> ¿En qué se resume mi vida?
> ¿Es demasiado tarde para dar sentido a mi vida?
> ¿Quiero que me recuerden como el que he sido hasta ahora?

Preguntas de este tono ilustran muchas de las actitudes y opciones que se dan cuando el hombre llega a los sesenta y tantos. Aunque puede quedarle todavía un cuarto de su existencia por delante, la sombra de la edad empieza a cruzarse en su camino. Es importante no permitir que tal idea ensombrezca en exceso el pasaje, nuevo y profundamente lleno de sentido, que se abre ante uno y que conduce a la iluminación (o a la desesperación) de la edad de la integridad.

Todos sabemos reconocer la desesperación, pero ¿qué significa realmente la «integridad»? Fue Erik Erikson quien concibió el estadio octavo y final del ciclo de desarrollo vital de un adulto como una lucha entre la integridad y la desesperación. Incluso él reconocía la dificultad de definir la integridad, y sugería que involucra la capacidad de amor posnarcisista y la serenidad para tomarse la historia de la propia vida como algo que tenía que existir. Los hombres en la madurez avanzada que he entrevistado suelen hablar de su aspiración al equilibrio y a ser «auténticos». Esto recuerda mucho el concepto de integridad. Para mí, esta significa el trabajo de integrar todas las identidades que lo han servido a uno sucesivamente a lo largo de la adolescencia y de la madurez, de despojarse de roles que ya ha superado, de deshacerse del ego de «pez gordo», de jubilar a la víctima y al asesino, de potenciar lo mejor de uno, de perdonar a los padres y de perdonarse a uno mismo por lo que era obligado que sucediera y de llegar a la unificación. Uno es quien es. Ahora, el Hombre Proteico debe dedicarse a encontrar su forma más natural y a ceñirse a ella con cierta firmeza. Según el estudio Grant, los rasgos que cobran importancia conforme el hombre envejece son la fiabilidad, la buena autogestión y el pragmatismo.

Un arquitecto ofrecía una descripción clara y sencilla de este cambio. Se recordaba a sí mismo como un artista exaltado cuando era un cuarentón; en esa época se dedicaba a gritar y recriminar a la gente que trabajaba con él en su estudio, y luego se iba a casa y se comportaba como un padre benévolo y un marido honrado, mientras tonteaba con mujeres y mentía al respecto, incluso a sí mismo. «Cuando uno se hace mayor, resulta más difícil mentirse a uno mismo —reconoció cuando lo entrevisté, cumplidos ya los sesenta—. «Ahora ya no siento que estoy representando un papel en mi vida profesional, otro en mi vida amorosa y otro en mi vida familiar y con mis amistades.» En un esfuerzo por encontrar el modo de describir este cambio de perspectiva que le sobrevino al pasar de los sesenta, el hombre apuntó: «Uno ya no quiere sentir que ningún aspecto de su vida carece de autenticidad».

IMAGINA LA RESIDENCIA DONDE PAUL McCARTNEY PASARÍA SU VEJEZ

Cuando pensamos en los hijos de la explosión demográfica camino de la jubilación, en lugar de pensar en el abuelo deberíamos imaginar a Paul McCartney, Mick Jagger o Keith Richard en la tercera edad. Mel Matsumoto, un hombre emprendedor de esa edad que preside la Asociación Californiana de Hogares y Servicios para las Personas de Edad, esbozó su extravagante idea de una Comunidad de Retiro Edad Púrpura que pudiera acomodar a tales tipos bohemios. Las diferentes alas de la residencia llevarían nombres como Penny Lane y Strawberry Fields, y habría que olvidar pastillas y bingos. Los residentes, reacios por naturaleza a cualquier medicamento con receta, exigirían alternativas: marihuana terapéutica y un amplio menú de drogas recreativas y de cócteles de hormonas. Y no dudarían en llevar a cabo protestas. Cuando los presionaran para realizarles análisis de orina, cabría esperar de ellos que realizaran una sentada en las oficinas de administración, entre gritos de: «¡Demonios, no; no pasaremos por eso!». Con toda probabilidad, resultarían ingobernables porque siempre serían más ellos que el personal. Y a esa edad, no tendrían nada que perder.

Tal vez sus residencias no estén hechas de cemento y ladrillo, sino que sean virtuales, que estén conectadas por tecnologías que en este momento no podemos ni imaginar todavía. Con todo, la mayoría de los hombres sigue basando sus fantasías sobre la jubilación en lo que han visto en sus padres, cuya expectativa de vida no pasaba de los 70 años y que estaban condicionados para pensar que este estadio no era más que el final de la vida laboral.

La fantasía de «no hacer nada» la expresó un carismático afroamericano, Gerald Brooks, que creció en el casco urbano de Saint Louis. Gerald empezó a trabajar en el departamento de envíos de un gran contratista de la Defensa, se abrió paso en las relaciones públicas y obtuvo un título universitario tras diez años de asistir a clases nocturnas. En la madurez dirige el departamento de márketing de la Biblioteca Pública de Saint Louis, una organización no lucrativa modélica. Mientras me llevaba por la ciudad en su enorme furgoneta, quedó claro que le encanta su rol influyente como constructor de puentes culturales entre las divisiones raciales y sociales de su comunidad. En todas partes, la gente lo acoge como a un amigo. También forma parte de muchos consejos directivos, como padre de la ciudad.

¿Y qué espera de la jubilación, le pregunté a Brooks, cuando abandone el servicio pagado a la comunidad?

«Jubilarse significa despertar y hacer lo que me apetezca —dijo con alegría—. Y si eso significa despertarme a las diez de la mañana y quedarme en la cama leyendo el periódico y viendo la televisión hasta las once antes de levantarme y empezar la jornada, estupendo.»

NADA DE RETIRARSE: ¡RECONDUCIR!

Pero, hoy, las cosas no van así. Los hombres viven demasiado como para que los estimule tener todo el tiempo para dormir. Algunos que escogen la jubilación anticipada o que venden su empresa tienen la ilusión mágica de que todo será diversión y juegos, o un renacimiento mágico. Esta es la clase de fantasías a la que dan vueltas:

Voy a montar un sarao. Voy a viajar. Voy a disfrutar de mi familia y a jugar al golf todos los días. No quiero que nadie me diga que tengo que estar en determinado lugar a determinada hora.

Pero pronto resulta incómodo ser el único hombre de menos de 70 años que pisa el campo de golf en mitad de la semana. A un sesentón sano todavía no le ha llegado el momento de colgar las botas definitivamente, pero es habitual que no sepa qué hacer consigo mismo. La palabra «jubilación» es sinónimo de desecho, renuncia, retirada, reclusión en uno mismo, insociabilidad..., de todo lo que resulta perjudicial, física y mentalmente, para una persona en la edad de la integridad. Deberíamos jubilar la propia palabra «jubilación» y reemplazarla por la palabra activa «reconducir».

> ¿Vas a jubilarte?
> No, estoy reconduciendo mi vida.

«No es demasiado tarde para buscar un mundo más nuevo, Ulises», escribió Alfred Tennyson en su oda poética a los hombres en proceso de envejecimiento. Si eso era cierto para reyes y guerreros en 1842, también lo es, rotundamente, para los hombres de hoy, tanto los extraordinarios como los normales. Los hijos de la explosión demográfica, que superan en quince o veinte años la edad tradicional de la jubilación, serán el grupo de edad con más energía en los próximos veinte años. Las proyecciones resultan asombrosas. Durante el siglo XX, el número de norteamericanos de 65 años o más se ha disparado en las estadísticas, puesto que se ha duplicado más de tres veces. Entre el año 2010 y el 2030, cuando del conjunto de la población integrada por los hijos de la explosión demográfica entre en la edad de la integridad, la oficina del censo calcula que la cifra de los mayores de 65 años superará los 69 millones. Casi uno de cada cinco norteamericanos podría tener más de 65 años en el 2030. A mediados del próximo siglo, puede ser completamente falso que Estados Unidos siga considerándose una nación de jóvenes; podría haber más personas de las que son consideradas «ancianas» (65 años o más) que de las que son consideradas «jóvenes» (14 o menos).

Así pues, no debería sorprendernos que la jubilación sea hoy uno de los pasajes más preocupantes para los norteamericanos, según confirman las encuestas nacionales. Tras haberse definido en gran medida por su trabajo, a muchos miembros de la generación de la explosión demográfica les inquieta la pregunta de qué hace uno cuando deja de estar en activo. Y cuanto más alta es la posición que le confiere su empleo, más pronunciada se hace la pendiente hacia el anonimato.

Un profesional que todavía no estaba jubilado pero cuya carrera se había terminado, como es habitual, a los sesenta y tantos, me abordó a la salida de una conferencia que acababa de dar en la Biblioteca Pública de Saint Louis. Quería saber si es frecuente que los hombres que alcanzan los ochenta y tantos se lamenten, después de jubilarse a los sesenta y pocos y dedicarse sobre todo a haraganear y a practicar sus aficiones, de no haber hecho algo más.

Mi respuesta fue que la mayoría de los hombres desea sentir, antes de morir, que ha marcado una diferencia. Y los años después de la jubilación de la actividad principal ofrecen una gran oportunidad para dejar las cosas un poco mejor de lo que uno las ha encontrado.

No era esa la contestación que el hombre deseaba oír. «No quiero seguir luchando por el éxito y por tener más dinero», insistió.

«No se trata de dinero y de éxito —intervino un abogado que, más o menos cada siete años y de forma voluntaria y consciente, había cambiado de empleo, o de interés prioritario dentro de su carrera, y esperaba con expectación su siguiente pasaje—. Se trata de esforzarse en encontrar otra manera de poner en funcionamiento lo que uno sabe.»

«Pero eso significa estar de nuevo volcado en el objetivo», protestó el hombre.

«No —lo corrigió el abogado—. Es estar volcado en el proceso.» El proceso de reconducción también tiene aspectos prácticos.

BUSCAR LA ACTIVIDAD POSJUBILACIÓN

Antes, las personas basaban sus años de jubilación en tres soportes: la pensión, la Seguridad Social y los ahorros personales. Hoy, las tres patas de ese asiento se muestran cada vez más tambaleantes. Como las personas mayores de hoy desean (y necesitan) un colchón financiero más grueso que las sostenga en una vida más prolongada, necesitarán cada vez más una cuarta pata en el taburete. Y esta se llama trabajo. Una jubilación con actividad laboral.

El porcentaje de norteamericanos de 65 años o más que trabajan a tiempo completo ha descendido desde la segunda guerra mundial, cuando se generalizaron las pensiones, y en 1985 llegó a su punto mínimo, cuando los últimos miembros de la generación de la guerra cumplieron los sesenta. Pero durante la década siguiente, de 1985 a 1995, su número casi se triplicó. De hecho, el grupo que crece más deprisa entre los empleados a tiempo completo que entran en la actividad laboral es el de los mayores de 65: casi 4 millones.

Algunos reconvierten su labor, recogen todos los conocimientos que han adquirido y ofrecen su experiencia como asesores. Otros montan negocios pequeños, manejables. O buscan tiempo para colaborar con su comunidad o con el país.

Las pequeñas empresas y las organizaciones sin ánimo de lucro son, dados sus limitados recursos, las más dispuestas a contratar a gente mayor.

> Uno de cada diez norteamericanos trabaja actualmente para una organización sin ánimo de lucro.

La mayoría de los que trabajan para estas organizaciones sin ánimo de lucro se encuentran en la madurez o tienen una edad más avanzada, son hombres que en otra época han tenido éxitos brillantes en los negocios. Jubilados con pensión y seguridad social o con pólizas de seguros de salud pueden permitirse, en muchos casos, trabajar por debajo de los sueldos del mercado. Y, dado el vigor del mercado de empleo en Estados Unidos en la segunda mitad de la década de los noventa, están poniéndose de manifiesto bolsas de escasez de especialistas, junto con la pérdida de cerebros ejecutivos, como consecuencia de las excesivas reducciones de plantilla. Así pues, el hombre mayor que goza de salud tiene buenas perspectivas para llevar a cabo una actividad profesional tras la jubilación.

Sin embargo, no es esta la norma general todavía. Ni mucho menos. Los hombres siguen jubilándose cada vez más pronto, aunque su vida se prolongue cada vez más. En 1950, la edad media a la que el hombre se jubilaba era los 67 años. Hoy ha bajado a los 63. No es preciso ser licenciado en estadística para deducir que si el hombre tiene ante sí la expectativa de 28 años más de vida (desde 1900), debe hacer planes para dedicar buena parte de esos años de más a algo útil. Pero las instituciones van muy por detrás de los tiempos en lo que respecta a preparar a la sociedad para esta nueva realidad. La política del gobierno norteamericano penaliza a la gente por mezclar la jubilación con el trabajo. Como consecuencia de ello, muchísimos hombres inquietos, todavía vigorosos, entran y salen de empleos a tiempo parcial o emprenden iniciativas empresariales buscando la que les encaje mejor.

> Lo que necesita un hombre para un tercer acto satisfactorio es algo por lo que vivir;
> una misión interior.

Sea cual sea el récord de logros externos de una persona, esta necesitará un sentido de misión interior a fin de fortalecer su flexibilidad para afrontar los obstáculos y los éxitos que tiene por delante. El objetivo óptimo es encontrar un compromiso placentero que le permita a uno poner en acción partes de sí mismo que hasta ese momento le habían pasado inadvertidas. Una misión puede proporcionar sentido a esta etapa de la vida e incluso garantizarle a uno un ápice de inmortalidad.

Estar en contacto con los jóvenes es uno de los medios más eficaces de extender la influencia. Henry Fenwick, el refinado sesentón editor de *Moderns Maturity*, la revista oficial de la Asociación Norteamericana de Jubilados, ha visto y leído relatos de miles de hombres que han pasado de los 60. «Los hombres de sesenta, setenta e incluso ochenta y tantos que más me han impresionado son los que han establecido los puentes más efectivos para las generaciones posteriores, sea a través de la familia o como mentores —apunta—. Ya no es necesario que la fama o el prestigio redunde en uno; también puede ir a un hombre o una mujer más jóvenes.»

¿Cuándo debe uno empezar a pensar en reconducir su vida?
Ayer.
Los asesores en cuestiones laborales suelen aconsejar que se em-

piece a experimentar y a planificar las actividades posjubilación a los 45. Si se tiene que cambiar de actividad por completo, es natural que uno se sienta incómodo al verse otra vez como un aprendiz. Pero es absolutamente fundamental adoptar el humilde papel de neófito si desea «reconducir» la jubilación y convertirla en una etapa activa en el aspecto laboral. Lo mejor es no cortar de golpe, sino más bien abrir un camino paralelo (adquirir nueva experiencia, cometer algunos errores, descubrir lo que no se quiere hacer) antes de lanzarse por su cuenta. También se puede invertir en un negocio prometedor bastante antes de la edad de jubilación tradicional, con una opción a adquirirlo en fecha posterior.

Nuestras principales empresas deberían ofrecer planes de jubilación flexibles para que los empleados antiguos más valiosos pudieran dejar la empresa gradualmente, al tiempo que adquieren conocimientos y contactos para su siguiente ocupación. Nuestras instituciones sociales tienen ante sí el reto de preparar puestos atractivos para quienes ya han llegado al máximo en su profesión, de utilizar a los ejecutivos, obreros especializados y artesanos cuando llegan a la jubilación. Es necesario que aprovechemos los recursos de los hombres más veteranos y experimentados, que los utilicemos en nuestros problemas más notorios como sociedad y que desarrollemos para ellos funciones y papeles que les garanticen el respeto de los demás y les permitan contribuir a la comunidad.

LAS FANTASÍAS SOBRE LA JUBILACIÓN EN LOS DOS MIEMBROS DE LA PAREJA

Evidentemente, las decisiones sobre la jubilación tienen consecuencias importantes en la pareja. ¿Cuántos hombres y mujeres conocen de verdad las fantasías o los temores que rondan por la cabeza de su pareja acerca de la jubilación? No muchos, a juzgar por los grupos estudiados. Cuando se le pidió a Peggy,* una instructora de danza

* Es un seudónimo.

de Los Ángeles casada con un contratista, que imaginara los sueños de su esposo acerca de la jubilación, fue muy sincera: «Es algo de lo que nunca hemos hablado. Yo diría que una casa en la montaña, otra en la playa, tranquilidad y estar cerca de los niños».

En otra ocasión distinta, su marido no mencionó ninguna de esas cosas: «Esos sueños son los de Peggy. Yo quiero estudiar, viajar y, quizá, montar otro negocio».

Tras dirigir varias sesiones de grupo, un ejecutivo de Prudential se quedó admirado ante la discordancia entre el tipo de fantasías de los hombres y el de las mujeres. «Los hombres dicen: Va a ser fantástico. Viajaremos mucho y pasaré mucho tiempo con mi mujer». Sueltan risitas nerviosas, como si pensaran que va a haber mucho sexo. Su idea de la jubilación es la de unas vacaciones realmente a tope. Pero cuando les preguntas cómo va a ser de verdad, responden que no lo saben.»

Casi todos los hombres mencionan el viaje como un requisito para disfrutar de la jubilación y suelen soñar que se compran un rancho o se convierten en propietarios agrícolas. Las mujeres se muestran lógicamente preocupadas por dejar su lugar habitual, a los antiguos amigos y a los hijos y, sobre todo, por estar lejos de los nietos. También les preocupa que sus maridos, una vez privados del estímulo del trabajo, se aburran y se vuelvan inactivos.

Frank Lalli, uno de los editores de revistas de más éxito en Estados Unidos, dedica el 150 por ciento de su tiempo a trabajar en la revista *Money*, a dar conferencias defendiendo la industria de las revistas y a leer su correo durante el fin de semana. Ha empezado a soñar con una jubilación anticipada (no de la vida, sino para descargarse de las rígidas responsabilidades de ser un alto ejecutivo que debe editar todos los meses una revista que aprecien sus tres millones de lectores). Cuando empieza a soñar con la jubilación, su esposa, Carole, editora de libros por cuenta propia y crítica gastronómica, hace una mueca de pánico: ¡Todavía no!

¿Qué proyectos y actividades pueden reemplazar los retos y satisfacciones del trabajo?, se pregunta Carole. Desde que dejó su trabajo a jornada completa, se ha dedicado a la vida cultural de la ciudad y se ha comprometido cada vez más en trabajos comunitarios.

Su sueño es encontrar un proyecto exigente en el que ella y su esposo puedan trabajar juntos.

El marido está de acuerdo. Pero Lalli no quiere retrasar la jubilación tanto que, cuando llegue, ya no tengan las energías para la clase de viaje que ocupa sus fantasías. «Soñamos con pasar tres o cuatro meses al año en Italia —dice—. Si esperamos diez años más, quizá no me sienta tan animoso o no tenga tan buena salud. Ahora hago ejercicio todos los días. Dentro de diez años, quizás ande arrastrando los pies. En fin, hemos trabajado mucho y quiero estar seguro de que tendremos nuestra recompensa.»

Es predecible que las parejas no estén sincronizadas en lo que se refiere a la planificación del último tercio de vida. En general, a los hombres con más prisa por jubilarse los mueve una razón muy realista: el reloj de la mortalidad empieza antes su tictac para ellos que para las mujeres.

> Las parejas deben compartir su visión de cómo será la jubilación.

Cuando son incapaces de compartir esa visión, pueden encontrarse con cambios bruscos o inversiones de roles completamente imprevistos.

En 1992, el año en que dejó la Casa Blanca, George Bush se dedicó a jugar al golf por medio mundo. No tenía ningún plan alternativo. Era su esposa, Barbara, quien debía encontrar un hueco para llamar a casa y decir hola. Viajaba por todo el país para promocionar su vendidísima autobiografía, se preparaba para entrevistas por televisión y firmaba libros a las multitudes encantadas, que, esta vez, acudían a verla a ella.

Sea cual sea el miembro de la pareja que se jubila primero, lo normal es que espere que el otro también empiece a moderar su actividad. Esto puede convertirse en origen de una tensión constante. Una de las preguntas que suelo oír en boca de esposas ya mayores es la siguiente: «Estoy muy ocupada en actividades cívicas, tengo una posición en la comunidad que yo considero importante y mi marido se ha jubilado hace poco. Ha tenido una vida profesional satisfactoria, pero ahora está dispuesto a levantar el pie del acelerador... y quiere que vuelva a casa y esté a su entera disposición. ¿Le parece justo?». Nadie tiene derecho a apagar la pasión de otro. Como ya se ha dicho, el secreto para dar sentido a la segunda madurez es encontrar la pasión de uno y seguirla. Si una esposa se siente feliz enseñando a leer a niños pobres, o poniendo en marcha un negocio, o adoptando un papel de liderazgo en la comunidad, desde luego no es coherente por parte del marido, que ha elegido la vida de inactividad, esperar de ella que empiece otra etapa de ama de casa. Sus deberes maternales ya han terminado.

Las parejas tienen que esforzarse en forjar juntas su nueva identidad en la jubilación (véase en el Apéndice C, pág. 349, algunos ejercicios de prejubilación, para realizarlos juntos). Puede que necesiten un paso activo para deshacerse de las ataduras de los años y de las costumbres que estos han instaurado. Aferrarse a las estructuras y a las posesiones del pasado puede parecer reconfortante, pero, en realidad, aprisiona el espíritu. Cuanto más abandona uno las restricciones de su antiguo entorno y más deja vagar la imaginación, más sencillo resulta cambiar por dentro. Quizá como resultado de renovar el jardín, de hacer nuevos amigos, de embobarse con un nuevo nieto o de comprometerse a mejorar su salud para la larga travesía, libere una energía nueva y vibrante.

12

Progreso frente a desesperación

Alguien tendría que darles más ventaja a los hombres cuando llegan al hoyo seis de la vida. Las trampas y otros peligros ocultos, los adioses y los accidentes de la existencia se incrementan a los sesenta y tantos, en efecto, y hacen imprescindible que quienes desean mantener su nivel de juego sepan distinguir las señales de los problemas y combatir la desesperación que quiera instalarse en ellos.

En la Parte III hablábamos de los peligros de la «depresión disimulada» en hombres como Joe O'Dell, que perdió su empleo como técnico en alimentos antes de cumplir los cincuenta y estuvo sin trabajo durante dieciocho meses. No tenía un historial previo de depresiones. Su desplome en la madurez estuvo directamente vinculado a una de las pérdidas comunes en esa etapa de la vida.

En ocasiones, un nivel de desesperación aún más profundo se presenta por sorpresa y abruma a los hombres cuando llegan a la segunda mitad de los cincuenta. Esta sensación no siempre está relacionada con una situación o acontecimiento concretos. Al contrario, estos hombres pueden aparecer ante el mundo como si estuvieran en el punto culminante de la vida. Pero es posible que una tendencia a la depresión que quizás haya asomado brevemente en períodos más tempranos salga bruscamente a la superficie, sin relación con ningún suceso específico, y, en una espiral descendente, conduzca, a traición, a una depresión con tendencias suicidas.

Uno se descubre pensando en que no hay manera de que su vida mejore, que nunca la ha habido y que nunca la habrá. Y se siente despreciable. Ha trabajado toda la vida y no tiene nada. Y se siente emocionalmente arruinado. Se siente solo por dentro.

Si esta descripción encaja con cómo se siente uno consigo mismo, es muy probable que esté deprimido. Es la enfermedad que se manifiesta. Uno de los hitos de la depresión es que envuelve toda la historia de la persona y todo su futuro en una niebla densa y la lleva a creer que siempre se ha sentido así y que se seguirá sintiendo igual.

«Mi indolencia se ha convertido en una pereza aún más rotunda y completa. Una especie de extraña lasitud se ha adueñado de mí, hasta el punto de no saber qué sucedió el año pasado [...]. He desaprovechado el tiempo y mi vida parece un sueño que no ha dejado nada detrás. Mi memoria se confunde y no sé cómo pasan los días.» Estas palabras fueron escritas hace 150 años (en 1764-1765) por el gran lexicógrafo Samuel Johnson. Su testimonio nos recuerda que la depresión en los hombres que se encuentran en la madurez y en épocas posteriores de su vida no es un fenómeno pasajero nacido de las presiones de la existencia moderna. Y puede que tampoco esté relacionado con la posición real de un hombre y con sus logros en el mundo exterior. Winston Churchill, que la padeció, la llamaba «el perro negro».

A partir de los sesenta, el índice de suicidios es mucho más elevado en los hombres que en las mujeres. En 1996, entre los norteamericanos de este grupo de edad, un 81 por ciento de los suicidas eran hombres. Un porcentaje que se incrementa después de varias décadas de descenso. De los cuatro principales factores de riesgo de suicidio, según un estudio federal de 1996, la depresión ocupa el primer lugar, seguido del abuso de alcohol, el aislamiento social y la enfermedad física.

Este nivel de depresión es más probable que se alcance después de los 60 y en épocas posteriores de la vida. Igual que les sucede a las mujeres, los niveles hormonales de los hombres descienden más deprisa en esta etapa, aunque, como se ha señalado en el capítulo anterior, pocos hombres recurren a la terapia de reposición de hormonas como hacen rutinariamente las mujeres. Asimismo, los hombres propensos a una depresión clínica grave son, a veces, capaces de negarla o de disfrazarla mediante diversos comportamientos hasta entrados los sesenta, cuando las defensas del organismo y el control de la mente se hacen más vulnerables y cuando quizá ya no tienen la misma estructura de vida para apagar sus sentimientos de desesperación. Ciertas defensas y ajustes que eran saludables y que funcionaban satisfactoriamente en épocas anteriores (la inmersión en el trabajo o los deportes físicamente exigentes) pueden no tener ya importancia. Y los paliativos que toleraba el cuerpo, como el hábito de beber y la glotonería, cobrarse su precio de repente.

LA TORMENTA NEGRA

Un ejemplo contemporáneo es el de Robert Hughes, el conocido árbitro del arte y de la cultura modernos en la revista *Time*. Hughes parecía estar en la cima del mundo mientras se acercaba rápidamente a su sesenta aniversario: tenía que entregar, en un plazo cortísimo y bajo una presión realmente horrenda, un libro de 600 páginas titulado *American Visions: The Epic History of Art in America*, al mismo tiempo que dirigía una serie de televisión con conexiones en directo. Su vida personal también parecía envidiable: estaba felizmente casado con una guapa y animosa pelirroja que se ocupaba de alimentar los jardines y el ambiente de su casa de descanso en Long Island. Pero incluso su ritmo febril de trabajo dejó de protegerlo de la desesperación. Mientras terminaba la serie de televisión, se sumió en una profunda depresión.

«Cuando se sufre uno de estos colapsos mentales, las causas [...] se remontan a muy atrás. No es sólo algo que ha sucedido porque estaba cansado del trabajo [...]. Estas cosas sirven de disparador [...]. Me desperté [...] pero a mi alrededor había fulminantes de todo tipo», le contó Hughes a Charlie Rose en una extraordinaria entrevista en la televisión pública en mayo de 1997. También recordó que el pintor Robert Motherwell le había preguntado en cierta ocasión, hacía años, si había acudido alguna vez a la consulta de un psiquiatra. «No», respondió Hughes. Y Motherwell añadió entonces: «Sí, claro, ya se ve».

Charlie Rose quiso saber qué era lo que ya se veía.

«Cierta falta de reflexión, cierta actitud impulsiva que siempre he tenido.»

Hughes intentó salir de aquel estado volcándose aún más en el trabajo, pero eso no hizo sino aumentar su aislamiento. Se alejó de los amigos hasta el punto de no devolverles las llamadas telefónicas. «Uno se siente como una fiera en una cueva —le dijo a Rose, y evocó la leyenda homérica de la cueva de Polifemo—, cubierta de fragmentos de osamenta a medio devorar. Así es cómo me siento.»

En el punto más negro de la depresión, llegó a coger el arma que tenía en casa, fue al extremo de un malecón y la arrojó al agua. «No quería tenerla al alcance —declaró—. Uno procura privarse de oportunidades para hacer lo que más tarde quizá no esté vivo para lamentar.»

Charlie Rose le preguntó a Hughes si podría escribir algo al respecto.

«No. Todo lo ha escrito ya Bill Styron.»

Robert Hughes se refería a un libro clásico sobre la depresión, *Tendidos en la oscuridad*, de William Styron, uno de los novelistas norteamericanos más celebrados. Tras haber padecido en su persona una depresión con tendencias suicidas que estuvo a punto de tener consecuencias fatales, Styron conocía la naturaleza de la tormenta mental que Hughes estaba librando; denominó a este nivel de desesperación «la tormenta negra de la depresión».

Aunque Styron dice que lo acometió de repente, casi de la noche a la mañana, reconoce que «sin duda, la depresión rondaba a mi alrededor desde hacía años, esperando el momento de abalanzarse sobre mí». En su obra apunta la posibilidad de que la edad tuviera alguna relación con ella: «El hecho amargo, por ejemplo, de que por la misma época que padecí mi afección cumplí los sesenta, ese hito perturbador de la mortalidad».

A lo largo de toda su brillante carrera literaria, que se prolongó cuarenta años, Styron había utilizado el alcohol para protegerse de la ansiedad y para mantener a raya sus demonios. Entonces, de repente, aquel paliativo se volvió tóxico: «No podía seguir bebiendo. Era como si mi cuerpo se hubiera alzado en rebeldía, junto con mi mente, y los dos conspirasen para rechazar el alcohol». Como les sucede a tantos bebedores con el paso de los años, el hígado se había rebelado. «El amigo que me ofrecía consuelo me abandonó. Y no lo hizo gradualmente y a regañadientes, como debería hacer un amigo de verdad, sino de golpe, bruscamente, y me dejó nervioso y seco.»

Es de justicia decir, y así lo hizo el propio Styron, que se hallaba en una situación de depresión clínica y que, probablemente, ya llevaba muchos años al borde de ella. En el caso de Styron, no sólo existía un riesgo genético, sino que, además, nunca había resuelto el trauma de perder a su madre cuando tenía trece años. La devastación emocional provocada por la muerte o desaparición de un progenitor, sobre todo la madre, antes o durante la pubertad, aparece citado repetidas veces en la literatura sobre la depresión.

> El duelo parcial por cualquier gran pérdida en la vida es uno de los senderos abiertos con barrena que, en etapas posteriores de la vida, podrían estallar en forma de depresión clínica

La respuesta de Styron a la ansiedad y a la tristeza es la más común a la que recurren los hombres: utilizó el alcohol como medicina para sus tensiones. Cuando tuvo que dejar de beber de golpe, lo inundó una depresión clínica para la cual no tenía defensas psicológicas.

Los hombres son cinco veces más propensos que las mujeres a utilizar el alcohol y las drogas para reducir los sentimientos de tristeza de la depresión (las mujeres suelen recurrir a la comida). Los hombres también tienen una tendencia más acusada a actuar con violencia y a tener accidentes (de tráfico o de caza) y son mucho más propensos a acabar con su propia vida. Un ejemplo de ello lo fue el exabogado y amigo de los Clinton Vince Foster: Un hombre maduro separado de su esposa y de su familia, que trabajaba muchas horas bajo fuertes presiones y severas críticas a su rendimiento, y que un buen día se fue solo a un parque, sacó una pistola, se introdujo el cañón en la boca y disparó para castigarse. ¿Cómo pudieron llegar las cosas a ese extremo?

«Bajo una creciente carga de intensas tensiones externas» y la «rigurosa exigencia de una actuación profesional perfeccionista», Foster sufrió «una crisis en su capacidad normal para afrontar dicho estrés, debido principalmente a los efectos de un trastorno mental que no se había tratado debidamente». Tal fue la conclusión de un informe exhaustivo del consejo independiente Whitewater, que verificó que Foster «sufría una depresión clínica a principios de 1993 y, tal vez, una de tipo subclínico desde bastante antes de esa fecha». Sin embargo, parece que Foster tenía tal habilidad para enmascarar sus emociones que ni siquiera quienes se consideraban sus mejores amigos apreciaron que estuviera experimentando el menor estrés. Le extendieron una receta de antidepresivos, pero apenas tuvo tiempo de tomar una píldora la noche antes de que pusiera fin a su depresión mediante el suicidio.

Según el terapeuta Terrence Real, que escribe acerca de la depresión en los hombres en su libro *I Don't Want to Talk About It*, esta es una pena reprimida. Puede ser por una pérdida en la infancia, como la muerte de la madre, una experiencia tan triste y dolorosa que niegue esos sentimientos durante muchos años, con más o menos éxito. Hasta que llega a la madurez. Entonces, la psique deprimida se agrede a sí misma como una especie de enfermedad autoinmune.

¡NO DAR MARCHA ATRÁS, PELIGRO DE PINCHAZO!

El hombre genial, que consigue más cosas y más pronto de lo habitual, es especialmente sensible a la crisis de la madurez; sobre todo porque muy probablemente negará que haya podido saltarse algún paso en su carrera hacia el éxito. Los «dioses niño» rara vez se esfuerzan demasiado en reforzar los recursos internos o la fortaleza espiritual. Las esposas de los superdotados suelen crear un santuario psicológico que libere a sus maridos de estar «conectados» permanentemente.

Pero estos hombres, tan rara vez introspectivos, pueden sentir, en secreto, un miedo cerval a verse reducidos otra vez a la impotencia de un chiquillo si bajan la guardia. En algún rincón oculto de sus recuerdos de infancia, todos los superdotados a los que he entrevistado recuerdan una figura que los hacía sentirse impotentes, inseguros y carentes de valor. Puede ser una madre dominante o un padre que se niega a aceptar su carácter especial, o un progenitor ausente o alcohólico. Para un hombre así, la crisis se dispara con la consecución del éxito. Desde el principio, nuestro hombre ha dado por sentado, de forma inconsciente, que, una vez alcanza la cima del juego, el dictador interno que una vez le hizo sentirse impotente quedará desarmado de una vez por todas. No es tan sencillo.

Las esposas o parejas de hombres superdotados deben tener especial cuidado de sus compañeros cuando estos alcanzan los sesenta, porque normalmente tales hombres llegarán a donde sea con tal de evitar mirar hacia dentro. Cuando sus defensas habituales se derrumben, atención: pueden hundirse en la depresión, pero enmascararla con la hiperactividad o volviendo a actuar como chicos malos. Un ejemplo paradigmático de este patrón es un hombre perteneciente al entorno político al que llamaré Phil.

La mujer que hablaba era la esposa de un encuestador político que había alcanzado los sesenta años en el punto culminante de su prestigio profesional... y había caído en picado en una depresión con impulsos suicidas. Ella se sobresaltó tanto como él. Phil y Janice[*] llevaban dos décadas juntos y, gracias a lo que conocía de él, la mujer se dio cuenta de que desde hace tiempo estaba ligeramente deprimido. El asunto había empezado con una pérdida de libido. Después, sus análisis del sistema político norteamericano se volvían cada vez más pesimistas; a su alrededor no veía otra cosa que decadencia. Pero el desánimo estaba en su interior. Acostumbrado a ac-

[*] Es un seudónimo.

tuar, a hacer, ya no sabía qué sueño impulsaba su vida. El éxito, no, puesto que ya lo había alcanzado; el reconocimiento y el respeto de los críticos, tampoco, pues ya gozaba de ellos. ¿Qué tal ofrecer parte de lo aprendido? ¿Dar clases, tal vez?

La mujer sugirió que salieran de la jaula, que dejaran Washington Beltway y trasladaran su residencia. Pero él se mostró inflexible. No quería que nada cambiase. Hasta su manera de andar se hizo más envarada. Estaba decidido a mantenerse en el centro de la acción. Durante la última campaña nacional, Phil había seguido el mismo régimen de vida que siempre: levantarse antes del amanecer para empezar la serie de llamadas internacionales, trabajar entre cinco y ocho horas sin descanso y hacer luego un almuerzo copioso, largo y con bastante alcohol, seguido de una larga siesta y, después, un nuevo turno de llamadas a California, preparar apariciones en los noticiarios vespertinos y escribir memorandos para sus clientes. Pero esta vez su estado de ánimo apagado lo llevó a buscar consuelo en la botella con más frecuencia de lo habitual. Bebía, se ponía más sombrío y se exigía más a sí mismo. Cuando sufría de pánico nocturno, bebía más para anestesiar el miedo, y cuando esto dejó de funcionar, se buscó a algunos amigos estrafalarios con los que acudía a bares de mala nota donde ligaba con chicas y se sumergía en el olvido entre los cuerpos de mujeres desconocidas.

«Háblame —le instó su esposa—. Soy tu pareja y puedes confiar en mí. Haremos lo que sea necesario: ir a médicos, ver a algún terapeuta, separarnos, divorciarnos..., lo que necesites, con tal de frenar esta caída libre.»

Él, taciturno, se retiró a su fortaleza y reforzó los muros. No dejó que nadie hablara con él y se concentró aún más en el trabajo.

Hasta que se encontró caminando por el pretil y mirando hacia abajo, con ganas de saltar, no le contó a su esposa que necesitaba ayuda. Janice llamó a varios psiquiatras conocidos y, por casualidad, encontró a uno en su casa. «Él lo salvó de que se suicidara, de momento —me contó la mujer—. Luego empezó a acudir a otro terapeuta para un trabajo a más largo plazo. Pero, tan pronto como le administraron antidepresivos y se sintió en condiciones de trabajar otra vez, no volvió a ver al psiquiatra.»

Cuando el cliente de Phil ganó la campaña, su matrimonio ya se había deteriorado. Su depresión quedó enmascarada por la hiperactividad, los fármacos y el alcohol. Y volvió a estar bajo la luz de los focos, aplaudido por su poder entre bastidores. Contó a todos los entrevistadores que quisieron escucharle su historia del león en invierno: que si había trabajado entre doce y dieciocho horas diarias, incluso en plena crisis nerviosa, tomándole el pulso a los norteamericanos para traducirlo en victorias de sus clientes. Estaba orgulloso de ello.

«Ha vuelto atrás; ha hecho una regresión al joven enérgico y agresivo que era cuando lo conocí —se lamentaba su esposa—. Toma dosis masivas de antidepresivos, que es lo que lo mantiene. Pero no mira adelante. Y no quiere mirar dentro de sí mismo. Prefiere fumar hierba y ligar con chicas e intentar demostrarse que sigue siendo el mismo muchacho terrible de hace veinte años.»

¿Cómo se puede predecir o prevenir tal catástrofe con el fin de evitar que se perturbe la habitual serenidad de los sesenta?

CONSEGUIR AYUDA NO ES DIFÍCIL

La mayoría de las afecciones depresivas puede prevenirse. O, al menos, una persona vulnerable tiene la posibilidad de aprender ciertas medidas preventivas para adoptarlas antes de que la desesperación se convierta en un episodio depresivo completo. Esto es especialmente cierto en las depresiones provocadas por acontecimientos de la vida, como la pérdida inesperada de empleo, la muerte del cónyuge o la jubilación, todo lo cual se produce con más frecuencia después de los sesenta.

En una reciente encuesta Gallup, más de dos terceras partes de los médicos mencionaban la depresión como el problema de salud emocional más frecuente entre los hombres maduros. Sin embargo, menos de una cuarta parte de los encuestados declararon que muy probablemente acudirían a un médico si se sintieran deprimidos. La persona que ha sufrido un episodio depresivo en épocas anteriores de la vida es más susceptible a una repetición de la depresión, como reacción a un suceso negativo de la vida. Cuando aparecen los primeros signos, es imprescindible que no se niegue la existencia de la enfermedad y que no intente disimularse. La depresión es una dolencia progresiva: si no se trata, en la mayoría de los casos habrá nuevos episodios, más frecuentes y más intensos, en un proceso no muy distinto al del alcoholismo. Es un cáncer del carácter. Puede privar a cualquiera de lo que resulta importante para él en la vida y hacerlo sentirse más enfermo que cualquier dolencia física excepto el ataque cardíaco y el cáncer.

El experto en encuestas políticas cuyo caso hemos expuesto era un candidato claro a una enfermedad depresiva grave. Retroceder para hacerse el «chico terrible» de su impulsiva juventud puede levantar la bruma de la depresión provisionalmente, pero es una solución a corto plazo. Los pasos más importantes hacia la solución son reconocer los signos de aviso de la depresión, reconocer que se inicia una enfermedad (como la gripe) y buscar ayuda. Muchos hombres creen todavía que buscar ayuda es un signo de debilidad; sin embargo, no es debilidad intentar prevenir una enfermedad tratable antes de que produzca una incapacitación grave. Actuar en ese sentido es una actitud sensata y considerada por parte de quienes lo rodean a uno.

> La depresión es la dolencia mental más fácil de tratar en los hombres.

Entre un 80 y un 90 por ciento de las personas deprimidas son tratadas con éxito fuera de los hospitales, sólo mediante psicoterapia o en combinación con fármacos. Los síntomas de la depresión pueden reducirse significativamente en un plazo de entre doce y catorce semanas, según el Panel Nacional sobre la Depresión de la Asociación Norteamericana de Psicología. Hoy día, el principal obstáculo con el que se tropieza no es la falta de tratamientos eficaces, sino la falta de sinceridad y de educación, tanto por parte de los pacientes como de los médicos.

El doctor Harry Wexler, psicólogo y experto en abuso de sustancias, apunta una cuestión interesante: «¿Podría existir una necesidad de reequilibrar la química cerebral en hombres de mediana edad y mayores?». Está impresionado con fármacos como el Prozac, no sólo por sus efectos sobre la depresión sino, más aún, por aportar un control de los impulsos. En muchos hombres, el Prozac aminora la intensidad de la reacción de «luchar o huir» y la peligrosa situación de «saturación antes descrita», en la que hombres enfrentados a conflictos emocionales bombean sustancias químicas de estrés y elevan peligrosamente la tensión sanguínea. No son pocas las parejas que han pasado veinte o treinta años encerradas en el mismo patrón de peleas, retiradas y recriminaciones sin haber cambiado nunca realmente.

«Y se debe cambiar, si un hombre quiere ser cincuentón y sesentón y sentirse vital y con buen ánimo», dice el doctor Wexler.

Pero el Prozac no es una panacea, aunque el número de recetas de dicho fármaco y sus hermanos, el Zoloft y el Paxil, ha aumentado un 20 por ciento en los dos últimos años. El Prozac estimula los niveles de serotonina y hace que algunas personas se sientan mejor. Pero eso no significa que las depresiones estén causadas por un déficit de serotonina (igual que los dolores de cabeza no están causados por un déficit de aspirina). Hay dos datos importantes:

- El Prozac y otros fármacos potenciadores de la serotonina sólo ayudan a dos tercios de los pacientes con depresión.
- Hasta la mitad de los pacientes que emplean estos fármacos experimentan impotencia, reducción de la libido o incapacidad para alcanzar el orgasmo.

Según una destacada experta en depresión, la doctora Ellen McGrath, que fue directora del Panel Nacional sobre la Depresión de la Asociación Norteamericana de Psicología, suele haber numerosas causas para la depresión clínica. La doctora McGrath añade una posibilidad que seguramente sorprenderá al lector: «En algunos casos, la depresión crónica puede provocar un ataque cardíaco».

> La depresión puede ser un elemento de predicción de la probabilidad de un ataque cardíaco tan determinante como la hipertensión sanguínea o como un índice elevado de colesterol.

Según un estudio en el que se efectuó el seguimiento de los sujetos trece años después de haber sido sometidos a un test de depresión, los que estaban deprimidos corrían un riesgo cuatro veces superior de padecer un ataque cardíaco que aquellos que tenían un estado de ánimo más alegre. Los adultos con síntomas graves de depresión también afrontan un riesgo un 50 por ciento superior de morir de un accidente vascular cerebral, según ha demostrado un estudio desarrollado por la doctora Susan Everson a lo largo de veintinueve años en el Instituto de Salud Pública de Berkeley, California. Los nuevos descubrimientos se suman a las crecientes evidencias de que la depresión es un aviso de que la salud cardiovascular puede correr peligro.

Con todo, muchos cardiólogos no buscan la posible presencia de una depresión y la mayoría de los especialistas en medicina interna tampoco investigan si existe. Por mucho que el doctor aconseje al paciente un cambio en la dieta y practicar ejercicio físico, si un hombre está deprimido carece de la energía y la motivación necesarias para adoptar estas medidas preventivas. Sin embargo, no es difícil identificar a las personas deprimidas. Y las esposas quizá deban constituir la primera línea de defensa (véase en el Apéndice D una lista de señales de advertencia de la posible existencia de una depresión).

¡NO TENGO UN ATAQUE AL CORAZÓN!

Nunca deja de asombrarme hasta dónde llegan los hombres para negar cualquier signo de debilidad en su cuerpo, pero no se me borra de la memoria, una historia que oí contar en el grupo de discusión masculino de Miami.

Enrique,* un cubano de 61 años con nacionalidad estadounidense, estaba orgulloso de dirigir su propia empresa de fontanería. Sus manos eran grandes y fuertes como palas de *paddle* (o lo habían sido), y con ellas había levantado de la nada aquel negocio hasta transformarlo en un servicio de suministros y reparaciones que trabajaba tanto en el barrio como para algunos clientes adinerados. Era un tipo dicharachero, siempre estaba de broma, daba palmadas en la espalda y hacía que cualquiera se sintiese parte de la familia. Pero esto empezó a cambiar cuando su hijo mayor volvió de la universidad. Enrique, el hijo (Rick, insistía en que lo llamaran), era un mago de la informática y, poco a poco, fue haciéndose cargo del negocio familiar. El padre, a quien avergonzaba reconocer que los ordenadores y las bases de datos le resultaban absolutos extraños, perdió empuje. Luego, la artritis empezó a fastidiarle los dedos y su hijo le dijo que debería plantearse dejar la profesión.

Después de cinco años de verse ensombrecido por su hijo, Enrique notaba un vacío en su interior. De vez en cuando pasaba por la oficina, pero Rick ni siquiera le permitía firmar contratos y Enrique notó que la cólera empezaba a atenazarle el pecho. No hizo caso del dolor y no le contó a su mujer que tenía dificultades para respirar profundamente, ni tampoco le habló de la opresión que sentía cuando practicaban juntos aeróbic. La mujer empezó a impacientarse con él.

«¿Cómo es que no puedes mantener el ritmo, Enrique?», le preguntaba ella, una mujer en plenos y llameantes cincuenta, decidida a recuperar su figura y vestida con unos pantalones cortos de lycra y una sudadera de color púrpura.

Entonces, él apretaba el paso.

¿Por qué no le habló de sus síntomas a su esposa?

«Supongo que no quería que pensase que estaba viviendo con un viejo —me dijo Enrique—. Cuando camino más deprisa no me siento viejo. Sólo tengo que sobreponerme al dolor.» Así continua-

---

* Es un seudónimo.

ron las cosas hasta que la pareja se tomó la primera semana de vacaciones completas en varios años. Se dedicaron a recorrer media docena de estados. Una noche, acampados en un parque estatal, Enrique se levantó de un salto y desapareció a la carrera en la oscuridad del bosque.

—¿Dónde estás? —preguntó su esposa—. ¿Qué sucede?

El dolor. Como una rueda de camión que le pasara sobre el torso. Enrique no respondió a su esposa. En lugar de ello, se tumbó sobre el capó del coche. Abierto de brazos y piernas, apretó su dolorido pecho contra el duro metal y le pareció que se sentía mejor.

—¿Qué haces? —chilló la mujer—. ¿Es la espalda?

—No, es el pecho —dijo él por fin.

La mujer intentó convencerlo de que se tumbara boca arriba en el suelo. Ella iría corriendo a marcar el teléfono de urgencias.

—¡No! —La orden de Enrique rasgó la quietud de la noche—. Me pondré bien.

—¡Enrique, tienes un ataque al corazón! —La mujer corrió hacia el remolque. Enrique se le adelantó e intentó impedirle entrar en el vehículo.

—No necesito ninguna ambulancia, ¿me oyes?

Ella corrió hacia el refugio de los guardas forestales. Apenas había descolgado el teléfono y marcado el número de urgencias cuando Enrique apareció en la puerta, gritando:

—¡Cuelga el teléfono! ¡No tengo un ataque al corazón!

Para él, era como si su propia esposa estuviera difundiendo la noticia de su incapacidad por toda la red de Internet. Enrique necesitaba ayuda, pero en aquel momento se sentía tan abrumado por la vergüenza que habría preferido morir a reconocerlo.

La vergüenza que puede experimentar un hombre respecto al hecho de envejecer y a la debilidad que conlleva la vejez es un factor de riesgo que rara vez se menciona en las charlas sobre enfermedades cardíacas. El Hombre de Acción se limita a seguir insistiendo, decidido a «superar el dolor mediante fuerza de voluntad», hasta que cae derrumbado.

La esposa de un hombre así tiene sus propias preguntas, de no fácil respuesta: ¿He sido yo quien lo ha presionado demasiado? ¿Cómo es que no he visto o notado los síntomas hasta este momento?

—¿Por qué no me has dicho nada? —le preguntó su mujer mientras Enrique esperaba a que le practicaran una angioplastia de urgencia.

—Tenía miedo. Habrías empezado a encargarte de mis cosas y no quiero esa clase de ayuda.

El hombre siente terror a perder su fuerza y su control. Para algunos, este miedo supera el que les produce la muerte. El hombre enfermo sabe, de forma racional, que debe someterse a que le presten auxilio. Pero la idea de la impotencia y de la dependencia, aunque sólo sean provisionales, puede resucitar los temores a ser de nuevo el niño de mamá. Todos los mensajes culturales le han dicho que los hombres proveen las necesidades y proporcionan la protección. ¿Qué sucede cuando es él quien necesita ser protegido y cuidado? Puede que se resista con firmeza o que, por el contrario, vuelva a actuar como un chiquillo y espere que los demás se lo hagan todo.

El Hombre de Acción debe aprender a dejarse llevar. Nadie combate la enfermedad y sale triunfador por sí solo. Es fundamental que el hombre reconozca, en su fuero interno, que por ahora, para vivir, va a necesitar ayuda. Los hombres que aprenden tal cosa y experimentan su vulnerabilidad como otra dimensión de su humanidad ampliada, suelen apreciar de un modo más profundo cosas como la familia, las amistades, la naturaleza, la música... Es decir, los elementos perdurables de la existencia.

Los médicos consiguieron desatascar los conductos más importantes de aporte de sangre al corazón de Enrique. La experiencia le proporcionó a este un mayor respeto por su cuerpo y por su esposa. Con su ayuda, cambió de comportamiento: abandonó su actitud pasiva en el trato con su hijo, pero también dejó de fingir que tenía tanta energía física como su esposa, más joven que él. En las reuniones familiares, padre e hijo aprendieron a respetar sus respectivas fuerzas, muy diferentes pero valiosas por igual. La familia reconoció a Enrique como alma y corazón del negocio.

Tras esto, su depresión disimulada mejoró.

Los mensajes más importantes que aporta la historia de Enrique a todos los hombres de edad son:

- *No desconectes de tu cuerpo.* Escucha lo que te dice.
- *No ocultes signos y síntomas de problemas de salud* a la familia o al médico. Debes formar un equipo para asegurarte una salud y un bienestar continuados.
- *No aprietes el acelerador a fondo hasta reventar,* con la idea de que ya cambiarás de estilo de vida después del primer ataque cardíaco. Sólo tienes un 50 por ciento de posibilidades de sobrevivir a ese primer ataque.
- *Ejercicio, ejercicio, ejercicio.* Sigue siendo la medicación antienvejecimiento más potente que conoce la humanidad.

ENCAJAR LOS GOLPES DEL DESTINO

Un hombre puede haber sido flexible frente a anteriores retos, pero los golpes al cuerpo y al ego que pueden presentarse de pronto cuando uno pasa de los sesenta exigen un grado aún mayor de sinceridad y de humildad. Los acontecimientos pueden cambiar drásticamente la vida de un hombre e impedirle hacer lo que más desea. La historia que se expone a continuación se refiere a un hombre que se sintió traicionado, lo cual resulta lógico, pero que tomó lo que le ofrecía la vida y sacó de ello algo valioso y satisfactorio.

Aquello no debería haberle sucedido a Aaron Bloomberg.* Todo el mundo lo decía. Un hombre tan generoso, tan dedicado, tan respetado... Un auténtico maestro que siempre había mantenido abierta

---

* Es un seudónimo.

su consulta privada. En la ciudad se lo conocía como «el padrino de la urología»..., hasta que su propio equipo lo apuñaló por la espalda en una historia digna de Julio César.

Cuando el doctor Bloomberg se sumó a otros quince hombres para formar un grupo de discusión, no compartió con ellos la historia de su traición profesional. Sólo mencionó un único pasaje traumático de su vida, la pérdida de su primera esposa, que había muerto de lupus eritematoso. «La experiencia me rompió el corazón —dijo, conteniendo un sollozo—, y de eso hace ya veinte años». Antes de morir, su esposa le hizo el más tierno de los regalos: «Cuando me haya ido —le dijo—, espera un año y luego cásate con alguien cariñoso, como Diane».

El hombre había seguido sus instrucciones al pie de la letra. La boda con Diane, íntima amiga de su esposa y a la que sacaba veinte años, reavivó su vigor sexual exactamente un año después de que enviudara. A continuación, adoptaron dos bebés, sobre todo por Diane (los hijos de él ya estaban casi terminando la universidad). Para entonces, Boomberg ya tenía 59 años y se quedó agradablemente sorprendido de haber descubierto todo un nuevo aspecto de sí mismo, como cuidador de otros, que se había manifestado gracias a aquella paternidad a edad tan avanzada. La vida parecía plena y segura, y el hombre seguía la misma ética laboral disciplinada de siempre: levantarse a las cinco y entrar en el hospital a las seis para iniciar una jornada completa de visitas a enfermos y de clases en la escuela de Medicina, donde enseñaba a tiempo parcial como ocupación voluntaria. Mantuvo este ritmo de actividad durante cuarenta años. Cuando lo conocí, tenía ya 77, pero su aspecto era el de alguien que aún no ha cumplido los 60. Nunca expresó el menor deseo de jubilarse.

En una entrevista particular, le insistí para que me hablara del período más duro por el que había pasado. Él eludió la pregunta, nada acostumbrado a entregarse a la autoconmiseración. El doctor —un hombre en buena forma física, bien vestido y de aspecto distinguido, con facciones firmes— me dijo que procedía «de los barrios pobres». Autosuficiente desde los ocho años de edad, había combatido en la segunda guerra mundial. «Así que puedo encajar los ataques cardíacos y las decepciones mejor que la mayoría.» Finalmente, reconoció que el pasaje más importante de su vida había tenido lugar cuando ya había cumplido los 76.

«Los tipos que yo había acogido como un padre —los internos y residentes del hospital— empezaron a presionarme. Querían que me retirase. Sus «hijos adoptivos» le impidieron practicar operaciones durante un año entero. «Ni siquiera me dejaban hacer una vasectomía. Era una crueldad», añadió mientras sus párpados se entrecerraban como pesos muertos.

Pero, en lugar de aceptar la situación y retirarse a cuidar de su orgullo herido, el doctor Bloomberg intentó encontrar otra manera de ser útil, sin preocuparse de si descendía unos peldaños en la escala del prestigio. Un colega le contó que otro médico más joven podía precisar cierta ayuda para establecer su incipiente clínica de salud masculina. El joven médico quería enseñar a los hombres a cuidar de su salud preventivamente, una práctica que no era fácil de encajar en las nuevas normas de las organizaciones de mantenimiento de la salud, y tenía problemas para contratar buen personal. El fichaje del doctor Bloomberg fue recibido con entusiasmo en la clínica, donde su saber y su experiencia eran debidamente apreciados.

Sin embargo, ¿iba a tener energías suficientes?

Empezó a acudir a un balneario cuatro días a la semana para hacer ejercicio. Hoy, recibe una sesión de terapia completa, de dos horas, en cada visita. «Entré cojeando —dice— y salí brincando.»

Bloomberg, que no es hombre que tolere que una decepción personal le prive de objetivos, continúa impartiendo clases a jóvenes residentes de urología. Su historia es un testimonio de la verdad poética de Tennyson: nunca es demasiado tarde para «brillar por el uso».

PARTE VI

¿CÓMO MANTENERSE JOVEN?

Todos los hombres desean vivir mucho, pero ninguno quiere hacerse viejo.

JONATHAN SWIFT

Enséñanos, pues, a contar nuestros días, para que lleguemos a tener un corazón sabio.

LA BIBLIA, SALMO 90:12

13

Saltarse los convencionalismos

El primer norteamericano que dio una vuelta alrededor de la tierra, John Glenn, desafió los convencionalismos respecto a la vejez cuando pidió que lo volvieran a lanzar al espacio con 77 años cumplidos. Tras haber aprobado los exigentes exámenes físicos de los astronautas todos los años desde su misión pionera, treinta y seis años antes, logró vencer los estereotipos y ganarse una plaza a bordo de la lanzadera *Discovery* para un vuelo en otoño de 1998. Glenn se convirtió de nuevo en pionero, pero esta vez su misión era explorar la nueva frontera humana: ampliar nuestros conceptos del ciclo de la vida adulta y establecer una nueva aristocracia del envejecimiento.

George Burns, que inició una carrera en solitario a los casi 80 años, tras la muerte de su esposa, Gracie Allen, solía contar la anécdota de que la NBC-TV se puso en contacto con él cuando ya tenía 90 años y le pidió que firmara con ellos un contrato de cinco años de duración. «¿Cinco años? —replicó el actor—. ¿Y cómo sé yo que ustedes estarán aquí todavía dentro de cinco años?». Dos años más tarde, la RCA, compañía madre de NBC, fue comprada por General Electric. George Burns siguió en activo hasta que cumplió los cien.

Un hombre de 94 años fue a ver al traumatólogo porque le dolía una rodilla.
—¿De qué se trata? —preguntó el médico.
—Cada vez que tuerzo la rodilla derecha, notó un dolor agudo —respondió el hombre.
El médico, de 48 años, no hizo caso de la queja del nonagenario:
—Bien, ¿y qué espera a los 94 años?
El hombre replicó de inmediato:
—La rodilla izquierda también tiene 94 años y no me duele.

Las tres estampas que hemos presentado exponen esa especie de buen ánimo personal y de rechazo a aceptar los convencionalismos (incluido el de determinar cuándo un hombre es viejo) que son ingredientes clave en la supervivencia de los centenarios. Un estudio a largo plazo de un numeroso grupo de hombres centenarios, dirigido por la Emory University, observó que lo que los mantiene en activo no es la dieta. Beben con moderación y algunos han sido fumadores en el pasado. Lo que se aprecia de forma más destacada en este grupo de población, envidiablemente robusta, es su flexibilidad personal y su confianza en sí misma. No aceptan con facilidad la autoridad de otros. Aprecian la autonomía, suelen ser sus propios jefes y no se jubilan temprano. Todos han sufrido pérdidas y contratiempos importantes. Pero, aunque se queden sin algo, encuentran el modo de adaptarse y de conservar su espíritu independiente.

> «¡No me siento viejo!»

Esta es la frase más común que se oye en labios de las personas de más de 65 y de 70 años hoy día. No sólo se vive más tiempo, sobrepasados los 65, sino que cada vez son más los que se mantienen bastante sanos, activos y optimistas para disfrutar de esta inesperada ampliación de su esperanza de vida. La espectacular reducción de las muertes y enfermedades por afecciones cardiovasculares, junto con los implantes de lentes oculares, las prótesis plásticas de cadera y muchos otros aparatos ortopédicos, hacen posible que la gente continúe participando en la vida de una manera activa e intensa que era impensable hace tan sólo veinte años.

El porcentaje de personas de más de 65 años que sufren alguna discapacidad (que antes era una cuarta parte) ha descendido de forma significativa en los últimos quince años, según las encuestas médicas realizadas a escala nacional. Ahora son algo más de una de cada cinco. Las campañas de educación sanitaria pública enseñan constantemente a la gente a cuidar mejor de sí misma, y hay diagnósticos cada vez más precisos y tratamientos más eficaces para los problemas específicos que tienen que afrontar las personas de edad. Así pues, en lugar de sentirse como una carga para los hijos o para la sociedad, muchos ancianos participan de forma creativa en diversas actividades, entre las que figuran escribir novelas y libros de memorias. Los de 85 años en adelante son el grupo que aumenta más deprisa en los últimos tiempos. Entre 1960 y 1994 se incrementó en un 274 por ciento. En contraste, la población mayor en general aumentó un ciento por ciento y la población total de Estados Unidos apenas un 45 por ciento.

Sin embargo, existe una diferencia sorprendente entre la longevidad de ambos sexos. El actor Jay Reno hizo referencia en su programa de televisión *The Tonight Show* a un reciente estudio según el cual las personas excesivamente competitivas, que interrumpen constantemente las conversaciones y siempre han de demostrar que tienen razón suelen morir más jóvenes. Citando a Leno, «los científicos llaman hombres a esas personas».

¿TIENEN QUE MORIR ANTES LOS HOMBRES QUE LAS MUJERES?

Primero las buenas noticias: Durante los últimos 150 años, el aumento de la esperanza de vida ha favorecido selectivamente a las mujeres en la sociedad norteamericana. Sin embargo, la diferencia de longevidad por sexos empezó a reducirse en los años setenta y ochenta y parece estar en progresivo declive.

> Cuanto más tiempo viven los hombres, más pueden esperar vivir... y menor será la diferencia en expectativa de vida respecto a las mujeres.

La diferencia más marcada en la expectativa de vida entre el hombre y la mujer se da al nacer: las recién nacidas tienen, por término medio, una esperanza de vida de siete años más que la de los niños. Desde el punto de vista genético, el género femenino es la posición estable, la básica. Las mujeres nacen con un par de cromosomas X, que son el ingrediente más fiable y conservador del caldo primordial. El cromosoma Y, que lleva los genes de la masculinidad, ha resultado en comparación «inestable y volátil»; este cromosoma se mueve a saltos entre los otros cromosomas. Estos sorprendentes descubrimientos del proyecto Genoma Humano pueden ayudar a explicar por qué muchos estados causados por genes defectuosos en el cromosoma X, como la hemofilia y el daltonismo, sólo aparecen en hombres. Ello se explica porque, en las mujeres, un defecto en un cromosoma X puede ser compensado por el otro, el normal. En un hombre, un defecto en un gen del cromosoma X no puede compensarse, lo que conduce al trastorno vinculado al X.

Los hombres siguen siendo más vulnerables que las mujeres a una muerte prematura por cualquier causa en todas las etapas de la vida: infancia, juventud, madurez y vejez. «Los hombres tienen una doble desventaja —apunta el doctor William Hazzard, de la Escuela de Medicina de la Universidad Wake Forest, que se ha dedicado al seguimiento de las diferencias biológicas de los sexos en términos de longevidad—. Carecen de la protección cardiovascular del estrógeno, la hormona femenina, mientras que sí tienen la hormona masculina, la testosterona, que impulsa las diferencias de conducta entre los sexos.» El doctor Hazzard se refiere a la conducta, más típicamente masculina, de correr grandes riesgos y de dar salida a la frustración y a la cólera de manera violenta, lo cual conduce a índices más altos de homicidios, suicidios y accidentes.

Pero la diferencia de expectativa de vida empieza a reducirse en la Segunda Madurez. Los datos del Centro Nacional de Estadísticas Sanitarias de Estados Unidos, correspondientes a 1993 y que hacen referencia a hombres y mujeres blancos, señalan lo siguiente:

- Un hombre que alcance los 50 años sólo está cinco años por detrás de la esperanza de vida media de las mujeres: 77 años frente a los 82 de ella.
- A los 65, la diferencia en la expectativa de vida se reduce a cuatro años: 80 él, y 84 ella.
- Los hombres que alcanzan los 70 pueden tener, por término medio, la esperanza de llegar a los 82, mientras que en las mujeres la esperanza se alarga hasta los 85. Una diferencia, en esta ocasión, de sólo tres años.

> La clave para el hombre es pasar de la madurez.

El riesgo de padecer una enfermedad del corazón supera al de todas las vulnerabilidades masculinas no cardíacas juntas. Los hombres mueren antes que las mujeres, principalmente debido al efecto de la aterosclerosis (estrechamiento de las arterias con la edad, por depósitos elevados de colesterol en las arterias). La zona de peligro está entre los 45 y los 65 años. Pero el riesgo en los hombres puede reducirse mucho si deciden cambiar las costumbres y el estilo de vida que contribuyen a desarrollar una dolencia cardíaca. El doctor Hazzard calcula que si los hombres «se pusieran manos a la obra» y realizaran los cambios de conducta recomendados para preservar su corazón, podrían alargar su vida cinco o seis años por lo menos. Pasados los 70, la actitud psicológica y la conducta determina la calidad y la duración de la tercera edad mucho más que los genes. Por eso, un envejecimiento feliz en los años posteriores se convierte en una elección que requiere su esfuerzo.

Por ejemplo, nunca se es demasiado viejo para beneficiarse del ejercicio. Los largos paseos diarios a un paso razonable son parte de la disciplina diaria de alguien que quiere mantenerse joven. Los hombres que caminan un mínimo de media hora diaria, seis días por semana, pueden rebajar el riesgo de mortalidad a la mitad en comparación con sus correspondientes sedentarios de la misma edad. Esta fue la sorprendente conclusión de un estudio realizado con 13.000 hombres y mujeres en el Instituto Cooper para la Investigación del Ejercicio Aeróbico de Dallas, Texas. En otro estudio pionero, los investigadores de la Universidad Tufts observaron que, cuando realizaban ejercicios vigorosos de piernas con máquinas, tres veces por semana, incluso hombres que habían pasado de los ochenta o de los noventa y que habían sido internos típicamente inactivos de las residencias para la tercera edad veían fortalecidos sus músculos seniles y descubrían que podían caminar más deprisa, subir escaleras y, en algunos casos, hasta prescindir de bastones y andadores. Y algo tal vez más importante aún: los octogenarios que empezaban a hacer ejercicio físico se mostraban también menos deprimidos y más dispuestos a participar en actividades sociales que levantan el ánimo.

Desde luego, los hombres que desean aprovechar al máximo su vitalidad y su virilidad para una larga existencia tienen a su disposición toda la información necesaria. La conciencia de la medicina preventiva, la recentísima ciencia de la psicoinmunología, la potencia de la medicina oriental basada en las hierbas y las prácticas de salud espiritual, utilizadas conjuntamente con la tecnología médica occidental constituyen el armamento de que disponemos para combatir la enfermedad y para estimular una firme fuerza vital cuando llegamos a edades avanzadas.

Tenemos que reescribir por completo el guión. Tradicionalmente, las personas dedican su juventud y la mitad de su edad madura a trabajar con ahínco para tener una vejez «cómoda». Pero eso es lo último que queremos: estar demasiado cómodos. Lo que deseamos es estar activos, dedicarnos a algo, ser útiles y, a veces, incapaces de pegar ojo en toda la noche, dándole vueltas a cómo conseguir nuestro sueño.

CAMPEONES QUE NUNCA SE JUBILAN

Las rodillas del líder de la banda empiezan a balancearse suavemente mientras los músicos arrancan con la vieja melodía *Night and Day*. Una gran dama envuelta en una boa de plumas de avestruz cruza la sala de baile para darle un abrazo. El hombre se convierte al instante en un joven dandy que, vestido con un terno perfecto, hecho a medida, inclina la cabeza en un saludo gracioso. Los invitados entran en el elegante salón del Manhattan's Essex House y sonríen al sumergirse en el cálido baño de la vieja y conocida música de orquesta de baile que se asocia a fiestas de final de curso, bodas, bailes de sociedad o aniversarios. Y lo mejor de todo: uno de los pocos que resisten frente al rock and roll se encuentra allí para entretenerlos. Se trata de Lester Lanin, un campeón aún en activo a sus más de noventa años.

Lanin es muy sensible a las referencias precisas a su edad y hace muy bien en serlo. Es un hombre firme, ágil y atractivo, que salta alternativamente sobre uno y otro pie mientras el conjunto acelera el ritmo: «*I get no kick from champagne*». Sus músicos no usan partitura. Quizás han tocado *Cheeek to cheek* un millón de veces, pero se sobreentiende que todos estarán pendientes de cuándo Lester da la entrada. El líder del conjunto controla todos los instrumentos de la orquesta, uno por uno... y probablemente esta sea la clave de su larga vida.

La carrera prolongada y prodigiosa de muchas figuras legendarias del mundo musical (Arturo Toscanini, Leopold Stokowski, Arthur Fielder, George Solti) apunta a que los directores de orquesta son un grupo notablemente longevo. Desde el punto de vista estadístico, es cierto que disfrutan de una longevidad superior, conclusión que se basa en un estudio/seguimiento de 437 directores varones estadounidenses, en activo y ya retirados, a cargo de la compañía de seguros Metropolitan Life. Pero la razón no estaba sólo en el hecho, comúnmente observado, de que los directores agitan los brazos enérgicamente, lo que significa realizar un intenso esfuerzo aeróbico.

Los directores de orquesta, como los altos ejecutivos de empresa, que disfrutan de una longevidad superior a la de los ejecutivos comerciales normales (según un estudio previo de la Met Life), tienen el mando supremo. Durante una actuación musical, todas las miradas están fijas en ellos. Se dedican a buscar y organizar orquestas. Maestros y mentores activos, preparan a aprendices de director y contribuyen a lanzar la carrera de los compositores. Se convierten en pilares de la vida cultural de sus comunidades y, al igual que los altos ejecutivos de empresa dan la impresión de prosperar bajo el estrés, ellos parecen capaces de dar un uso productivo a las profundas tensiones de su profesión. El estudio resume: «La excepcional longevidad de que gozan los directores sinfónicos contribuye a confirmar la teoría de que cumplir con el trabajo y obtener un amplio reconocimiento de los logros profesionales son importantes factores determinantes de la salud y la longevidad».

El ejemplo de Lester Lanin inspira a otros. Uno de sus músicos había abandonado su instrumento durante cuatro décadas mientras desarrollaba su carrera de profesor universitario. Varios años antes de que le llegara el retiro forzoso, a los 65, su compañera lo instó a hacer planes. «¿Y qué quieres que haga, que ponga un quiosco?», fue su desabrida respuesta. Sin embargo, veía que muchos de sus coetáneos abandonaban el trabajo que les gustaba, se trasladaban a Florida y allí morían. Así pues, un buen día desempolvó el instrumento, alquiló un estudio y empezó un disciplinado régimen de vida diario que le obligaba a coger el metro antes de las 9 de la mañana y ensayar en el estudio durante dos horas. Muy poco antes de cumplir los 70, se sintió preparado para volver a tocar con la orquesta de Lester Lanin. Cuando llamó al líder de la banda y este le propuso el empleo, las palabras le sonaron a música celestial. Hace poco cumplió los 80 y seguía tocando con energía.

Comenté con el músico el estudio realizado por la Met Life. «Lester es así —respondió—. Nos sabemos *Night and Day* y el resto del repertorio del derecho y del revés, pero siempre tenemos que mirarlo a él para seguir el fraseo. Es lo que distingue a su orquesta: Lester la dirige.»

Muchos hombres que siguen trabajando cuando han cumplido los 65, lo hacen aunque no necesitan los ingresos. Lo que los mueve es la firme creencia de que eso los mantiene sanos, los cambia físicamente y los estimula mentalmente. Y tienen razón. La intensa participación en el trabajo que uno ama ha compensado mucho a gigantes como Philip Johnson, el arquitecto, que aún seguía trabajando activamente después de su 90 aniversario. Albert H. Gordon, el banquero e inversor que fundó Kidder Peabody, que se convertiría en Paine Webber, continuó siendo hasta fechas muy recientes, a los 96 años, uno de los mayores brujos de la empresa. Y Strom Thurmond, que entró en el Senado por primera vez en 1954, fue reelegido para su noveno mandato en el Congreso a la edad de 93 años.

Naturalmente, se trata de hombres extraordinarios en todos los casos. Consultamos a las personas excepcionales para que inspiren nuestra existencia, más modesta y corriente, exponiendo a la vista sus capacidades... y sus puntos débiles. Estos hombres nos guían, nos advierten, encienden nuestra imaginación y nos recuerdan que debemos escuchar la llamada de nuestro espíritu guardián.

Muchos de los escritores más apreciados han prolongado su actividad (y ampliado su línea de la vida) mucho más allá de los 65. Norman Mailer escribió su trigésimo libro a los 74 años; Saul Bellow publicó *La verdadera* a los 81; James Michener fue prodigioso hasta el día de su muerte, a los 90 años. El psiquiatra y premio Pulitzer Robert Coles (quien, en comparación, era apenas un cachorrillo de 67 años), sigue viéndose como un «explorador», un «trabajo a medio terminar», y no un producto terminado que precise ser recogido, comprobado, empaquetado y colocado en la estantería.

Los grandes pintores parecen durar aún más que los escritores: fijémonos en Pablo Picasso, que vivió y trabajó hasta los 91 años, o en Henry Matisse, que lo hizo hasta los 85. Claude Monet preparó el lienzo de su segunda madurez cuando, a los 55, descubrió una finca de tierras pantanosas al otro lado de una vía de ferrocarril y vio posibilidades de que el lugar se convirtiera en el jardín de Giverny. Durante los treinta años siguientes, el jardín sirvió a la pasión de Monet por las sensaciones y le permitió pintar a pesar de sus cataratas (de hecho, trascender los límites de la experiencia debido a esas limitaciones físicas) y llevar a cabo la apreciada serie de los nenúfares. Miguel Ángel es el modelo definitivo del espíritu creativo que nutre el cuerpo físico. Aunque vivió en un siglo de plagas, en el que la mayoría de las personas tenía una existencia breve y embrutecida, el maestro pintor aún seguía trabajando en los planos para terminar San Pedro de Roma pocos años antes de cumplir los noventa.

Otra tribu de viejos jóvenes que crece rápidamente es la de los universitarios con tarjeta de descuento en los cines. Muchos de ellos tienen hoy setenta, ochenta y hasta noventa y pico años. Ya no es extraordinario ver a un setentón inscribirse en un programa educativo para graduados o para no graduados, y seguirlo durante los años que sea necesario para conseguir el título. Según las autoridades académicas, en comparación con los chicos de la Generación X con los que comparten aula, estos alumnos más viejos y expertos se aplican a sus estudios con más entusiasmo y más concentración. Ellos no están en clase por obligación; están porque quieren. El motivo puede ser práctico (el jubilado que necesita preparación en informática), pero en muchas otras ocasiones son hombres con los medios y el discernimiento necesarios para emplear la jubilación anticipada y la prolongación de la esperanza de vida en estudiar historia, arte u otra región del globo. Llenar huecos en su formación ayudará a integrar su experiencia del mundo. Y tal vez se sientan estimulados a volverse hacia los demás y dedicarse a enseñar. En Estados Unidos se registra una poderosa tendencia a que los hombres se dediquen a la enseñanza a los cincuenta, sesenta o setenta y tantos.

Con todo, es evidente que hay más resistencia a volver a la situación de estudiante entre los hombres que entre las mujeres. Es una lástima, pero el dato es rotundo y definitivo:

> De los alumnos de más edad que han vuelto a los estudios en Estados Unidos, dos de cada tres son mujeres.

Europa va muy por delante de Estados Unidos en lo referente a estimular a los ancianos a revitalizar su mente indefinidamente. Las personas de la tercera edad cuentan con una amplia oferta de cursos universitarios gratuitos. Pero los europeos tienen siglos de historia que consultar. Diógenes, el filósofo griego de la antigüedad, mantuvo una existencia sencilla, saludable y muy activa pasada la edad a la que la gran mayoría de sus coetáneos había fallecido. Cuando uno de sus discípulos lo instó a tomarse las cosas con más calma, Diógenes replicó: «Sé que mucha gente cree que la vejez es una etapa para tomársela con calma, pero yo comparo mi vida actual con ser el último corredor de una carrera de relevos. ¿Tengo que reducir el paso a medida que me acerco a la línea de meta?». En consecuencia, el filósofo vivió más de noventa años.

Otro estímulo para invertir en una vida sana y saludable es la consideración hacia tus descendientes.

> ¿Cuál es el mejor regalo que puedes hacer a tus hijos adultos?

Dinero, acciones, una parte del negocio, la promesa de una herencia, todo eso son cosas muy valiosas para legar a los hijos, pero no son necesarias. El mejor acto de amor que puede hacerse por los hijos es procurar mantener la salud y la vitalidad tanto tiempo como sea posible.

Tal vez alguien se pregunte: ¿Cuáles son los incentivos?

DESARROLLAR Y REGENERAR EL CEREBRO

Esta sí que es una buena noticia: nuestros miedos más básicos acerca del declive mental que conlleva el envejecimiento quedan desmentidos por las investigaciones más recientes. Las células cerebrales no mueren automáticamente en grupos de 100.000 células a medida que envejecemos, como erróneamente se creía. Es cierto que mueren algunas células, pero la mayoría de las células cerebrales encogen o quedan en estado latente, en especial cuando hay una falta de estímulos o de desafíos.

Pero si todos los días introducimos una vigorosa estimulación mental (como hacer cálculos, crucigramas, aprender un nuevo programa de ordenador), hasta un cerebro entrado en años y desarrollado puede crecer de nuevo y establecer nuevas conexiones. Los alumnos de la Universidad de California en Los Ángeles no cesaban de preguntarle al profesor Arnold Scheible cuándo iba a retirarse. El eminente profesor, que había sido director del Instituto de Estudios del Cerebro en la UCLA, todavía da clases en el Departamento de Psiquiatría y Neurobiología. En 1977 tenía 75 años. No había pensado en retirarse. Su esposa, la doctora Marion Diamond, también una eminente neuróloga, fue directora del Lawrence Hall of Science de la Universidad de California en Berkeley y todavía da clases, investiga y hace de tutora. En 1977 tenía 70 años. No había pensado en retirarse. ¿Por qué?

«Por lo que hemos aprendido de las ratas —dice la doctora Diamond, una rubia atractiva y escultural con una mente rápida y despierta—. El hecho de que tengamos arrugas en la cara no quiere decir que el cerebro no tenga potencia. El cerebro puede conservar su plasticidad toda la vida.»

La doctora nos explica la ciencia en la que apoya su fe en las posibilidades de regeneración de cerebros incluso ancianos. «Empezamos con animales jóvenes y los pusimos en unos entornos favorables donde tenían muchos objetos y amigos con los que jugar. Desarrollaron células cerebrales. Los animales en entornos desfavorables, sin objetos ni amigos, mostraron la reacción contraria. Luego experimentamos con animales de mediana edad y los mantuvimos en entornos favorables durante noventa días. Sus células cerebrales mostraron un desarrollo incluso mayor.» Después de cuarenta años de experimentación y análisis, la doctora Diamond puede afirmar:

> En los cerebros sanos de personas que llevan una vida normal y sana no se da una pérdida significativa de células cerebrales durante la madurez y la vejez.

Al diseccionar cerebros humanos sanos de ancianos, el doctor Paul Coleman, especialista en anatomía cerebral de la Universidad de Rochester, repitió las pruebas que la doctora Diamond había hecho con ratas y llegó a los mismos resultados. Tampoco en este caso, en personas razonablemente sanas y mentalmente activas durante la vejez hasta poco antes de morir, se encontró ninguna pérdida significativa de células cerebrales.

Más recientemente, una nueva y sorprendente investigación realizada en la Universidad Rockefeller ha demostrado que ciertas células nerviosas del cerebro pueden reproducirse de verdad. Unas pruebas preliminares sugieren que estas células cerebrales recién nacidas pueden migrar a gran velocidad por las cadenas neurales para repoblar distintas zonas del cerebro, como dice el profesor Arturo Álvarez-Buylla. Ahora, el reto para los científicos está en comprender qué dirige esas migraciones y aprender a controlarlas para reparar zonas dañadas o agotadas del cerebro humano.

> ¿Cuánto tiempo quieres vivir?

Esta es una de las preguntas más profundas que uno puede formularse. Casi todos mis entrevistados responden: «Quiero vivir todo el tiempo posible, siempre y cuando tenga salud». Entre los hombres cultos y ricos de la generación de la explosión demográfica, llegar a la línea de los cincuenta años significa que todavía les quedan otros tantos. «Espero llegar a los cien», me dicen. ¿Es un sueño más de un pueblo que tiene fobia a envejecer?

La doctora Estelle Ramey, una endocrinóloga pionera en el estudio de las hormonas sexuales humanas, cree que no es en absoluto un sueño. «Lo que debemos recordar es que si un miembro de la especie puede vivir hasta determinada edad, eso significa que todos los miembros de la especie tienen el mismo potencial —dice la doctora Ramey—. Y 120 años es aproximadamente lo que un ser humano puede vivir.»

Merece la pena hacer un esfuerzo por mantenerse, ya que todos los días se realizan nuevos y sorprendentes descubrimientos acerca de cómo fortalecer la máquina humana y alimentar su cerebro. Según el neurobiólogo Caleb Finc, director del Centro de Investigación de la Enfermedad de Alzheimer en la Universidad del Sur de California, «en la actualidad, no hay ninguna parte del organismo que no pueda ser, hasta cierto punto, manipulada, dada la compresión que existe de la información genética».

LA SED ESPIRITUAL

El hombre no vive sólo gracias al cuerpo y el cerebro; requiere alimento espiritual. Y, con el paso de los años, es natural que uno sienta mayor necesidad de la presencia de Dios en su vida. La mayoría de las personas mayores de 60 años a las que he entrevistado habló de una búsqueda activa de compromiso espiritual y compañerismo o solidaridad.

A menudo, esta necesidad se experimenta cuando uno de los soportes a los que ha vinculado su amor y sus valores (la carrera, la familia, la fortaleza física o la salud) se desmorona de repente y, en muchas ocasiones, se pierde. El dolor de la pérdida, el abatimiento, el aislamiento o la desconexión que siente el hombre, pueden moverlo a buscar un poder superior a fin de elevar el sentido de su vida.

Creo que toda alma tiene un destino, un llamamiento personal, una razón de estar viva. En su provocador libro *El código del alma*, James Hillman describe el concepto de «alma compañera» de Platón, llamada *daimon*. Cada ser humano está dotado de un alma que tiene un llamamiento único, y el *daimon* es la trayectoria de ese destino personal. Nuestra misión es «descender» a la esfera de los asuntos humanos en la que podamos expresar este llamamiento con la máxima libertad y plenitud. Cuando se experimenta uno de los «finales» de la vida y se siente que la pérdida es irreparable, es de vital importancia conectarse de nuevo con el *daimon* y luego restablecer tareas y hábitos que permitan dar desde nuestra mejor naturaleza.

Dios, o el destino, nos manda tempestades, pero también nos deja un espacio libre donde respirar, un tiempo en el que nos es posible vernos claramente, quizá por primera vez en la vida, y vislumbrar el amor de la divinidad. Hay muchas maneras de buscar el *daimon* de cada uno. No tiene por qué buscarse a través de la religión formal o jerárquica. Lo esencial es que uno se distancie de las pautas de pensamiento normales y necesariamente estrechas, limpie su mente y se relaje en un estado receptivo, en el que estará en condiciones de encontrar la pasión realmente propia y de nadie más.

Una de las muchas puertas que conducen a esa sala interior de recarga creativa es la meditación. Hay que inhalar profundamente, inspirando la luz y la energía, contener la respiración y luego exhalar las tensiones y el nudo de pensamientos negativos. Cuando se derriban los muros defensivos y uno se permite sentir el miedo, la tristeza o una alegría del pasado, el subconsciente es capaz de sacar a la superficie visiones y soluciones creativas. Si aprendes a inducir este estado de conciencia por debajo del nivel pensante/planificador/controlador, tendrás un conocimiento mucho más claro de lo que realmente está ocurriendo a tu alrededor, y la calma y el coraje se filtrarán desde otros niveles de conciencia.

EL AMOR EN EL CREPÚSCULO DE LA VIDA

Incluso a esta edad tan avanzada se da
la llegada del amor, la llegada de la luz...
Incluso a esta edad tan avanzada, los huesos del cuerpo brillan
y el polvo del mañana destella en el aliento.

El poeta siempre lo expresa primero. Los versos anteriores, del libro *The Late Hour*, de Mark Strand, son ahora confirmados por las ciencias sociales. Después de los 60, sobre todo, un hombre necesita casi siempre una compañera para mantenerse vital y brillante.

> El factor más importante en la supervivencia masculina es el matrimonio.

Las pruebas más concluyentes de esto se encontraron en un estudio de los factores de supervivencia, realizado a gran escala con más de siete mil norteamericanos adultos por la Universidad de California en San Francisco. Los hombres de entre 45 y 64 años que vivían con su esposa tenían el doble de posibilidades de vivir diez años más que los que no estaban casados. Y eso con independencia de las diferencias económicas y culturales, e incluso entre hombres con obvios factores de riesgo como ser fumadores, bebedores, obesos e inactivos. Como demostraron otros estudios previos, hay algo especial en el hecho de compartir la vida cotidiana con una esposa que los protege de la depresión.

Sin embargo, algunos hombres tienen la desgracia de sobrevivir a una buena esposa. La muerte de la compañera de tantos años inevitablemente los hunde en un oleaje de intensa soledad. Pero las olas están secas, el alma está agostada. ¿A quién cuidar y por quién ser cuidado? Toda el tejido familiar, de amigos, vecinos, clientes, bromas íntimas, hábitos acumulados... El resultado de unos años de trabajo conjunto para construir una vida satisfactoria parece deshilacharse. La vida pierde color, es en blanco y negro, y, al menos durante un tiempo, la domina el vacío del dolor por la persona fallecida.

Pero nunca es demasiado tarde para enamorarse de nuevo.

Una de las repeticiones más dulces que he oído de boca de mis entrevistados de más de 70 años, tanto hombres como mujeres, es el relato del redescubrimiento del primer amor. Por iniciativa propia o, con más frecuencia, por casualidad, se encuentran con una vieja llama y, de repente, el fuego arde con más fuerza que nunca. Ambos han conservado la juventud y la belleza del otro en los rincones de su memoria y todavía se ven con gafas de color de rosa.

Viudos o divorciados, en esta fase nadie puede mantenerlos alejados, ni siquiera sus escandalizados hijos de mediana edad.

UN INVIERNO EXUBERANTE

Hasta Shakespeare reconoció hace cuatro siglos que envejecer no necesariamente conduce al hombre a la debilidad y a la impotencia. El criado Adam de *Como gustéis* dice: «Aunque parezco viejo, todavía soy fuerte y exuberante» (Acto II, escena 3). Tras resistirse a los excesos en la comida y en la bebida propios de Falstaff, disfruta de su edad como de «un invierno exuberante».

Un relato contemporáneo que demuestra de una forma poderosísima esta visión es la historia que cuenta Aaron Latham en su libro *The Ballad of Gussie and Clyde*, una pequeña joya de la literatura. Es la historia real de su padre, un tejano retirado que había sido entrenador de fútbol y acerca del cual Latham escribe: «Clyde rondaba los ochenta años, pero era... un hombre Marlboro que tenía encanto en vez de cigarrillos de mariquita».

Poco después de cumplir ochenta años, murió la que había sido su esposa desde hacía más de cincuenta. Mientras se sumergía en los detalles de la enfermedad de su mujer durante los seis últimos meses de la vida de esta, Clyde, el alto y fornido tejano, empezó a cojear. Al final, apenas podía andar. Vivía en Spur, una ciudad tejana de 1.300 habitantes, cada vez más despoblada y donde ya no tenía ninguna relación viva. Su hijo temía que se derrumbase. Pero un breve momento que compartieron padre e hijo sugirió que Clyde todavía conservaba la capacidad de la alegría. Latham lo describe así:

> Pocos días después del funeral, mi padre y yo jugamos un partido de golf en el campo de Spur, que tenía un aspecto lamentable... Mi padre contempló el paisaje: los árboles canijos, la hierba agonizante, las rocas, la arena, y una liebre enferma y llena de garrapatas. «Sigue siendo un mundo bonito», dijo mi padre. Sabía que tenía muchas dificultades

por delante, la soledad, un cuerpo viejo y gastado, pero el mundo seguía siendo bonito... Pensé que era una de las afirmaciones más valientes y existenciales que había oído jamás.

Clyde no se retiró al interior de su caparazón. Iba todos los días al bar y tomaba café con gente con la que había ido a la escuela secundaria, jugaba al golf religiosamente y eso le permitió seguir entablando conversaciones. Un año y medio después de la muerte de su esposa, se enteró de que una de las «chicas Willis» se había quedado viuda. Se acordaba muy bien de la animosa Gussie Lee Willis (Lancaster) aunque la mujer llevaba 50 años fuera de Spur, viviendo en Sacramento, California. La llamó por teléfono y le dejó el recado de que lo llamase. Ella lo hizo y hablaron, comentaron los detalles de sus viudedades respectivas. Él siguió llamándola por teléfono. Tras unas semanas de noviazgo telefónico, Clyde le sugirió que volviese a su pueblo natal para ver los viejos edificios, a los viejos conocidos, para verlo a él. Ella dijo que tal vez sí, que algún día.

Cada vez que Latham hablaba con su padre, este, con voz animada, le contaba los planes que tenía para cuando Gussie fuera a Spur, pero en el último momento la mujer siempre se echaba atrás. Latham empezó a exasperarse con aquella octogenaria ligona que estaba atormentando a su padre. La gota que colmó el vaso llegó con el segundo aniversario de la muerte de su madre. Gussie había dicho que tomaría el avión hasta Spur para estar con Clyde, pero después llamó para decir que tal vez no podría hacerlo. Esa misma tarde, Gussie llamó de nuevo. Estaba en Dallas, a mitad de camino, e intentaba hacer acopio de fuerzas para llegar hasta Texas.

«Ahora mismo salgo hacia el aeropuerto —dijo Clyde—. Allí estaré cuando llegue tu avión. Clyde llegó al aeropuerto, pero no la encontró. Observó bien a todos los pasajeros que bajaban del avión, pero ella no estaba allí. Latham nos narra el cómico peligro de encontrarse con un viejo amor al cabo de cincuenta años.

Gussie avanzó hacia él y le preguntó en tono exigente: «¿Eres Clyde Latham?». Sonriendo, él admitió: «Claro que sí, soy yo. Siento no haberte reconocido enseguida». «Sé por qué —dijo Gussie—. No buscabas a una viejecita.» «Claro que sí, claro que buscaba a una viejecita. Ahí está el problema. Al no ver a ninguna viejecita bajar del avión, me he quedado desconcertado.»

«Mentiroso.»

Al final de la visita de Gussie, ya habían comenzado a hacer manitas. Les sentaba tan bien... Pero tan pronto como ella se fue, Clyde la echó de menos. Era insoportable. No hacía ni veinticuatro horas que se había marchado a Sacramento cuando la llamó para decirle que no podía esperar más. Que se quería casar con ella ya mismo. Ninguno de los dos había imaginado ni por asomo que tendría de nuevo sentimientos como aquellos, a su edad, con aparatos para la sordera... Pero esa misma noche, cuando pensaban que estaban hablado en privado por teléfono, una nieta los oyó sin querer. Se habían quitado los audífonos y gritaban: «SOY TAN FELIZ... TE QUIERO, CLYDE». «YO TAMBIÉN TE QUIERO, GUSSIE.»

Después de la boda y de que se publicara *The Ballad of Gussie and Clyde*, la feliz pareja y el hijo escritor recorrieron Texas en una furgoneta promocionando el libro. En todos los altos que hicieron en el camino, Latham dio una charla. El público sentía una especial curiosidad por su descripción de la relación sexual de aquellos octogenarios. Su padre le había asegurado que sí, que tenía una vida amorosa. Pero al llegar a la última ciudad del itinerario, San Antonio, Gussie pidió la palabra.

«Permítanme que les cuente cómo es —dijo—. Clyde se me acerca en la cama y me toca un hombro, y yo digo: "No, por favor, es mi hombro artrítico". Nos abrazamos y él dice: "Oh, Gussie, apártate un poco. El brazo se me ha quedado dormido, no puedo moverlo". Y yo digo: "Ay, mi rodilla", y al final estamos tan cansados que nos quedamos dormidos. Pero a la mañana siguiente nos despertamos y es como si fuera Navidad. Tenemos en la cara esa gran sonrisa de mañana de Navidad y nos decimos: «Estuvimos de maravilla anoche, ¿verdad?».

Con estas palabras de Gussie, terminó la charla.

Apéndice A

Capítulo 6: El pasaje a la segunda madurez

CÓMO AFRONTAR LA PÉRDIDA DE EMPLEO

Consejos de cinco importantes asesores laborales

Primera fase

Poner límites a la euforia: *Mejor no seguir ahí adentro. Eso me obligará a replantearme las prioridades. Seguramente merecía más de lo que tenía.* Racha de actividad. Preparación de un «plan». Fase necesaria para comprender la pérdida.

Segunda fase

Después de cuatro o cinco semanas, el globo empieza a deshincharse. Espera indiferencia por parte de antiguos colegas de trabajo. La mejor información suele llegar de desconocidos o personas a las que acabas de conocer. A veces hay que telefonear tres o cuatro veces antes de conseguir que te atiendan.

Tercera fase

Si en la escena familiar o matrimonial hay grietas, estas se harán evidentes a las seis semanas. Como «no tienes trabajo», te sentirás más presionado a ayudar en casa o a hacer los favores que te pidan los familiares o amigos. Es imperativo que establezcas tu propia estructura. Los vendedores y ejecutivos se ponen manos a la obra, pero los hombres más introvertidos se refugian dentro de su caparazón. No harán las diez o veinte llamadas diarias necesarias por temor a ser rechazados.

Cuarta fase

A los seis meses se choca contra el muro. Las soluciones provisionales dejan de serlo y la confianza en uno mismo empieza a resquebrajarse. Las vacaciones, los aniversarios y los cumpleaños, que antes eran motivo de felicidad, ahora son sólo señales del paso del tiempo. Hasta los fines de semana largos pueden convertirse en una dura prueba: te alejan de la acción pero te dan tiempo para pensar. No resulta fácil mantener los sentimientos divididos en compartimentos. La sensación de que no asumes las responsabilidades que tienes hacia otras personas puede ser más dolorosa que tu propia supervivencia.

Quinta fase

La crisis de la fase anterior evoluciona hacia un estado de desesperación crónica y autocompasión o lleva a una vigorosa fase de transformación personal. Tal vez adviertas que tus valores y prioridades han cambiado. Empiezan a tomar forma algunas opciones realistas: algunos buscan asesoramiento, otros se reinventan a sí mismos o empiezan a sopesar nuevas posibilidades, como la enseñanza. En esta fase es muy probable que se den importantes cambios en el estilo de vida.

ESTRATEGIAS PARA SOBREVIVIR A LA PÉRDIDA DE EMPLEO EN LA EDAD MADURA

Como preparación
- *Descansa todo lo que puedas.*
- *Cuida tu aspecto.* La gente recibe impresiones de ti cuando cruzas un vestíbulo (por ejemplo: «se le ve enérgico, seguro que puede asumir mucha responsabilidad»); tal vez necesites un traje nuevo o broncearte.
- *Cultiva las relaciones en el mundo laboral.* Triplica la cantidad de

tiempo que pasas cultivando relaciones laborales. Piensa en la posibilidad de hablar con algún asesor laboral o algún experto en planes financieros.
- *Sal y conoce gente.* Almuerza al menos una vez por semana con un ejecutivo ajeno a tu empresa. Escucha todo lo que te digan. Sé lo más útil que puedas a los demás, tal vez te devuelvan los favores.
- *Amplía tu círculo de amistades.* La mayor parte de los hombres sólo tiene un amigo en quien confiar: la esposa, un hermano o un amigo de la juventud. Ha llegado el momento de entablar amistad con tus compañeros de trabajo.

Cuando te quedas sin trabajo
- *Impón una estructura.* Decide una hora y un lugar para «trabajar». No te quedes en pijama después de cierta hora. Hazte un horario y una agenda y cíñete a ellos.
- *Convierte el ejercicio físico en algo obligatorio.* Es muy fácil volverse sedentario, y no hacer nada resulta agotador. Lo mejor es liberar esas endorfinas y sentirse vigoroso de nuevo.
- *No bebas.* El alcohol es depresivo. Si incrementas el consumo de alcohol para medicarte contra la tristeza, lo único que conseguirás es aumentar tu depresión.
- *Ponte al día de lo que eres.* Invierte el tiempo en pasar revista a tus valores y ver cómo han cambiado. Esto te ayudará a tomar decisiones más sabias en lo referente al trabajo.
- *Utiliza los servicios de asesoramiento a los desempleados o acude a la consulta de un experto.* Te ayudarán a comprender qué reacciones puedes esperar de tu familia y tus amigos y te ayudarán en los pasos más obvios, como preparar un currículum y concertar entrevistas.
- *Considera una actividad paralela*: ¿Qué podrías hacer, aparte del trabajo remunerado, que tenga sentido para ti y te permita hacer una contribución a la sociedad? Ofrecer tu experiencia a una organización con fines no lucrativos te será muy satisfactorio y tu autoestima no decaerá.
- *Explora tu vena creativa.* ¿Qué actividad podrías realizar como

pasatiempo? (Dormir no cuenta.) Vuelve a los doce años, que es donde está tu «yo» esencial. ¿Qué te gustaba hacer a esa edad? Ha llegado el momento de que liberes tu creatividad dormida.

- *Hazte un chequeo.* Si te sientes deprimido o inactivo, consulta con un especialista acerca de la posibilidad de tomar antidepresivos. La meditación ayuda a reducir la factura física que nos pasa el estrés y prepara la mente para importantes revelaciones.

Apéndice B

Capítulo 10: Los secretos de la virilidad perpetua

CONSEJOS PARA BUSCAR UN MÉDICO O UNA CLÍNICA ESPECIALIZADOS EN DISFUNCIONES SEXUALES.

He aquí unas cuantas preguntas útiles para formular cuando se busca un médico o una clínica especializados en disfunciones sexuales.

- ¿Trata a la persona entera? ¿Qué especialistas distintos intervienen? ¿Un urólogo? ¿Un psicólogo? ¿Un doctor en medicina general? ¿Terapeutas y educadores?
- ¿Qué porcentaje de pacientes reciben terapia de hormonas? (Si el porcentaje es del 20 al 30 por ciento, el especialista receta hormonas a troche y moche.)
- ¿Qué material bibliográfico o de consulta me sugiere?
- ¿Les diagnostica a muchos hombres disfunción sexual debido a niveles elevados de colesterol o diabetes? (Si dicen que no comprueban esas cifras es que no tratan a fondo la cuestión).
- ¿Tiene un cuestionario que pueda llenar en casa? De ese modo te ahorrarás cierto embarazo.

Apéndice C

Capítulo 11: El pasaje a la edad de la integridad

EJERCICIOS PARA PAREJAS ANTES DE LA JUBILACIÓN

He aquí un útil ejercicio para que lo hagáis tú y tu pareja por separado y luego comparéis las notas:

Formulaos estas preguntas:
1. ¿Cuáles crees que son los sueños de tu pareja para la jubilación?
2. ¿Cuál crees que es el ajuste más grande que tu pareja tendrá que hacer para la jubilación o para tu jubilación?
3. ¿En qué crees que mejorará la intimidad con tu pareja cuando te retires?

Apunta tus pensamientos, pero no te fuerces demasiado a encontrar respuestas. Es mejor que apuntes todo lo que se te ocurra. No dediques a ello más de quince minutos.

Cuando termines la lista, revísala y numera tus necesidades más importantes del 1 al 5.

Cuando tengas un momento de tranquilidad con tu pareja, comparad las dos listas. Esto os dará una plataforma desde la que negociar, asumir compromisos y tender puentes para construir un nuevo futuro juntos.

Apéndice D

Capítulo 12: Progreso frente a desesperación

SÍNTOMAS DE DEPRESIÓN

Estado de ánimo:
¿Llevas más de dos semanas en que casi todos los días has estado con la moral baja y sin poder librarte de esa sensación? ¿Con sensación de «vacío»? ¿Ansiedad gradual? ¿Pérdida de interés por las actividades normalmente placenteras, incluido el sexo?

Pensamientos:
¿Llevas dos semanas o más con dificultades para concentrarte, recordar cosas o tomar decisiones?

Apetito:
¿Llevas dos semanas o más sin apetito?

¿Llevas dos semanas o más comiendo tanto que has aumentado un kilo por semana o 4 kilos de golpe?

Hábitos de sueño.
¿Llevas dos semanas o más con dificultades para conciliar el sueño, despertándote a medianoche o muy temprano?

¿Llevas dos semanas o más en las que casi todos los días has dormido demasiado?

Bibliografía

LIBROS

Allen, Tim, *I'm Not Really Here*, Warner Books, Nueva York, 1997.
Anderson, Terry, *Den of Lions: Memoirs of Seven Years*, Del Rey, Nueva York, 1994.
Anderson, Walter, *The Confidence Course: Seven Steps to Self-Fulfillment*, Harper-Collins, Nueva York, 1997.
Arterburn, Stephen, *Winning at Work Without Losing at Love*, Thomas Nelson, Nashville, Tennessee, 1995.
Bancroft, John, *Researching Sexual Behavior: Methodological Issues*, The Kingsey Institute Series, vol. 5, Indiana University Press, Bloomington, 1997.
Barnett, Rosalind, Louis Biener y Grace K. Baruch, eds., *Gender and Stress*, The Free Press, Nueva York, 1987.
Benson, Herbert, y Marg Stark, *Timeless Healing: The Power and Biology of Belief*, Fireside, Simon & Schuster, Nueva York, 1997.
Buford, Bob, *Halftime: Changing Your Game Plan from Success to Significance*, Zondervan Publishing House, HarperCollins, Grand Rapids. Michigan, 1994.
Burton Nelson, Mariah, *The Stronger Women Get, the More Men Love Football: Sexism and the American Culture of Sports*, Avon Books, Nueva York, 1994.
Carnoy, Martin, y David Carnoy, *Fathers of a Certain Age: The Joys and Problems of Middle-Aged Fatherhood*, Faber & Faber, Winchester, Massachusetts, 1995.
Carruthers, Malcolm, *Male Menopause: Restoring Vitality and Virility*, HarperCollins, Nueva York, 1996. [Hay trad. cast.: *Evitar la an-*

dropausia, Tutor, 1997.]
Chamberlain, Wilt, *Who's Running the Asylum?: Inside the Insane World of Sports Today*, Pro Perkins Publishers, San Diego, 1997.
Diamond Marion y Janet Hopson, *Magic Trees of The Mind*, Dutton, Nueva York, 1998.
Gilmore, David, *Manhood in the Making: Cultural Concepts of Masculinity*, Yale University Press, New Haven, Connecticut, 1990. [Hay trad. cast.: *Hacerse hombre: concepciones culturales de la masculinidad*, Paidós Ibérica, Barcelona, 1994.]
Goldberg, Kenneth, *How Men Can Live As Long As Women*, Summit, Nueva York, 1994.
Goldman, Robert, y Robert Klatz, *Stopping the Clock: Dramatic Breakthroughs in Anti-Aging and Age Reversal Techniques*, Bantam Books, Nueva York, 1997.
Gottman, John, y Nan Silver, *Why Marriages Succeed or Fail*, Simon & Schuster, Nueva York, 1994.
Gray, John, *Men Are from Mars, Women Are from Venus: A Practical Guide for Improving Communication and Getting What You Want in Your Relationships*, HarperCollins, Nueva York, 1992. [Hay trad. cast.: *Los hombres son de Marte, las mujeres de Venus*, Grijalbo, Barcelona, 1998.]
Harvey, Steven, ed., *In a Dark Wood: Personal Essays by Men on Middle Age*, University of Georgia Press, Athens, 1996.
Hochschild, Arlie Russell, *The Time Bind: When Work Becomes Home and Home Becomes Work*, Henry Holt & Co., Nueva York, 1997.
Hollis, James, *The Middle Passage: From Misery to Meaning in Midlife*, Inner City Books, Sunlakes, Arizona, 1993.
Hughes, Robert, *American Visions: The Epic History of Art in America*, Alfred A. Knopf, Nueva York, 1997.
Karpman, Harold. L., *Preventing Silent Heart Disease*, Crown Publishers, Nueva York, 1989.
Kennedy, Eugene, y Sara C. Charles, *Authority: The Most Misunderstood Idea in America*, The Free Press, Nueva York, 1997.
Kimmel, Michael, *Manhood in America*, The Free Press, Nueva York, 1996.
Latham, Aaron, *The Ballad of Gussie and Clyde: A True Story of True Love*, Villard Books, Nueva York, 1997.

Levant, Ronald F., *Masculinity Reconstructed: Changing the Rules of Manhood - At Work, in Relationships, and in Family Life*, Plume, Nueva York, 1996.

Levant, Ronald F., y William S. Pollack, eds., *A New Psychology of Men*, Basic Books, HarperCollins, Nueva York, 1995.

Levine, Michael, *Lessons at the Halfway Point: Wisdom for Midlife*, Celestial Arts, Berkeley, California.

Levinson, Daniel, Charlotte N. Darrow, Edward B. Klein, Maria H. Levinson y Braxton McKee, *Seasons of a Man's Life*, Ballantine Books, Nueva York, 1978.

Magnusson, David, ed., *The Lifespan Development of Individuals: Behavioral, Neurobiological, and Psychosocial Perspectives*, Cambridge University Press, Nueva York, 1996.

Mailer, Norman, *The Fight*, Little, Brown & Co., 1975. [Hay trad. cast.: *El combate*, Grijalbo, Barcelona, 1976.]

McGrath, Ellen, *When Feeling Bad is Good*, Bantam Books, Nueva York, 1994.

McMurtry, Larry, *Lonesome Dove*, Pocket Books, Nueva York, 1991. [Hay trad. cast.: *Paloma solitaria*, Plaza y Janés, Barcelona, 1992.]

Moyers, Bill, *Healing and the Mind*, Doubleday, Nueva York, 1993.

Ornish, Dean, *Dr. Dean Ornish's Program for Reversing Heart Disease*, Random House, Nueva York, 1990.

Peck, M. Scott, *The Road Less Traveled: A New Psychology of Love, Traditional Values and Spiritual Growth*, Touchstone, Simon & Schuster, Nueva York, 1988. [Hay trad. cast.: *La nueva psicología del amor*, Emecé, 1997.]

Plimpton, George, *Shadow Box*, Simon & Schuster, Nueva York, 1989.

Real, Terrence, *I Don't Want to Talk About it: Overcoming the Secret Legacy of Male Depression*, Scribner, Nueva York, 1997.

Renshaw, Domeena, y Pam Brick, *Seven Weeks to Better Sex*, American Medical Association/Random House, Nueva York, 1995.

Rosenfeld, Isadore, *Dr. Rosenfeld's Guide to Alternative Medicine*, Random House, Nueva York, 1996.

Ross, John Munder, *The Male Paradox*, Simon & Schuster, Nueva York, 1992.

Ryff, Carol D., y Marsha Mailick Seltzer, eds., *The Parental Experience in Midlife*, University of Chicago Press, Chicago, 1996.

Sheehy, Gail, *New Passages: Mapping Your Life Across Time*, Random House, Nueva York, 1995.

Simon, Harvey B., *Conquering Heart Disease: New Ways to Live Well Without Drugs or Surgery*, Little, Brown & Co., Boston, 1994.

Spark, Richard, *Male Sexual Health: A Couple's Guide*, Consumer Reports Books, Nueva York, 1991.

Styron, William, *Darkness Visible: A Memoir of Madness*, Random House, Nueva York, 1990. [Hay trad. cast.: *Tendidos en la oscuridad*, Plaza y Janés, Barcelona. 1983.]

Vaillant, George E., *The Wisdom of the Ego: Sources of Resilience in Adult Life*, Belknap Press, Cambridge, 1995.

Wallerstein, Judith S., y otros, *The Good Marriage: How and Why Love Last*, Warner Books, Nueva York, 1996.

Waller, Robert James, *The Bridges of Madison County*, Warner Books, Nueva York 1992. [Hay trad. cast.: *Los puentes de Madison County*, Ediciones B, Barcelona, 1995.]

Weiss, Joseph, *How Psychotherapy Works: Process and Technique*, Guilford Press, Nueva York, 1993.

Wills, Garry, *John Wayne's America: The Politics of Celebrity*, Simon & Schuster, Nueva York, 1997.

Wolfe, Tom, *The Bonfire of the Vanities*, Bantam Books, Nueva York, 1990. [Hay trad. cast.: *La hoguera de las vanidades*, Anagrama, Barcelona, 1991.]

Zilbergeld, Bernie, *The New Male Sexuality*, Bantam Books, Nueva York, 1992.

Artículos periodísticos y de revistas

Brady, Erik, «MARVelous: Four Super Losses Can't Dull Levy's Zest for Life», *USA Today*, 31 julio 1997.

Cowley, Geoffrey, «Are Stogies Safer Than Cigarettes?», *Newsweek*, 21 julio 1997.

Elias, Marilyn, «Mood a Stroke Factor: Depression May Be Prelude», *USA Today*, 16 abril 1997.

Epstein, Randi Hutter, «Do Men Go Through Menopause?», *Fron-*

tiers, julio 1992.
Geist, Bill. «Really Big Trucks», *The New York Times Magazine*, 23 octubre 1994.
Goldberg, Kenneth, «Impotence is Often a Sign of Greater Ills», *The Dallas Morning News*, 7 septiembre 1992.
Morris, Michele, «The Trouble with Husbands», *Executive Female*, mayo/junio 1996.
Kolata, Gina, «Chance of a Heart Attack Increases for Those Who Suffer Depression», *The New York Times*, 17 diciembre 1997.
Latham, Aaron, «Fathering the Nest: The New American Manhood», «*M*», mayo 1992.
Perelman, Michael, «Masturbation Revisited», *Contemporary Urology*, vol. 6, n° II, agosto 1994.
Sheehy, Gail, «Male Menopause: The Unspeakable Passage», *Vanity Fair*; abril 1993.
—«Man and Women in Middle Life», *Family Circle*, noviembre 1993. (*Family Circle* distribuyó de manera aleatoria 2.000 cuestionarios sobre antecedentes personales a los miembros de un cuadro de lectores al que se le asignó un valor representativo de muestra nacional. De las 1.024 personas que respondieron, 630 eran mujeres y 394 hombres.)
Simons, Anna, «In War, Let Men Be Men», *The New York Times*, (Op-Ed), 23 abril 1997.
Thomas, Morgan B, «What Does a Sixty-Year-Old Man See When He Looks in the Mirror?», *Esquire*, mayo 1987.
Weiss, Joseph, «Fighting Back to Get Ahead», *San Diego Union-Tribune*, 4 marzo 1996.

Artículos académicos
Alvarez-Buylla, Kirn, Nottebohm, «Birth of Projection Neurons in Adult Avian Brain May Be Related to Perceptual or Motor Learning», *Science*, vol. 249, 21 septiembre 1990.
Baltes, Staudiner, «The Search for a Psychology of Wisdom», *Current Directions in Psychological Science*, vol. 2, 1993.
Blair, Kampert, Kohl, Barlow, Macero, Paffenbarger, Gibbons (del Instituto Cooper de Estudios Aeróbicos), «Influences of Car-

diorespiratory Fitness and Other Precursors on Cardiovascular Disease and All-Cause Mortality in Men and Women», *Journal of the American Medical Association*, vol. 205, 1996.

Feldman, Goldstein, Hatzichristou, Krane, McKinlay, «Impotence and Its Medical and Psychological Correlates: Results of the Massachusetts Male Aging Study», *The Journal of Urology*, vol. 151, núm. 1, enero 1994.

Hazzard, William R., «Biological Basis of the Sex Differential in Longevity», *The Journal of the American Geriatric Society*, vol. 34, núm. 6, junio 1986.

Lachman, Marjorie, y otros, «Rethinking the Gender Identity Crossover Hypothesis: A Test of a New Model», *Sex Roles*, vol. 32, núms. 3 y 4, 1995.

Lue, Tom, S. Aboseif y otros, «Quantification of Prostaglandin EI Receptors in Cavernous Tissue of Men, Monkeys and Dogs», *Urology International*, vol. 50, núm. 3, 1993.

Marks, Nadine F., «Midlife Marital Status Differences in Social Support Relationships with Adult Children and Psychological Well-Being», *Journal of Family Issues*, vol. 16, 1995.

MIDMAC (MacArthur Foundation Research Network on Successful Midlife Development, presidente, Gilbert Brin. En este instituto trabajan investigadores de muy distintas disciplinas, financiados por la Fundación John D. y Catherine T. MacArthur. En sus estudios tratan de identificar los principales factores biológicos, médicos, sociales y psicológicos que contribuyen a la buena salud, el bienestar personal y la responsabilidad social durante la edad madura. En Internet puede accederse a la lista de publicaciones del MIDMAC en *http://midmac.med.harvard.edu*

Morales, Alvaro, y otros, «A Therapeutic Taxonomy of Treatments for Erectile Dysfunction: An Evolutionary Imperative», *The International Journal of Impotence Resources*, vol. 9, núm. 3, septiembre 1993.

Orentreich, Norman, J. R. Matias y otros, «The Effect of Testosterone, Cyproterone Acetate, and Minoxidil on Hair Loss in the Androchronogenic Alopecia Mouse», *Clinical Dermatology*, vol. 6, núm. 4, octubre 1988.

Ryff, Carol D., «Psychological Well-Being in Adult Life», *Current Directions in Psychological Science*, vol. 4, núm. 4, agosto 1995.

Williams, Paul, «Evidence for the Incompatibility of Age-Neutral Overweight and Age-Neutral Physical Activity Standards from Runners», *American Journal of Clinical Nutrition*, mayo 1997.

Universidad de California en san Francisco, estudio de Maradee Davis y John Neuhasu y otros, «Living Arrangements and Survival Among Middle-Aged and Older Adults in the NHANES I Epidemological Follow-up Study», *American Journal of Public Health*, vol. 82, núm. 3, marzo 1992.

Obras no publicadas

Encuestas de la American Association of Retired Persons.

Encuestas de la American Management Association.

Datos obtenidos por la American Psychological Association.

Encuestas Gallup International entre adultos de 22 países.

Estudio de la Clínica de Disfunciones Sexuales Loyola University sobre hombres casados que piden tratamiento para la impotencia.

Cuestionario sobre antecedentes personales de Sheehy, al que respondieron 110 hombres profesionales. Datos obtenidos a escala nacional mediante el Cuestionario para Hombres en la Segunda Madurez. La edad de los hombres oscilaba entre los 40 y los 65 años; media de edad: 52 años. La mayoría (87 %) estaban casados; dos tercios tenían estudios universitarios y la mayoría ganaban más de 50.000 dólares anuales.

Universidad de California, Los Ángeles, 1995, estudio sobre hombres con niveles anormalmente bajos de testosterona.

Instituto de Estadística de Estados Unidos.

Guía para recobrar y mantener la salud

El detallado plan que nos propone el doctor Soltanoff permite prevenir la enfermedad, combatir el envejecimiento, aumentar la vitalidad y disfrutar de una vida larga, sana y activa.

«Este libro nos ofrece la experiencia y la sabiduría de cincuenta años de práctica.»

—Harvey y Marilyn Diamond, autores de La Antidieta

«Si como individuos logramos entender desde una actitud responsable la forma en que opera el principio de reestructuración de la salud, entonces podremos seguir adelante e influir en los demás, en la sociedad en general, con el resultado de que finalmente haremos del mundo un lugar mejor, que a su vez nos devolverá lo que le demos, cuidando de nosotros. En el programa del doctor Soltanoff veo unos sólidos cimientos sobre los cuales se puede construir sin temor.»

—Steven Bock, Médico Acupuntor
Codirector del Centro de Salud Rhinebeck, Nueva York

Menopausia

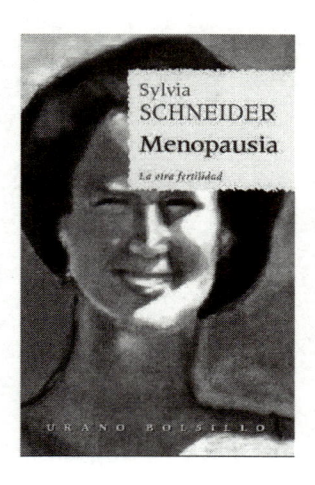

La otra fertilidad

Para la gran mayoría de las mujeres, la menopausia supone un profundo cambio fisiológico y también psicológico. Sylvia Schneider nos propone aceptar sin complejos ese cambio, ese desafío, y aprovecharlo incluso como trampolín para crearnos una nueva forma de ser, más rica y plena.

Métodos naturales en el tratamiento de los trastornos de la menopausia

El miedo a envejecer y los cambios biológicos de la menopausia, vistos desde una perspectiva que evita los tratamientos hormonales habituales. La búsqueda de una nueva identidad y de óptimas condiciones físicas está en la base de este método que nos propone, en la madurez de nuestra vida, mantener la alegría de vivir.

Cerebro de Liebre, Mente de Tortuga

Por qué aumenta nuestra inteligencia cuando pensamos menos

La célebre fábula en la que la soñadora tortuga gana la carrera a la veloz y orgullosa liebre nos recuerda que, en ocasiones, para llegar a la meta es preferible ir despacio.

Como la liebre de la fábula, la sociedad occidental confía en la rapidez, es decir, en la certeza del pensamiento lógico, directo e inequívoco. Tan seguros estamos de poder resolverlo todo con la inteligencia racional que hemos olvidado que la calidad necesita un tiempo de maduración, y que la creatividad sólo surge cuando la mente puede jugar y ensimismarse. Y esa es la virtud de la tortuga, que aunque no es capaz de apresurarse, es la única que puede encontrar salida en situaciones en las que la lógica no sirve.

Rapidez de decisión, capacidad de análisis, seguridad... Estos son los rasgos más valorados tanto en el mundo educativo como en el campo laboral. Desde que Descartes presentó la razón como la única forma válida de conocimiento, no hemos dejado de ensalzar el pensamiento racional. Sin embargo, la lógica no lo resuelve todo, y de ello dan testimonio no sólo artistas y poetas, sino también científicos e investigadores que reciben sus mejores ideas en momentos de ensoñación, de juego o de descanso, como si el inconsciente hubiera ido trabajando por su cuenta, en un cuarto secreto de la mente, lejos de las presiones de la razón.

La creatividad necesita tiempo; la inspiración surge cuando enfocamos las cosas desde otro ángulo y atendemos a una intuición. Esa es la sabiduría de la tortuga, un modo de conocimiento lento, ensimismado y difícilmente expresable en palabras, pero capaz de moverse en la incertidumbre y en la paradoja, cuando las variables son tantas y los datos tan inseguros que el pensamiento lógico de la liebre —amante de la claridad y de la certeza— resulta inútil.

En este libro tan apasionante como riguroso, Guy Claxton explica las diferencias entre una y otra forma de pensamiento, desvela las últimas teorías en ciencias del conocimiento y nos sugiere que, en un mundo cada vez más complejo y cambiante, ha llegado el momento de dejar participar a la tortuga.